KB102889

사모펀드와 M&A 트렌드 2023

사모펀드와 M&A 트렌드 2023

PRIVATE EQUITY FUNDS M&A

최우석, 조세훈 외 11인 지음

지음

프롤로그

사모펀드PEF가 자본시장과 산업에서 차지하는 역할이 갈수록 커져가고 있다. 그런 사모펀드에 투자하는 일을 업으로 하는 기관투자자로서 자본시장 변화의 물결을 세상에 소개하기 위해 『100조를 움직이는 사람들』을 2022년 초에 출간했다. 감사하게도 다양한 분야의 독자들께서 좋은 피드백과 응원의 목소리를 들려주었다. 자본시장에서 일하는 많은 사모펀드 매니저와 기관투자자를 비롯한 시장 이해관계자, 업계에 진출하려는 지원자, 사모펀드와 M&A에 관심이 많은 기업인 및 일반 독자가 시장을 이해하는 데 도움이 되었다는 의견을 주었다.

나와 내가 속한 조직에는 더 큰 긍정적인 변화가 있었다. 성장동력을 찾고자 고민하는 기업인들로부터 함께해달라는 제안들이 있었고, 그런 고민을 함께 해결해가는 과정에서 우리는 좋은 투자 기회를 발굴할 수 있는 계기가 되기도 하였다. 덕분에 국민의 소중한 재산을 원천으로 존립하는 새마을금고와 새마을금고중앙회의 미래 먹거리가 될 수 있는 좋은 투자처를 발굴하여 차곡차곡 쌓아놓을 수 있었다. 그리고 우리가 투자해놓은 기업에 대한 산업 내 관심도가 높아져 다양한 원매자로부터 인수 제안이 있었고, 실제 매각이 이뤄지면서 막대한 차익을 거두기도 했다. 이런 투자와 회수 활동을 통해 힘든 시장 상황 속에서도 사상 최대 이익을 만들어냈다. 너무나 감사한 일이다.

2022년은 글로벌 경제와 국내 자본시장 변화가 숨 가쁘게 일어나고 리스크는 한층 커진 변동성의 시대에 접어들었다. 큰돈을 굴리는 기관투자자로 일하며 2008년 금융위기를 견뎌냈고, 이후 매년 크고 작은 위기를 지나며 시장에서 잘 살아남아 왔다. 그런데도 다시금 시장이 크게 흔들리고 위기가 다가올 때마다 이번에는 어떻게 또 이겨내야 할지 정말 눈앞이 캄캄해지는 심정이다. 투자의 결과는 수익 또는 손실, 즉 수익률이라는 분명한 결과로 냉정하게 가려지기 때문에 자본시장은 생사를 가르는 진검승부의 싸움터이다. 그리고 우리는 실탄을 갖고 전투하러 나가는 것과 흡사한 상황에 놓인다. 그래서 우리가 직면한 현실은 모든 신경과 세포를 곤두세워서 집중해야 하고 잘 판단해야 살아남을 수 있는 냉혹한 전쟁터인 것이다.

다시 우리에게 찾아온 이 변동성의 시대를 어떻게 극복해야 할까. 경제학자나 미래학자가 아닌 기관투자자가 복잡한 경제와 미래를 예측하고 전망하는 것은 결코 쉬운 일이 아니고, 사실 그럴만한 능력도 없다. 다만 현 시장 상황을 정확하게 이해하고 성실하게 잘 대응하는 것이 우리가 할 수 있는 최선이라고 생각한다. 우리가 투자한 기업들과 자본시장을 면밀히 살펴보고 이해한다면 다음 발걸음을 어디로 내디뎌야 할지 힌트를 얻을 수 있지 않을까. 투자 상식에 기초한 성실함이 지금까지 위기를 극복하고 우리가 압도적인 투자 성과를 낼 수 있었던 아주 단순하고 명확한 이유라고 생각한다.

이 책을 통해 2022년 한 해 동안 국내외 자본시장을 리뷰하고 2023년 자본시장과 산업의 흐름에 대응할 준비를 해보고자 한다. 전반부에서는 2022년 한 해 동안의 사모펀드와 M&A 시장을 돌아보며 지금 이 시기에 자본시장과 투자 업계를 끌고 가는 동력과 트렌드가 무엇인지 분석해보았다. 후반부에서는 2023년에 예상되는 사모펀드와 M&A 시장의 흐름을 짚어보고 투자 관점에서 주목할 만한 다섯 가지 산업 섹터를 선정하여 분석하고 투자 전략을 찾아보고자 했다.

우리는 이 책의 주제와 내용을 고민하면서 철저하게 자본시장과 실무 중심으로 투자에 활용할 수 있는 내용을 분석하여 담아보려고 노력했다. 자본시장과 M&A 업계의 트렌드 변화를 분석하며 향후 투자에 대응하고 활용할 수 있는 인사이트를 얻을 수 있었다. 그리고 투자처 발굴에 있어 정말 중요한 메가 트렌드에 속하는 5개 산업 분야를 분석해보며 투자 아이디어를 얻을 수 있었다.

이번 결과물을 통해 우리가 향후 투자할 방향을 찾아본다는 점에서도 의미가 있지만, 중요한 것은 앞으로 국내외 기관과 사모펀드 그리고 기업인들이 힘과 지혜를 모으는 일이다. 참여자들의 협업으로 더 높은 수익을 낼 수 있는 플랫폼 역할로 자리매김할 수 있길 기대한다. 그 일환의 하나로 한 해 동안 주목할 만한 상징적인 M&A 딜을 이끈 사모펀드 대표 매니저와 기업의 M&A 담당 실무 임원을 인터뷰하여 인수 배경과 향후 성장 전략을 들어보는 자리도 마련하였다.

1장에서는 사모펀드 제도와 금융, 자본시장 환경 변화의 영향을 받은 사모펀드 트렌드를 분석하고 이에 따른 기관투자자 투자 전략의 변화된 모습을 짚어보았다. 저금리 시대가 저물고 사모펀드 옥석 가리기가 본격화되는 상황하에 본격적으로 성장하기 시작한 '크레디트 펀드'

현황을 정리해보았다. 또한 국내 최대 사모펀드인 MBK파트너스의 지분 일부가 약 13조 원의 기업가치로 거래되는 일이 있었는데, 사모펀드들의 기업가치가 얼마나 커지고 있는지 현주소를 짚어봤다. 한국 시장을 매력적인 시장으로 인식하고 속속 진출하는 해외 사모펀드 현황도 눈여겨봤다. 최근 사모펀드 시장에서 새로운 엑시트 전략으로 관심을 끌기 시작한 컨티뉴에이션 펀드 시장이 선진 금융시장에서는 어떻게 형성되어 있는지 분석해보았다. 그리고 지난 수년 동안 관심을 끌어온 플랫폼 기업에 대한 시장의 인식 변화를 다뤄보았다.

2장에서는 지난 한 해 동안(2022년) 기관들이 주목한 투자 대상을 여섯 가지로 나누어 생생한 투자 사례를 중심으로 분석했다. 최근 움직임이 활발한 글로벌 사모펀드의 주요 거래도 살펴봤다. 기관들의 높아진 조달 비용을 충당할 수 있는 높은 성장 배당 기업, 한국의 주력 양대 산업인 반도체, 배터리 산업에 속한 기업, 향후 높은 성장성을 보유한 유망 소재 산업에 속한 기업, 경쟁력 있는 테크 기업, MZ세대 트렌드를 이끄는 기업, 국내 자본이 투자한 해외 기업의 실제 거래 사례를 분석하면서 현 자본시장과 산업을 관통하는 인사이트를 얻고자 시도했다.

3장에서는 국내 주요 그룹사와 기업들이 주목한 M&A 대상 기업과 각 거래에 대한 사례를 분석해보았다. 그중에는 이미 사모펀드가 알아보고 미리 인수하여 잘 키운 기업을 사들여 성장의 동력을 찾는 경우가 빈번하기에 그 사례를 다루어보았다. 해외 기업 인수(크로스보더 딜)를 통해 해외에서 성장동력을 찾는 역동적 움직임부터 그룹사들의 사업 재편 현황과 기업주도형 벤처캐피탈CVC 진출 쇄도 등 자본시장 관점에서 산업과 기업들이 변화하는 트렌드를 짚어보았다.

4장에서는 2023년에 예상되는 사모펀드 및 M&A 시장의 흐름을 기관투자자 관점에서 정리해보았다. 시장에 대한 예측과 전망이라기보다는 시장을 육성하고 좋은 성과를 이끌어야 하는 기관 측면에서 바람직하다고 그려보는 방향을 제시하는 측면이라고 할 수 있다. 국내에서 펀딩을 하는 운용사GP와 투자자LP들에게 참고가 되는 내용이길 바라는 마음에서 써보았다. 그리고 산업 전망 부분에서는 2023년 산업의 방향이 어떻게 전개될지에 대한 종합적인 내용을 투자 관점에서 제시해보았다.

5장에서는 4장의 거시적인 조망을 통해 추려낸 5개 주목할 산업에 대한 중·장기 관점의 트렌드를 분석하고, 어떤 기술과 어떤 기업에 투자해야 할지 아이디어를 발견하고자 노력했다. 규모와 성장성 측면에서 앞으로도 당분간 계속해서 주목할 분야인 반도체 산업과 시장을 분석했다. 그리고 산업 전방위적으로 추진되고 있는 디지털 대전환DX과 관련 기업에 대해 분석했다. 최근 몇 년 사이 가장 주목해야 할 소비계층으로 부각한 MZ세대에 대한 분석을 소비재 투자에 대한 관점으로 진행했으며, 플랫폼 기업에 대한 투자를 어떻게 접근할지 고민해보았다. 마지막으로 에너지 섹터 중 미래 성장산업인 수소 산업에 대한 분석을 진행했다.

이번 프로젝트의 완성도를 높이기 위해 참여자의 범위를 넓히게 됐다. 나와 수년간 함께 호흡하며 탁월한 성과의 기반이 되어준 우리 기업금융본부 든든한 후배들이 저자로 참여했다. 다소 무모해 보이는 투자건이라도 리더를 믿고 성실하게 일해준 동료들 덕분에 우리나라 기관투자 역사에 남을 만한 최초의 거래들을 추진할 수 있었다. 특유의 추진력과 핵심을 보는 눈을 갖고 기업의 본질을 이해하며 앵커투자자로 딜을 이끌어가는 김유탁 차장, 프로젝트 펀드 구조 분석 최고 전문가로서 완벽한 관리 역량까지 갖춘 현동진 차장, 다양하고 새로운 일을 추진하는 역할을 전천후로 맡아주며 모든 면에서 균형 잡힌 탁월한 역량을 갖춘 이관성 차장, 복잡하고 다양한 기업금융본부 자산의 관리를 담당하면서도 매년 수천억 원을 투자하는 팀의 주포 신훈세 차장, 성장산업과 벤처투자에 대한 네트워크와 남다른 시각으로 중앙회 최초의 벤처펀드 출자를 맡았던 조상욱 과장이 저자로 참여하였다.

이렇게 우리 팀이 운용에 집중할 수 있었던 이유는 그런 환경을 만들어준 조직의 힘이 컸다. 새마을금고중앙회 최고경영진, 박천석 자금운용부문장CIO, 기업금융본부 선배님들께 이 자리를 빌려 감사의 마음을 전하고 싶다. 또한 이 프로젝트에 이번에는 참여하지 않았지만 같은 마음으로 일하고 있는 기업금융본부와 투자심사부 등 유관부서 및 중앙회 선후배들께도 같은 마음이다.

산업 분석과 투자 전략 수립의 깊이를 더하기 위해 우리는 기업가치 개선 전문 컨설팅 회사인 룩센트와 함께 머리를 맞댔다. 룩센트는 M&A를 진행하는 과정에서 그리고 인수 후 기업가치개선PMI 과정에서 우리나라 주요 사모펀드들의 브레인 역할을 하며 산업 현장을 누비고 있다. 인수 프로세스에서는 투자 타당성과 사업실사를 진행하여 CDD라는 실사 보고서를 작성하여 투자의 공신력을 높여주고 있으며, 인수 이후에는 기업가치 개선을 위한 구체적 방안을 실행하며 밸류를 높이는 프로젝트를 수행하고 있다. 이런 경험과 노하우를 활용하여 본 저술의 산업 전망 부분에서 탁월한 인사이트를 제시해주었다. 또한 자본시장 전문 매체 더벨에서 M&A 담당 기자로 활동하다가 이제는 기업 현장으로 자리를 옮겨 기업가치를 올리는 업무를 하게 된 조세훈 매니저도 저자로 참여하였다. 현업에서 바쁜 여러 저자가 업무를 하면서 시간을 쪼개 집필을 하는 것 자체도 그렇고 여러 의견과 시각을 통합해서 하나의 시각을 제시하는 작업도 쉽지는 않았다. 하지만 우리의 노력이 우리가 일하는 데 있어서 더 높은 성과를 내고 우리가 속한 자본시장과 산업의 발전에 기여할 수 있기를 희망한다.

2022년 클로징을 앞두고

저자 대표 최우석

차 례

2장 2022년 기관투자자가 주목한 분야

3장 2022년 기업들이 주목한 M&A 대상

PART 2

2023년 M&A 시장과 사모펀드 트렌드

4장 국내외 사모펀드 투자 트렌드

5장 산업분석 및 투자 전략

PART

1

2022년 M&A 시장과 사모펀드 트렌드

1장

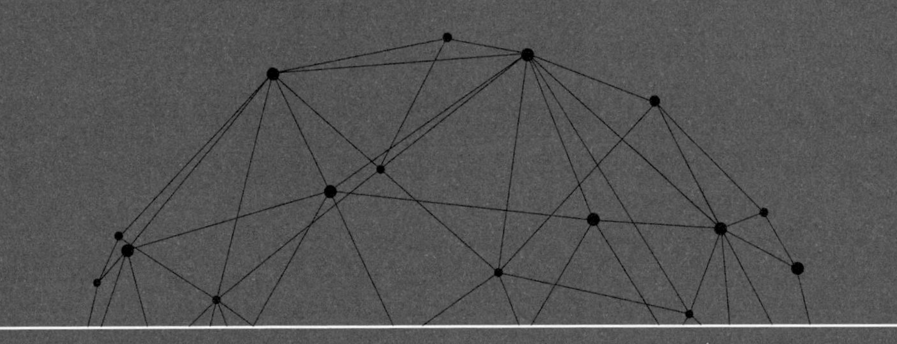

2022년 사모펀드 시장 트렌드 리뷰

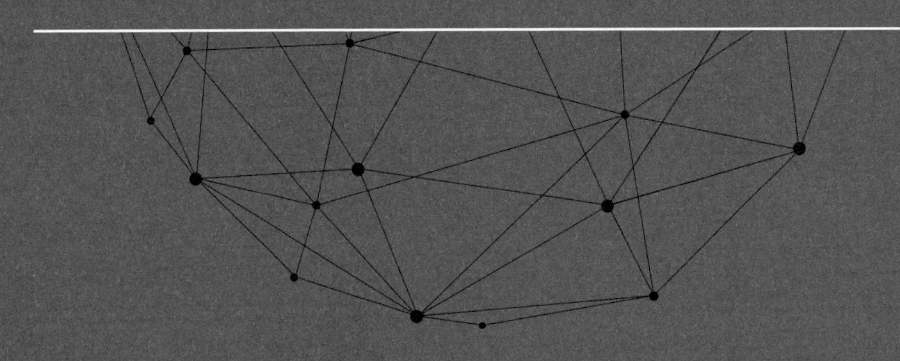

01

저금리 시대의 종언, 적응의 시간

환경은 기존의 문법을 모두 파괴하는 게임체인저다. 구속력이 강해 어떤 주체도 그 영향력을 피할 수 없다. 과거의 정답이 더 이상 통용되지 않을 때 구성원들은 큰 혼란을 겪는다. 생태계의 최상위 포식자라고 해도 예외는 아니다. 이럴 때 환경에 빠르게 적응하는 탄력성이 종의 생존 조건이 된다. 과거 지구를 지배한 공룡은 '화석'으로 남아 있지만, 인류를 비롯해 일부 종들은 살아남아 생태계를 재구축했다. 기존 힘과 권력이 아닌 적응력이 생존의 성패를 갈랐다.

경제 생태계에서도 마찬가지다. 대내외적 환경이 격변하는 시기엔 탄력성이 높은 국가와 기업만이 살아남는다. 전후 국가 단위 충격은 금리인상과 인위적 환율 개입이 맞물린 1980년대 두드러지게 나타났다. 미국은 세계 제1, 2차 세계대전을 거치면서 글로벌 최강자로 우뚝 섰다. 기축통화를 달러로 삼고자 금태환 제도를 실시했고, 35달러를 금 1온스로 바꿔주는 제도를 통해 통화의 지위를 공고히 했다. 그러나 베트남 전쟁과 달러 국제화 등으로 너무 많은 돈을 쓰면서 1971년 금태환을 결국 포기했다. 미국은 1973년 전후 패권국가를 위해 구축한 브레튼우즈 체제를 포기하고 변동환율제로 전환했다. 안타깝게도 위기는 쉽사리 진화되지 않았다. 1, 2차 석유 파동으로 인플레이션 위기에 직면하자 전 세계에 과도하게 풀린 달러를 연방정부로 흡수하자는 목소리가 힘을 얻었다. 통화가치는 하락하는데 경제성장 침체로 실질임금이 뚝 떨어져 정치적 불안정성이 커진 탓이다.

1979년 연방준비제도이사회Fed 의장이 된 폴 볼커는 스테그플레이션(고물가 속 경기침체) 문제를 해결하고자 극약 처방을 내렸다. 1981년 6%인 연방기준금리를 연 19%까지 끌어올렸다. '볼커 쇼크'로 부채가 많은 중남미 국가는 도미노 디폴트 상황에 직면하는 참사를 겪었다. 이런 극단적 선택에도 재정수지, 경상수지가 모두 적자를 보이는 쌍둥이 적자가 심해지면서 인위적 통화정책 개입에 이르렀다. 제조업 강자인 일본과 서독이 피해자가 됐다. 1985년 9월 22일 미국·영국·프랑스·서독·일본 등 G5 재무장관들은 미국 뉴욕 맨해튼 중심지에 있는 플라자 호텔에서 엔화, 마르크화의 가치를 올려 미국의 무역적자를 해소하는 합의를 도출했다. 일본과 서독은 반대했지만 경제 정상화라는 명분과 절대 패권의 힘 앞에서 무기력했다. 단기간에 달러화 가치를 최대 12% 내리기로 하고 6주간 180억 달러의 협조 개입을 실시하기로 했다.

일본은 태풍급 외적 충격에 전혀 준비가 되어 있지 않았다. 엔화 가치는 회담 1년 만에 36%나 상승했다. 통화가치 상승으로 자산 버블이 본격화됐다. 니케이는 3년 동안 3배, 부동산은 한 해 70%씩 뛰었다. 지금은 미국 나스닥 시장이 세계를 호령하지만 당시엔 일본이 굴지의 시장이었다. 1987년 시가총액 기준 세계 최대 회사는 일본의 통신사 NTT(2,768억 달러)였다. 2위인 미국의 컴퓨터, 정보기기 제조 업체 IBM(760억 달러)보다 3.6배나 많았다. 세계 50대 기업 중 일본 기업은 33개나 됐다. 이에 비해 미국은 14개 기업에 불과했다.

그러나 일본의 행복한 시절은 그리 오래가지 못했다. 버블을 우려한 일본은 1989년부터 금리를 2년간 3.5%포인트 올렸다. 갑작스러운 처방은 버블 폭락을 불러와 굴지의 대기업이 파산하고 대규모 실직 사태가 발생했다. 두 번의 생태계 변화는 일본의 '잃어버린 30년'이라는 참담한 결과로 나타났다. 한때 세계 경쟁 패권에서 미국의 아성에 도전하고, 미국의 많은 지식인들이 두려워한 일본이 외부 충격에 쉽사리 무너져내렸다. 반면 서독은 플라자 합의에 따른 통화 충격과 이후 동독과의 통일이라는 경제 충격에도 무너져내리지 않았다. 오히려 유럽연합EU의 경제대국, 패권강국으로 자리매김했다. 이처럼 '적응' 역량은 한 국가의 존망과 기업의 영속성에 절대적 영향을 미친다.

격변하는 시장과 플레이어 생존 역량의 상관관계를 길게 풀어놓은 것은 현재 사모펀드PEF 시장이 처한 상황과 크게 다르지 않기 때문이다. 2022년은 오랜 기간 유지된 저금리 시장이 종식되고 빅스텝에 따른 가파른 금리인상기에 접어들었다. 이런 환경에서는 그동안 성공 방정식으로 여겨진 것들이 우리도 모르는 사이에 위기의 지름길로 인도하기도 한다. 천문학적인 자산을 운용하는 사모펀드는 순간의 선택으로 큰 손해를 입을 수 있다. 반면 위기 속에서 기회를 잡는 이들은 대형 사모펀드로 도약하는 기회를 잡을 수도 있다.

저금리 시대의 종언, 뉴노멀 속 사모펀드의 변화

외부 충격은 국내 사모펀드 시장에도 큰 영향을 미쳤다. 국내 사모펀드는 2004년에 태동했다. 이듬해부터 MBK파트너스, IMM인베스트먼트, 스틱인베스트먼트, 보고펀드(현 VIG파트너스) 등 1세대 사모펀드들이 활약했지만 전체 규모 면에서는 여전히 미미했다. 정책적 지원과 1세대 운용인력들의 노력에도 2009년 사모펀드 약정액은 20조 원에 불과했다.

이런 와중에 2008년 미국발 서브프라임 모기지 위기가 덮쳤다. 파장은 만만치 않았다. 당장 미국 5대 투자은행IB 중 리먼브러더스가 파산했고, 베어스턴스는 J. P. 모건 체이스에 인수됐다. 세계 최대 증권사인 메릴린치는 뱅크오브아메리카에 합병됐다. 2009년에는 글로벌 금융위기를 불러올 만큼 후폭풍이 컸다. 미국, 유럽연합, 일본 등 각국 경제주체들은 양적 완화와 저금리 정책을 통해 위기를 탈출했다. 극약 처방이 통하자 세계는 예상을 깨고 장기간 저금리를 유지했다. 세계 경제가 돈을 풀어도 인플레이션이 일어나지 않은 덕분이다. 어느새 대다수 경제학자는 저성장·저물가·저금리·저고용의 '4저低'로 요약되는 뉴노멀이

도래했다고 분석했다. 기관투자자들은 안정적 관리가 10년 넘게 이어지자 투자 자산 포트폴리오를 전통적인 주식, 채권을 넘어 대체투자 분야로 급속히 확대했다. 상대적으로 리스크가 크지만 고수익이 보장되어 있고, 역량 있는 사모펀드들이 속속 나타나면서 관리적 부담을 어느 정도 덜어준 덕분이었다.

국내 사모펀드 성장기로 볼 수 있는 2010년대 투자 성과는 기관투자자들의 관심을 끌기에 충분했다. 배기범(케이핀자산운용) 대표와 이준서(동국대 경영학부) 교수가 2017년 말 기준으로 141개 사모펀드의 수익률을 분석한 결과 국내 사모펀드의 청산 완료 수익률은 10.57%이다. 같은 기간 코스피, 코스닥보다 높은 수익률을 보이면서 기관투자자LP의 의구심은 확신으로 변했다. 특히 2008년 글로벌 위기 이후 사모펀드 시장이 본격 성장하면서 투자 성과는 더 뚜렷했다. 블랙스톤, KKR, 칼라일 등 글로벌 사모펀드가 2005년에 투자한 건들은 30% 가까운 내부수익률IRR을 얻었지만 금융위기 직전에 투자한 건들은 마이너스 20% 넘는 손실을 봤다. 손실 구간에 진입하는 투자 건들이 줄어들면서 위험자산인 사모펀드 투자가 나름 안정성 있는 고수익 자산으로 평가된 것이다.

금융위기 전의 투자 건들이 미미한 덕분에 국내 사모펀드는 마이너스 공포에서 벗어날 수 있었다. 오히려 저금리라는 우호적 환경 속에서 비약적인 성장을 했다. 2019년 기관전용 사모펀드 출자 약정금액은 84조 3,000억 원으로 10년 만에 4배 넘게 성장했다. 2020년 신종코로나바이러스증후군(코로나19) 확산으로 세계가 다시금 제로금리로 향하자 대체투자 분야는 막대한 유동성을 공급받았다. 출자 약정액은 2020년 96조 7,000억 원으로 늘었고 2021년에는 116조 1,000억 원에 달했다. 2년 만에 약정금액이 40% 가까이 늘어나며 기관투자의 블랙홀 역할을 했다.

그러나 시대는 빠르게 변하고 있다. 2022년 자산시장은 '자이언트 스텝'과 '빅스텝'에 따른 금리인상으로 큰 혼란을 겪었다. 지난 10년간 믿어왔던 뉴노멀은 사실상 이데올로기로 판명 났다. '인플레이션 없는 저금리'는 장기간 유지될 수 없다는 경제학의 원리가 다시금 살아났다. 금리인상의 뇌관은 소비자물가였다. 양적 긴축은 예고된 미래였지만 시장의 충격을 줄이는 방향으로 논의되어왔다. 다만 예상치 못한 러시아의 우크라이나 침공으로 원유와 곡물 등 국제 원자재 가격이 급등하면서 인플레이션 압력이 강해졌다.

미국 소비자물가지수CPI는 2022년 6월 9.1%까지 오르면서 1981년 이후 최고치를 기록했다. 미국은 긴축 시계를 앞당겨 금리인상과 자산매각 등 쌍끌이 양적 긴축으로 유동성을 흡수했지만 쉽게 진화되지 않았다. 결국 미국연방준비제도가 4연속 자이언트 스텝(한 번에 75bp 금리인상)에 나서면서 기준금리가 4%를 넘어섰다. 미국 연준은 2023년 금리를 4% 중반까지 인상하겠다는 점도표를 발표했다. 한국도 상황은 크게 다르지 않다. 국내 소비자물가 역시 2022년 7월 6.8%까지 치솟으면서 금리인상 압박을 강하게 받았다. 1998년 4월 물가안정목표제 도입 이후 가장 높은 수준을 기록했다.

금리인상은 투자 풍속도를 180도 바꿔놓았다. 위험자산에 투자하지 않더라도 채권에 투자하면 7~8%의 수익률을 얻을 수 있는 기회가 찾아왔다. 인수금융 등 기업대출 역시 6%를 넘어서면서 안전자산의 기대수익률이 높아지고 있다. 경제 불확실성이 커진 상황에서 메자닌, 에쿼티에 투자하는 사모펀드는 매력적인 투자 영역에서 점차 멀어지고 있다. 연기금, 공제회 등 기관투자자들은 금리인상을 고려해 출자에 소극적이 됐다. 대형 사모펀드 중심으로 이미 출자금을 조성한 블라인드 펀드(투자 대상을 정하지 않은 상태에서 자금을 먼저 모으고 이후 투자처를 찾아 투자하는 방식의 펀드)가 있어 시장이 투자 절벽에 직면한 것은 아니지만, 단일 투자를 목적으로 한 프로젝트 펀드는 벌써 빙하기에 접어들었다. 이런 분위기를 감지한 중소형 사모펀드들은 2022년 투자 계획을 접고 상황이 바뀌기만을 기다리고 있다.

생존의 조건, 옥석 가리기 본격화

금리인상은 대체투자 분야에 부정적 요소다. 풍부한 유동성과 저금리는 대체투자의 매력도를 높이고, 기관투자자의 기대수익률 허들도 낮춘다. 조금만 잘해도 두각을 드러낼 수 있는 시기인 것이다. 금리인상기는 완전히 다른 환경으로의 진입을 뜻한다. 일단 기관투자자들의 기대수익률이 높아졌다. 위험을 감수하고 투자하는 만큼 더 높은 수익을 올려야 하기에 투자처를 찾는 데 어려움을 겪을 수밖에 없다. 기존 투자자산에 대한 관리도 중요해진다. 경기침체에 진입하면 사모펀드의 포트폴리오 기업도 타격을 받게 된다. 이런 피해를 최소화하면서 투자금 회수 기한이 도래하는 기업의 엑시트(투자 후 출구 전략)를 성공적으로 해내야 한다. 자산시장이 모두 상승하는 시기에는 목표수익률 달성이 용이하지만 침체기에는 매각조차도 어렵게 된다. 이제부터는 플레이어들의 진짜 투자 실력이 가려지게 된다.

이 중에서도 코로나19 빈티지vintage가 향후 사모펀드 운용사의 성적표를 가르게 된다. 와인 용어인 빈티지는 와인을 생산하기 위해 포도를 수확한 해를 뜻한다. 시기가 중요한 이유는 와인의 맛을 결정짓는 유의미한 지표이기 때문이다. 포도 성숙기와 수확기에 비가 적게 오고 맑은 날이 지속돼야 맛과 향이 뛰어난 와인을 얻을 수 있다. 반면 비가 오래 내리면 품질이 떨어져 제 값을 받을 수 있는 와인이 줄어들기 마련이다. 사모펀드 투자도 유사한 패턴을 보인다. 높은 밸류에이션이 형성된 시기에 거래한 직후 경기침체가 오면 투자 포트폴리오 기업들의 수익률은 극도로 나빠지게 된다.

국내에서 최악의 투자 시기는 2008년 경제위기 직전에 이뤄진 딜들이다. 당시 성장성을 크게 보고 높은 밸류에이션에 투자했지만 글로벌 경제위기 여파로 사실상 투자가 실패로 돌아간 사례가 다수 나타났다. 국내 1위 사모펀드 운용사인 MBK파트너스도 2006년, 2007년 빈티지 포트폴리오의 악몽에서 벗어나지 못했다. MBK파트너스는 2007년 맥쿼리PE와 컨소시엄을 구성해 종합유선방송 딜라이브(옛 C&M)를 2조 750억 원에 인수했다. 2014년 한앤컴퍼니가 한온시스템(옛 한라비스

테온)을 약 3조 9,400억 원에 인수하기 전까지 사모펀드의 역대 최고 거래로 기억된 투자다. 높은 가격에 인수한 딜라이브는 케이블TV 시장의 경쟁 격화로 경영에 어려움을 겪으며 매번 매각 프로세스에 난항을 겪었다. 최근에는 넷플릭스, 디즈니플러스 등 온라인 동영상 스트리밍 플랫폼OTT의 등장으로 경쟁력이 더욱 약화되고 있다. 인수 당시 세간에 화제가 됐지만 너무 비싸게 산 탓에 투자금 회수가 여전히 이뤄지지 않고 있다.

MBK파트너스가 2006년 현대캐피탈과 1,174억 원에 공동 인수한 HK저축은행도 '죽음의 계곡'을 건넜다 기사회생한 투자 사례다. 글로벌 위기로 금융시장이 불안정해지자 2009년 매각 대신 공개매수를 통해 HK저축은행을 자진 상장폐지했다. 시간을 잠시 벌었지만 매각 과정은 지지부진했다. 매각을 추진했지만 저축은행 도미노 부실이 도마에 오르면서 매수자를 찾지 못했다. 2014년에는 현대캐피탈의 지분 19.99%를 되사오기도 했다. 이 과정에서 총투자금은 약 2,000억 원까지 불어났다. 그러나 성적표는 기대치를 밑돌았다. 2016년 미국계 사모펀드인 JC플라워에 2,224억 원에 가까스로 매각했다. MBK파트너스는 약 10년 만에 내부수익률 1%를 소폭 넘기며 겨우 손실을 면했다.

2007년 빈티지 투자 중 다른 실패 사례도 있다. 보고펀드는 2007년 KTB PE와 공동으로 LG실트론 지분 49%를 동부그룹으로부터 4,250억 원에 인수했다. 인수 직후 글로벌 경제위기가 발발했고, 2011년에는 유럽 재정위기가 터지면서 LG실트론의 미래로 불린 태양광 시장이 붕괴

돼 큰 손실을 봤다. 설상가상으로 반도체웨이퍼 시황마저 악화되어 국내 사모펀드로서는 첫 인수금융 디폴트를 맞이했다. LG실트론은 다행히 SK그룹에 2017년 매각되며 인수금융은 가까스로 다 갚았으나 사모펀드의 원금 손실은 불가피했다.

코로나19 이후 M&A(인수합병) 시장에서 거래 멀티플이 20~30배에 달하는 건들이 많다. 2020년, 2021년은 고밸류에이션이라는 꼬리표가 따라붙을 만큼 공격적인 투자가 빈번히 이뤄졌다. 이 당시 이뤄진 코로나19 빈티지 투자 건들을 얼마나 성공적으로 엑시트를 해내는지가 사모펀드 운용사의 역량을 가늠 짓게 할 것으로 보인다.

02

제도 변화가 쏘아올린 사모펀드 세 가지 화살

제도적·환경적 변화는 새로운 물결을 만들어낸다. 기존의 성장 방정식이 더 이상 통용되지 않은 반면, 새로운 투자 기회가 열리기도 한다. 적응과 탄력성이 높은 플레이어들은 2022년 빗장이 풀린 새로운 상황에서 과감한 행보를 보였다. 기관 전용 사모펀드(경영참여형 사모펀드)는 2021년 10월 '자본시장법' 개정으로 전문투자형 사모펀드(헤지펀드) 운용사만 취급이 가능한 대출형 상품을 다룰 수 있게 됐다. 대출뿐 아니라 부동산 시장까지 투자할 수 있게 되면서 새롭게 영역을 확장하려는 사모펀드 운용사들이 많았다. 블랙스톤, KKR, 칼라일 그룹 등 글로벌 사모펀드 운용사들이 바이아웃 펀드(기업의 경영권을 인수해 구조조정 또는 M&A를 통해 기업가치를 올리고, 지분을 다시 팔아 수익을 내는 펀드)에서 부동산, 크레디트, 헤지펀드 등 대체투자 운용사로 성장해왔다. 국내에서도 대형 사모펀드를 기반으로 사업 다각화 현상이 한층 뚜렷해지고 있다.

시장의 성장은 기업가치를 끌어올린다. 두 세대를 거치며 성장해온 미국 사모펀드 시장은 이미 제 가치를 인정받고 있다. 세계 1위 사모펀드 운용사 블랙스톤은 현재 시가총액이 160조 원을 넘어섰다. 한때 200조 원을 넘기기도 하면서 기업가치에서도 글로벌 톱티어 수준에 도달했다. 국내 사모펀드 시장 역시 출자약정금액이 2021년 말 116조 1,000억 원으로 커지면서 어느덧 성숙기에 접어들었다. '투자 ⇨ 관리 ⇨ 회수'라는 사이클 역시 두 차례 이상 진행하면서 안정화됐다. 국내 1위 사모펀드 운용사 MBK파트너스가 소수지분을 10조 원 넘는 기업가치로 매각하면서 '기업'으로서의 사모펀드도 가치의 재발견으로 인정받는 분위기다.

한국 시장은 다른 아시아 지역보다 사모펀드의 성장이 빠르면서 글로벌 사모펀드 운용사들의 진출도 늘어나고 있다. 물론 KKR, 칼라일, TPG 등 글로벌 사모펀드가 한국 시장에서 활발하게 활동해왔지만 세계 시장에서의 위상은 그리 높지 않았다. 그러나 2022년 블랙스톤이 한국법인을 새로 출범하며 한국 시장 확대에 나섰다. 미국 4위 사모펀드인 아폴로글로벌매니지먼트도 새롭게 한국 시장 진출을 선언했다. 동아시아 지역 중에서 한국 시장이 새롭게 주목받은 이유는 수익률이 높기 때문이다. 이로 인해 국내 로컬 사모펀드와 글로벌 사모펀드의 투자 경쟁이 보다 격화될 것으로 보인다.

춘추전국 시대 열린 '크레디트 펀드'

"숲을 기르면 호랑이는 저절로 오게 돼 있다." 노무현 전 대통령은 2003년 '금융 허브론'을 내세우며 사모펀드 제도의 밑그림을 그렸다. 그러나 계획은 시작부터 차질을 빚었다. SK와 현대자동차그룹을 괴롭혔던 소버린, 엘리엇의 공격, 칼라일의 한미은행 매각으로 불거진 먹튀 자본 논란은 금융 허브의 동력을 상당 부분 잃게 만들었다. 다만 2004년 '간접투자자산운용업법' 개정으로 경영참여형 사모펀드 제도만은 도입되는 데 성공했다.

하지만 헤지펀드의 도입은 한참 후에야 이뤄졌다. 글로벌 금융위기로 투자은행IB 시장에 대한 불신감이 높아진 가운데 국제적 수준의 금융 환경을 조성하려는 목적으로 2011년 한국형 헤지펀드가 도입됐다. 2015년에는 전문투자형 사모펀드(일명 헤지펀드)와 경영참여형 사모펀드로 정체성이 확립됐다. '자본시장법' 개정으로 글로벌 기준과 달리 내부적 이해관계 속에 '한국형 사모펀드' 제도가 잉태됐다. 그 결과 투자 방식으로 사모펀드를 분류하는 유일한 국가가 됐다.

한국형 사모펀드 모델은 헤지펀드(전문투자형)의 부실로 그리 오래가지 못했다. 잇따른 '환매 중단 사태'가 발생하면서 '자본시장법'에 대한 우려의 목소리가 커진 탓이다. 헤지펀드 업계 1위인 라임자산운용을 비롯해 옵티머스자산운용 등이 무더기 부실에 직면하면서 제도의 대수술이 불가피해졌다. 이 과정에서 관계자들의 불법적인 요소들이 발견되면서 구속되는 등 제도적 허점도 계속 드러났다. 한국형 사모펀드는 여론의 뭇매를 맞은 끝에 2021년 10월 '자본시장법' 개정으로 역사 속으로 사라지게 됐다.

새롭게 도입된 법안의 핵심은 개인이 투자하는 '일반 사모펀드'의 규제를 대폭 강화하고 '기관 전용 사모펀드'는 자율성을 확대하는 데 있다. 국민연금을 비롯한 연기금, 공제회 등의 자금을 받아 운용하는 기관 전용 사모펀드는 불필요한 규제가 대부분 사라졌다. 기존 경영참여형 사모펀드는 새로운 투자처 발굴이 용이해졌다. 투자에 발목을 잡던 10% 이상 지분을 취득하거나 사외이사를 파견해야 하는 규정이 사라져 투자 협상력이 높아졌고, 전문투자형 사모펀드만 가능했던 대출형Private Debt 펀드가 허용되면서 새 먹거리가 생겨났다.

그리고 2022년 새로운 수익 모델을 찾기 위한 물결을 불러왔다. 19세기 중순 황금을 찾으려는 사람들의 물결인 골드러시를 방불케 하고 있다. 과거 미국 캘리포니아주는 '골든 스테이트'라고 불릴 만큼 개척자들의 도시였다. 개척자들이 25만 명이나 몰렸고 1850년 7월 한 달에만 500척이 넘는 배가 샌프란시스코 해변에 나타났다고 한다. 주인 없는 황금 더미를 찾기 위한 움직임이었다. 국내 내로라하는 사모펀드 운용사들 역시 크레디트 펀드를 하나씩 내놓으며 발 빠르게 시장 선점에 나섰다. 기존의 명망을 활용해 신설 법인을 만들어 새로운 펀드를 조성했다. 기존 M&A, 메자닌 투자 방식에서 벗어나 대출, 신용 방식의 투자에 눈을 돌린 것이다. 대표적인 형식인 사모신용펀드는 사모로 투자금을 모아서 회사채, 기업대출 등에 투자하는 펀드다. 고위험·고수익을 노리는 바이아웃 펀드와 달리 사모신용펀드는 중위험·중수익을 목표로 삼고 있다.

미국 크레디트 펀드는 회사채부터 대출담보부증권CLO, 상업용 부동산모기지CMBS 등 구조화 채권, 일시적으로 자금 사정이 어려워진 기업의 부실자산distressed까지 투자 대상으로 삼는다. 온라인 스트리밍 음악에 대한 로열티를 현금화하는 파생상품에도 투자하는 등 매년 영역이 확대되는 추세다. 블랙스톤, KKR, 칼라일 등 대형 사모펀드는 대규모 크레디트 펀드를 운용하며, 수익의 상당 부분을 이 분야에서 만들어내고 있다.

크레디트 펀드는 이미 성공한 보증수표인 만큼 국내 대형 사모펀드가 빠르게 출사표를 던지며 시장 진출에 나서고 있다. IMM프라이빗에쿼티가 신설한 IMM크레딧솔루션, 글랜우드PE의 글랜우드크레딧, VIG파트너스의 VIG얼터너티브크레딧 등이 대표주자다.

IMM크레딧솔루션은 2021년 SK루브리컨츠 지분 40%를 약 1조 원에 인수했다. SK이노베이션이 5.7%의 수익률을 보장해주면서 딜이 성사될 수 있었다. 이듬해 온라인 패션 플랫폼 더블유컨셉코리아에 1,000억 원을 투자하면서 역시 6%의 수익을 보장받았다. IMM크레딧솔루션은 원금 손실 가능성이 작으면서 안정적인 기대수익률을 얻는 투자 방식을 빠르게 구축했다.

글랜우드크래딧 역시 대기업 자회사로부터 확정수익을 보장받으며 S&I건설(1,000억 원)과 SK에코플랜트(2,000억 원), 한화솔루션 첨단소재 부문(6,000억 원)에 투자하며 광폭 행보를 보이고 있다. VIG얼터너티브 크레딧은 부동산 시장으로 눈을 돌려 이천 물류센터 개발사업에 유동화 대출로 250억 원을 투자했다. 또 사모신용펀드를 조성해 마이리얼트립이 발행한 500억 원의 분리형 신주인수권부사채BW를 인수했다. 아직 초기 단계이지만 다양한 형식의 투자들이 이뤄지면서 걸음을 뗐다. 이 밖에 스틱인베스트먼트, JKL파트너스, 어펄마캐피탈, 케이스톤파트너스 등 크레디트 부문을 신설했거나 독립 법인으로 만든 곳들이 늘어나고 있다.

기존 레거시 운용사들이 우위를 점하고 있지만 신생 사모펀드도 기회를 잡고 있다. 헤임달PE는 후성그룹의 후성글로벌(1,050억 원), 한화그룹의 한화솔루션 PVC 사업부(6,700억 원)에 크레디트 펀드 방식으로 투자했다. 최근 글로벌 변동성이 커지면서 안전자산에 대한 기관투자자들의 관심이 높아지고 있어 크레디트 펀드 시장은 빠르게 커질 것으로 관측된다. 이에 사모펀드 운용사들의 시장 쟁탈전은 2023년 한층 격화될 전망이다.

10조 몸값 MBK파트너스: 사모펀드 기업가치 상승, IPO 기대감 '쑥'

사모펀드 운용사는 소수 투자자를 모집해 투자를 대행하는 역할을 한다. 일반인들에게는 낯선 운용사이지만 엄연히 규모가 큰 금융사로 분류된다. 세계 1위 사모펀드 운용사 블랙스톤은 미국 시장에 상장돼 160조 원의 기업가치를 인정받고 있다. 국내 코스피 2위, 3위인 LG에너지솔루션, SK하이닉스보다 시가총액이 크다. 국내에서는 사모펀드 1위 자리를 굳건히 지키고 있던 MBK파트너스가 2022년 초 베일을 벗고 기업가치를 대내외에 알렸다. MBK파트너스는 자사 지분 12.5%를 미국 자산운용사 다이얼캐피탈에 11억 8,000만 달러(약 1조 6,000억 원)에 매각했다. 전체 지분가치는 95억 달러(약 13조 원)로 평가됐다. 우리금융지주(8조 2,000억 원), 카카오뱅크(12조 원), 미래에셋증권(4조 2,000억 원) 등 국내 대형 금융사보다 높은 몸값을 자랑했다.

다이얼캐피탈은 대형 톱티어 사모펀드 운용사만을 투자 대상으로 삼는 전문 운용사로, 이 분야 기업가치 감별사로 정평이 나 있다. 전 세계 50곳 이상 사모펀드 운용사의 주주로서 각 사모펀드마다 10~20% 가량의 주식을 소유하고 있다. 초기 설립자의 자금을 유동화해주면서 안정적인 배당 수익을 얻는 구조다. 김병주 MBK파트너스 회장은 지분 매각 이후 전 직원에게 이익을 일부 공유해주며 큰 호평을 받기도 했다.

MBK파트너스는 2005년 설립 이후 독보적인 성과를 보이며 기업가치를 꾸준히 끌어올려 왔다. 17년간 펀드 규모를 연평균 29%씩 키워 현재는 256억 달러(약 31조 원) 규모의 펀드를 운용하고 있다. 투자 영역은 한국, 중국, 일본으로 국한되어 있다. 김병주 당시 칼라일 아시아 회장이 윤종하 칼라일 한국 대표, 겐스케 시즈나카 일본 대표, 부재훈 아시아 통신·미디어 부문 대표 등과 의기투합해 창업하면서 투자 영역을 확고히 했다. 17년간 35건의 투자 회수를 통해 평균 19%의 연환산 내부수익률을 기록했다. 코웨이, 오렌지라이프(옛 ING생명), 대성산업가스 등 성공적인 투자 사례를 계속해서 써왔다. 이번에 아시아 1위 운용사로 인정받으며 한국 사모펀드의 위상을 한층 공고히 했다.

대다수가 비상장 기업으로 남아 있지만 IPO(기업공개)를 한 곳도 있다. 사모펀드는 비공개가 핵심이기에 공시 의무가 있는 상장사를 꺼린다. 국내에서는 자금조달을 위해 벤처캐피탈VC이 IPO 시장에 먼저 발을 들였다. 아주IB투자, 미래에셋벤처투자, 에이티넘인베스트, SV인베스트먼트 등 다수 벤처캐피탈들이 상장했다. 다만 '예고된 미래'는 언제든 찾아온다. 대형 사모펀드가 IPO를 하는 흐름은 미국에서는 일종의 트렌드가 됐다.

미국 운용사인 블랙스톤은 2007년 사모펀드 업계에서 최초로 IPO에 성공했다. 투자 상황과 실적을 투명하게 공개하며 금융 업계의 주류 시장으로 진입했다. 매년 20% 남짓의 내부수익률을 기록하며 자본시장의 강자임을 숫자로 증명했다. 위상뿐 아니라 사업 다각화도 속도를 냈다. 블랙스톤은 상장을 통해 확보한 수조 원대 자금을 바탕으로 바이아웃뿐 아니라 부동산, 인프라스트럭처 등 종합 대체투자 운용사로 거듭났다. IPO 성공 모델이 마련되자 다른 사모펀드도 비슷한 행보를 걷고 있다. KKR, 칼라일, TPG 등 미국 대형 운용사들이 IPO를 통해 몸집을 키우고 있다.

국내에서는 2021년 말 스틱인베스트먼트가 처음으로 코스피 시장에 입성했다. 코스피 상장사 디피씨와 합병하면서 우회 상장하는 방식을 택했다. 공모금을 새롭게 확보하지는 못했지만 제조업을 영위한 디피씨를 700억 원에 매각하며 실탄을 거머쥐었다. 스틱인베스트먼트는 2조 원 규모의 신규 블라인드 펀드 조성과 크레디트 본부를 신설하며 신규 사업 진출에 속도를 내고 있다.

IPO와 크레디트 펀드라는 두 가지 길이 열리자 국내 사모펀드들은 글로벌 성장 문법인 종합 대체투자 운용사로 빠르게 전환하고 있다. IMM프라이빗에쿼티는 2021년 말 지주사 체제로 전환했다. IMM홀딩스 산하에 100% 자회사인 IMM PE와 IMM크레딧솔루션을 두었다. '자본시장법' 개정에 따른 전략적 전환이었다. 홀딩스 체제 도입에 따라 앞으로 인프라스트럭처, 부동산 등 보다 다양한 운용사를 설립해 확장해 나갈 가능성이 크다.

중견 사모펀드 운용사 스톤브릿지캐피탈도 지주사 체제로 전환해 스톤브릿지PE, 스톤브릿지벤처스, 스톤브릿지자산운용 등을 100% 자회사로 두고 있다. 케이스톤파트너스 역시 케이스톤홀딩스를 설립해 자회사로 케이스톤크레딧을 설립했다. 향후 벤처캐피탈, 부동산 등으로 확장해나가겠다는 복안이다. 글랜우드PE와 스틱인베스트먼트는 이보다 몇 년 앞서 지주사 체제를 도입했다. 운용사들의 지주사 체제 전환에 속도를 내면서 사모펀드의 IPO에도 속도를 낼 것으로 점쳐진다. 지주사 전환은 IPO를 앞두고 몸만들기를 위한 전초작업으로 풀이되기 때문이다. 국내 사모펀드들이 IPO에 나선다면 투명한 정보 공개와 준법 준수로 시장의 신뢰를 한층 더 받을 것으로 기대된다.

매력 투자처, 한국 시장에 몰리는 글로벌 사모펀드

자본시장에서 한국이 첫 주목을 받은 시기는 국가부도의 날로 불리는 1997년 외환위기(IMF 위기)일 때다. 순환출자와 연대보증으로 묶인 재벌 집단이 외부 쇼크에 의해 갑작스럽게 유동성 위기에 처하자 세계에서 가장 주목받는 시장으로 탈바꿈했다. 우량기업과 금융사들이 헐값에 부실채권NPL 시장에 풀리자 기업 사냥꾼을 자처한 외국계 펀드들이 국내에 대거 상륙했다.

국내에는 우량기업을 사들일 수 있는 주체가 없어 외국계 펀드들만의 잔치가 이뤄졌다. 칼리일은 외환위기 직후 한미은행을 인수한 뒤 씨티은행에 재매각해 6,600억 원의 차익을 남겼다. 뉴브리지캐피탈 역시 제일은행과 하나로텔레콤을 인수해 수천억 원의 이익을 얻었다. CVC 캐피탈(씨티벤처캐피탈)은 위니아만도를 사들여 제조업으로도 큰돈을 벌

수 있음을 보여줬다. 외환은행을 인수한 론스타는 매각 차익과 배당금을 합해 4조 6,000억 원이라는 천문학적인 돈을 벌어 세계를 놀라게 했다. 이처럼 해외 사모펀드들은 헐값에 사들인 매물을 회복된 시장에 재매각해 최대 수조 원의 매각 차익을 챙겼다.

매물 중에는 주류 시장에서 부동의 1위를 지키는 진로도 포함되어 있었다. 진로는 문어발식 확장으로 IMF 위기 전 재계 순위 19위에 오른 곳이다. 1989년 종합광고업에 진출한 이후 연합전선, 조선신약, 펭귄을 인수하고 진로건설, 진로쿠어스맥주, 베스토아 등을 설립해 계열사가 24곳으로 늘어났다. 하지만 출자금 대여와 지급보증 등으로 자금난에 시달리면서 그룹 전체가 부실에 빠졌다. 불황을 먹고 사라는 주류산업의 특성으로 IMF 위기 이후 시장점유율과 매출은 늘었지만 진로의 부실채권은 액면가의 10~15%에 팔렸다. 이후 진로는 2005년 하이트맥주에 3조 4,100억 원에 매각되며 국내 M&A의 최고가를 경신했다. 이때 진로 부실채권을 사들인 외국계 펀드들은 조 단위의 이익을 얻었다.

부실기업 매각이라는 잔치가 끝나자 외국계 펀드들은 보따리를 꿇어지고 한국 시장을 떠났다. 더 이상 매력적인 투자처가 아니라는 판단을 내린 것이다. TPG는 2008년 하나로텔레콤(현 SK브로드밴드) 매각을 끝으로 한국 시장에서 철수했다. 앞서 2000년 자회사인 뉴브릿지캐피탈을 통해 제일은행을 인수한 뒤 2005년 스탠다드차타드SC에 매각, 1조 원이 넘는 차익을 남긴 곳이다. 미국 시장에 IPO를 한 뒤 사업 확장 차

원에서 2008년 뒤늦게 한국 시장에 진출한 블랙스톤은 과열 경쟁과 낮은 수익성 등을 이유로 2014년 사무실을 철수했다.

하지만 한국 사모펀드 시장이 빠르게 성장하고, 국내 스타트업이 유니콘 기업(기업가치 1조 원 이상의 비상장기업)으로 성장하는 경우가 늘어나면서 시장을 보는 눈이 달라졌다. 한 자문 업계 관계자는 "코로나19 이후 한·중·일 시장에서 가장 주목받고 있는 곳은 다름 아닌 한국 시장"이라며 "IT 기술과 통신의 발전으로 스타트업 성장이 빠르고 자본시장도 탄탄하게 구축되어 있다는 점을 눈여겨봤다"고 말했다.

한국 시장이 커지자 글로벌 사모펀드들의 국내 진출이 빠르게 늘고 있다. 현재 KKR, 칼라일, TPG, 베인캐피탈, CVC캐피탈, 베어링PEA, 어피니티에쿼티파트너스 등 외국계 운용사가 사무소를 운영하고 있다. KKR은 인력을 30명까지 늘리며 한국 시장에 집중하고 있으며, 유럽계 사모펀드인 EQT파트너스는 베어링PEA를 아예 인수하여 우회 진출을 했다. 2014년 국내에서 철수했던 블랙스톤은 2022년 1월 재진출했으며, 미국 5위권 사모펀드 아폴로글로벌매니지먼트가 한국사무소 설립을 결정했다. 한국은 사모펀드 시장을 개방한 지 19년 만에 싱가포르, 홍콩에 이어 아시아의 금융 허브로 거듭나고 있다.

03

시장 변화가 불러온 사모펀드의 생태계

금리인상으로 투자 환경이 빠르게 변하면서 이에 대응하려는 사모펀드의 움직임도 포착된다. 경기침체로 M&A, IPO 시장이 위축되면서 컨티뉴에이션 펀드라는 새로운 투자금 회수 방법이 시도됐다. 컨티뉴에이션 펀드는 사모펀드 운용사가 운용 자금의 만기가 닥칠 때 동일 자산의 재투자를 위해 새로운 출자자LP의 투자를 받아 조성한다. 알짜 자산을 보다 장기투자로 가져가는 방식으로 서구권에서는 이미 주요 투자금 회수(엑시트) 창구로 자리매김했다. 국내에서도 한앤컴퍼니가 첫 컨티뉴에이션 펀드 조성에 성공하면서 이러한 방식의 투자 사례가 재현될 전망이다.

투자 트렌드의 변화도 눈에 띈다. 쿠팡의 대성공 이후 플랫폼 분야에 대한 '묻지마 투자'가 나타났는데, 최근 옥석 가리기가 본격화되고 있다. 규모의 경제를 실현하지 못한 채 적자 경영으로 몸집을 키워간 기업들이 금리인상과 투자 위축의 여파로 후폭풍을 맞고 있다. 반면에 시장 위축기에 강점을 가진 투자처가 주목을 받고 있으며 기술, 제도의 발전에 따라 새롭게 부상하는 섹터도 있다. 금리인상이 장기화하면 기술 분야에 대한 투자 심리 위축으로 전통 분야에 대한 투자가 재조명될 것이다. 또한 구조조정 시장이 대폭 커질 것으로 보여 전통 분야에 강점을 가진 사모펀드가 두각을 나타낼 것으로 기대된다.

새로운 엑시트 전략, 컨티뉴에이션 펀드가 뜬다

2021년 국내 기관 전용 사모펀드의 누적약정액이 처음으로 100조 원을 넘어섰다. 천문학적인 금액이지만 자본시장에 얼마나 큰 영향력을 끼칠지에 대해서는 일반인들이 쉽사리 체감하기 어렵다. 코로나19로 전 세계 자본시장이 붕괴한 2020년 3월, 코스피 시가총액이 1,000조 원 이하로 떨어진 적이 있었다. 당시 기준으로 한국에서 우량한 기업들이 모여 있는 코스피의 10분의 1 규모를 사들일 수 있는 금액이다. 실제 한온시스템, 쌍용C&E, 솔루스첨단소재, 한샘, PI첨단소재 등 기업가치 1조 원이 넘는 코스피 상장사 기업의 주인이 사모펀드 운용사다. 코스닥 상장사까지 합하면 훨씬 많은 곳이 사모펀드 아래 있다.

막대한 투자 실탄은 쌓여가지만 투자 대상은 역설적으로 제한적이다. 사모펀드 도입기에는 대기업의 구조조정 및 지배구조 개편, 중소·중견 기업의 승계 이슈 등 많은 잠재 매물이 시장에 존재했다. 그러나 투자 연도가 늘어갈수록 매물은 산술기하적으로 증가하는 반면, 투자

약정액은 기하급수적으로 늘어나고 있다. 이런 미스매치로 사모펀드 운용사는 갈수록 투자처 기근에 시달리고 있다. 해외로 눈을 돌리는 사모펀드들이 하나둘씩 나타나고 있지만, 이 역시 부수적 해결책에 지나지 않는다. 한국 시장만큼 풍부한 네트워크와 폭넓은 이해도가 없어 투자를 대폭 늘리기는 어려운 구조적 한계가 있기 때문이다.

이런 성숙기 시장에서는 세컨더리 펀드가 두각을 나타내기 마련이다. 다국적 투자은행 제프리스Jefferies에 따르면 2021년 전 세계 세컨더리 펀드시장은 1,320억 달러로 역대 최대치를 기록했다. 풍부한 투자 수요가 이미 검증된 잠재 매물인 사모펀드의 투자 기업으로 쏠렸다. 약정 기간에 따라 짧게는 5년, 길게는 10년 내 매각해야 하는 사모펀드와 드라이파우더(잔여 물량)의 자금 소진이 필요한 사모펀드 간 이해관계가 맞물리면서 사모펀드 간 투자 ⇨ 관리 ⇨ 매각이라는 선순환 구조를 만들어냈다. 세컨더리는 시장의 윤활유 역할을 하면서도 예측 가능한 인수와 합리적 인수가격, 효율적 조직 운영과 낮은 회계·법률 리스크 등으로 인기 있는 거래로 꼽힌다.

세컨더리 거래는 투자자LP 주도형과 운용사GP 주도형으로 나뉜다. LP 주도형은 지분이 전체 세컨더리 거래의 48%를 차지할 만큼 주요한 거래 방식으로 자리매김했다. 미국 등 서구 유럽에서는 LP 세컨더리가 주요 투자금 회수 방법으로 사용되고 있지만, 국내에서는 LP 시장의 풀pool이 좁아 존재감이 미미하다. 또 다른 형태인 GP 주도형은 만기 이전 펀드를 매각해 빠르게 유동성을 확보하는 방안이다. 이런 방식의 투자금 회수는 국내에서도 점차 확산되는 추세다. 기업들에게 투자 포트폴리오를 매각하는 1세대에 이어 2010년 중반 이후 사모펀드 운용사 간 거래인 2세대 회수 시장이 형성됐다. 풍부한 유동성을 바탕으로 사모펀드 간 거래가 폭발적으로 증가했다. 최근 2년간 조 단위 빅딜이 세컨더리 딜로 이뤄졌다.

2021년 크로스보더(국경 간 거래) 세컨더리 딜로 국내 사모펀드 운용사가 인수한 테일러메이드(1조 9,000억 원)를 비롯해 잡코리아(9,000억 원)와 투썸플레이스(8,000억 원), 해양에너지·서라벌도시가스(8,000억 원) 등이 세컨더리로 거래됐다. 2022년에는 글랜우드PE가 보유했던 PI첨단소재를 글로벌 사모펀드인 베어링PEA에 1조 3,000억 원 규모로 매각됐으며, IMM인베스트먼트의 폐기물 업체 EMK(7,700억 원) 역시 싱가포르 운용사 케펠인프라스트럭처트러스트에 매각되며 빅딜 세컨더리 거래가 활발히 이뤄지고 있다.

최근에는 글로벌 시장에서 GP 주도형 세컨더리 딜 중에서 컨티뉴에이션 펀드가 크게 증가하는 추세다. 컨티뉴에이션 펀드는 투자 만기가 도래한 투자 자산에 대해 같은 운용사가 신규 펀드를 조성해 투자 자산의 운용 기간을 연장하는 거래를 뜻한다. 쉽게 말해 운용사는 그대로이고 투자자만 바꾸는 딜이다. 기존 투자자에게 수익금을 돌려주고 다시 펀드를 조성하는 것은 그만큼 자산의 가치가 충분하고 성장성도 남아 있다는 의미다. 다른 투자처보다 합리적 가격에 인수가 가능하고, 누구보다 투자 기업에 대해 잘 알고 있으며 향후 성장성에 대해 예측 가능하다는 점이 매력 지점으로 꼽혀 시장 플레이어들의 관심이 몰렸다. 피치북에 따르면 2019년 전 세계 컨티뉴에이션 펀드 규모는 255억 달러에 불과했지만 2020년에는 966억 달러로 4배 가까이 늘었다.

3세대 회수 시장인 컨티뉴에이션 펀드는 글로벌 시장에서 빅딜로 확대되고 있다. 글로벌 사모펀드 CD&R은 2018년 영국 차량용 유리 수리회사 벨론Belron의 지분 40%를 인수했다. 41개국에 진출해 있으며, 2만 7,000명의 임직원을 고용하고 있는 글로벌 기업으로 인수 당시 기업가치만 30억 달러에 달했다. CD&R이 경영권을 인수한 후 3년 만에 벨론의 기업가치가 210억 달러로 높아지자 투자금 회수 절차에 착수했다. CD&R은 지분 전체를 매각하기보다는 상당수를 자신이 새롭게 투자하는 펀드를 통해 한 차례 기업을 더 운영하겠다는 의욕을 내보였다. 이미 9배의 성과를 냈지만, 아직도 성장성과 안정적인 현금 창출 능력이 나오는 만큼 이보다 더 나은 투자처가 없다는 판단에서다.

2021년 12월 H&F, GIC, 블랙록에 보유 지분 중 39%를 매각하고, 남은 61%는 컨티뉴에이션 펀드를 활용해 앞선 투자자에게 수익금을 돌려주고 펀드를 새롭게 조성해 투자 기한을 늘렸다. 역대 최대 규모의 단일 기업 컨티뉴에이션 펀드가 3년 만에 9배 높은 기업가치가 조성되면서 GP 컨티뉴에이션 펀드에 대한 시장의 시각이 완전히 달라졌음을 입증했다.

국내에서도 2022년 사모펀드 시장의 새로운 역사가 쓰였다. 한앤컴퍼니는 2022년 7월 15억 달러(약 1조 9,000억 원) 규모의 컨티뉴에이션 펀드를 조성해 쌍용C&E 투자자를 교체하는 거래를 마무리했다. 컨티뉴에이션 펀드 중 4억 5,000만 달러는 한앤컴퍼니가 3호 블라인드 펀드를 통해 재투자했고, 남은 10억 달러는 국내외 투자자들이 출자했다. 이번 거래에서 쌍용C&I 기업가치는 3조 2,100억 원으로 책정됐다. 경영권 지분 획득에 1조 4,380억 원을 투자한 것과 비교해 투자 6년 만에 배당 등을 고려하면 3배 가까운 수익을 올렸다.

국내에서 한 번도 이뤄지지 않았던 컨티뉴에이션 펀드인 만큼 성사 여부에 시장의 관심이 모였다. 기존 투자 대비 기업가치가 3배 가까이 오른 점도 부담이었다. 높은 성과보수와 펀드의 규모를 늘려 운영보수를 더 받으려는 것 아니냐는 시각부터 더 성장이 가능한 기업인지에 대한 회의론까지 있었다. 하지만 국내에서도 더 이상 세계적 추세에서 벗어나는 선택을 하지 않았다. 국내 사모펀드 시장이 진정으로 글로벌 스탠더드로 올라서는 순간이라는 평가를 받았다.

한앤컴퍼니의 도전이 성공하자 다른 사모펀드들도 컨티뉴에이션에 도전하고 있다. IMM인베스트먼트는 온라인 가구 전자상거래 업체 오하임아이엔티 지분 33.73%를 신규 펀드로 조성해 컨티뉴에이션 펀드로 조성을 추진하고 있다. 규모는 수백억 원대에 불과하지만 금리인상으로 자금 경색이 심각해진 상황에서 우호적 환경이 조성될 때까지 포트폴리오를 더 장기간 보유하려는 국내 사모펀드의 행보가 이어지고 있다는 평가다. 포트폴리오 매각이 쉽지 않은 조건에서 컨티뉴에이션 펀드를 선택하는 사모펀드가 한층 늘어날 전망이다.

플랫폼 거품? 옥석 가리기 시작된다

자본시장은 미래를 먹고 자라는 특징이 있다. 유망산업으로 분류되면 아직 성과가 입증되기 전부터 투자금이 몰려 기업가치가 대폭 높아진다. 그러나 촉망받는 기업 중 10년 넘게 살아남는 곳은 그리 많지 않다. 대부분 수익화 단계를 넘어서지 못하고 부실화에 직면한다. 1990년 말과 밀레니엄 시대를 지나며 전 세계에 환희와 충격을 준 닷컴버블이 대표적이다. 많은 기업이 도산하고 투자자들의 주식은 휴짓조각이 됐지만, 국내 IT 공룡들이 자라날 수 있는 마중물 역할을 한 것도 사실이다. 닷컴버블로 많은 돈이 IT 기업에 유입되면서 경쟁력 있는 일부 기업들이 성장하는 데 버팀목 역할을 했다. 네이버, 카카오, 엔씨소프트, 넥슨 등이 수혜를 봤다. 이들이 성장한 덕분에 한국은 애플, 구글, 텐센트 등 글로벌 플랫폼 기업에 종속되지 않은 몇 안 되는 국가가 됐다. 그리고 이들 기업에 투자한 곳은 천문학적인 수익을 올렸다.

그렇지만 실패의 경험이 더 많았기에 유망산업에 대한 투자는 한동안 침체됐다. 이처럼 성장산업에 대한 버블 충격은 '돌다리도 두드려 보고 건너자'라는 경각심을 심어주었지만, 여전히 모든 버블을 걷어내는 데는 실패했다. 최근에는 IT를 기반으로 한 플랫폼 기업들이 '거품론'에 직면하고 있다.

플랫폼 기업의 신화는 미국의 팡FANG으로 불리는 페이스북, 아마존, 넷플릭스, 구글이 문을 열었고, 국내에서는 쿠팡이 투자 시장에서 신기

원을 열었다. 쿠팡은 '의도된 적자'라는 신개념을 통해 플랫폼 채널로 시장을 장악하고, 그 이후 수익화 모델을 구축하는 전략을 짰다. 오랜 기간 적자를 감내하는 '캐시버닝cash burning' 전략의 핵심은 당연히 외부 자금조달에 있다. 쿠팡은 매출과 시장 장악력이 높아질수록 적자폭은 커지지만 기업가치도 덩달아 높아져 투자자에게 대규모 자금을 조달하는 데 매번 성공했다. 소프트뱅크 손정의 회장이 수조 원의 투자를 결정하면서 자금 부족 이슈는 사라졌다. 오히려 더 큰 손해를 볼수록 더 비싼 기업이 되는 역설이 통용되었고, 2021년에는 미국 나스닥 시장에 상장해 한때 100조 원이 넘는 기업가치를 인정받았다. 쿠팡이 월간 기준 흑자로 전환한 것은 2022년이 되어서야 가능했다.

'쿠팡 신화'는 국내 플랫폼 업체와 자본시장에 큰 신드롬을 불러왔다. 일단 회원 수와 매출이 늘어나는 플랫폼은 영역을 불문하고 뭉칫돈이 쏟아져 들어왔다. 투자자들은 적자 기업의 기업가치를 설명해내기 위해 새로운 개념도 만들었다. 기업가치는 일반적으로 수익 창출을 기반으로 측정됐다. 에비타 멀티플이라는 개념은 매년 상각전영업이익을 기준으로 몇 년 내에 원금을 회수할 수 있을지에 초점이 맞춰져 있다. 당연히 수익을 내는 기업이 높은 가치를 인정받는다.

반면 플랫폼 기업들은 의도된 적자를 목표로 하기 때문에 다른 기준이 필요하다. 이에 매출액 기준으로 기업가치를 측정하는 총거래대금GMV, 주가매출비율PSR 등의 개념이 시장에 도입됐다. 일단 매출만 높이면 기업가치가 높아지는 '요술봉'이 나타나면서 일부 기업들의 도덕적 해이가 나타나기도 했다. 막대한 광고비와 프로모션, IT 인력 채용 경쟁으로 비용은 과다하게 나가면서도 시장 경쟁력이 입증되지 않은 곳들도 저금리 시장에서 유동성 잔치의 수혜를 받았던 것이다.

그러나 캐시버닝 전략이 지속 가능하지 않을 때 위기는 가속화된다. 마켓컬리를 운영하는 컬리는 '제2의 쿠팡'을 꿈꾸며 신선식품 배송 시장을 개척했다. 신선식품 배송은 새벽배송을 구축하기 위한 비싼 인건비와 신선식품 조달을 위한 대규모 물류창고 조성, 재고와 폐기 처리 관리비용 등이 추가로 든다. 2년 전 유통 업체에 투자한 한 운용인력은 "새벽배송은 가치 창출에 비해 비용이 과다하게 발생해 기업의 생리와 맞지 않다"라고 속마음을 털어놓은 적이 있다. 그만큼 비용 부문을 감내하고 시장을 키워내야 하는 부담이 큰 섹터라는 뜻이다.

컬리는 고밸류에이션이라는 시장의 우려를 받았지만 매번 기업가치를 높여 자금조달에 성공했다. 2021년 말에는 홍콩계 사모펀드(사모펀드)인 앵커에쿼티파트너스가 2,500억 원을 추가로 투자했다. 이때 컬리가 인정받은 기업가치는 4조 원에 달한다. 그러나 컬리는 금리인상에 따른 자본시장 경색으로 돌연 큰 위기에 처하게 됐다. 투자 유치 반년 만에 비상장주식 거래에서 기업가치가 2조 원 밑으로 떨어졌으며, IPO 시장 침체로 공모자금을 모으기도 쉽지 않은 상황이 됐다. 눈높이를 낮춰 기업가치를 대폭 낮추면 IPO는 가능하겠지만, 이미 높은 기업가치에 투자한 재무적 투자자FI들의 동의를 구해야 한다. 파산보다 평가손실이 낫다는 공감대가 형성된다면 IPO도 가능하지만, 플랫폼 업체에 대한 재무적 투자자들의 투자 보수성은 한층 커질 수밖에 없다.

신석 식품에서도 니치 마켓을 공략한 플랫폼 업체는 당장 생존 위기에 직면해 있다. 수산물 당일배송 서비스 '오늘회'를 운영하는 오늘식탁은 당일 회 배송 시장을 공략해 시장의 주목을 받으면서 누적투자금액 170억 원을 모으는 데 성공했다. 외부 실탄을 바탕으로 공격적 마케팅을 전개해 2018년 10억 원의 매출이 2020년 135억 원으로 대폭 늘었다. 매출액 기준으로 봤을 때 이 기업의 가치는 2년 만에 13배나 증가한 셈이다. 그러나 수익 구조를 만들어내지 못하고 외부 자금조달이 어렵게 되면서 급격한 신용경색 위기에 맞이했다. 300여 개 협력 업체에 40억 원의 대금을 지급하지 못하면서 2022년 8월 말 결국 전 직원에게 권고사직을 통보했다. 2017년 설립된 오늘식탁은 2021년 126억 원의 적자를 기록했고, 외형 성장에 몰두하며 큰 파국을 맞게 됐다.

쿠팡, 위메프와 함께 3대 소셜커머스로 꼽히며 시장을 선도해온 티몬은 격화되는 시장의 경쟁에서 도태되면서 2022년 9월 역직구 플랫폼 큐텐Qoo10에 매각됐다. KKR과 앵커에쿼티파트너스가 2015년에 인수할 당시 기업가치는 8,600억 원이었지만 최종 매각 당시 기업가치는 2,000억 원 남짓에 불과했다. 한때 매출액 기준 기업가치가 1조 원 후반대까지 높아졌지만 '거품'이라는 것이 드러났다.

시장이 한정적인 명품 시장에서 '출혈 경쟁'을 벌인 발란, 머스트잇, 트렌비는 외부자금 수혈에 난항을 겪고 있다. 김혜수, 주지훈, 김희애 등 스타 연예인들을 광고모델을 쓰면서 대중들에게 각인은 됐지만 2021년 나란히 수백억 원의 적자를 기록하며 재무제표가 악화됐다. 몸값을 대폭 낮춰 투자금 모집에 성과를 냈지만 지속 가능성에 대한 꼬리표가 계속해서 붙고 있다.

플랫폼 기업들은 지난 5년간 풍부한 유동성의 수혜를 받아온 만큼 닷컴버블 시절 당시 성장한 네이버, 카카오의 뒤를 이을 곳이 나타날 것이다. 다만 닷컴 시절과 같이 피라미드 구조로 구성돼 성공하는 소수의 기업과 몰락할 다수 기업으로 나뉠 수밖에 없다. 플랫폼 기업의 옥석 가리기가 어느 때보다 절실하다.

04

변동성 시대, 기관투자자의 투자 전략

2022년에는 지난 20년간 지속된 평온하고 차분한 국제정세가 끝났다. 정치적으로 불안한 지역인 중동에서나 간헐적으로 일어나던 전쟁이 세계에서 두 번째 군사 강국인 러시아에서 발생했으며 현재도 진행 중이다. 팬데믹 기간 동안 경기를 지탱하기 위해 퍼붓던 돈이 더 이상 역할을 하지 못하고 인플레이션이라는 부메랑으로 돌아왔다. 우리는 20년간 경험해보지 못한 금리와 환율을 겪어야 하는 시대를 맞이했다. 즉 변동성 시대로의 전환이 2022년에 찾아온 것이다.

이러한 변동성하에서 기관들은 자산을 운용하는 데 상당히 고전하고 있다. 전통 자산 영역인 주식시장과 채권시장이 연일 폭락하다가 반대로 일시적인 안도 랠리가 펼쳐지는 등 예측불허의 상황이 지속하면서 어떤 포지션을 취해야 할지 하루하루가 고민되는 상황이다. 대체투자 영역인 부동산, 인프라, 사모주식시장도 마찬가지다. 부동산은 프로젝트파이낸싱의 부실이 증가하고 있고, 한동안 잘나가던 물류창고 같은 새로운 투자 상품들도 얼어붙고 있다. 인프라는 국내외를 막론하고 신규 투자가 부재한 상황이다. 사모주식시장은 인수금융시장의 금리가 과거와는 비교도 되지 않을 만큼 높아져 레버리지 바이아웃(인수금융을 통한 M&A 방식) 시장이 크게 위축되고 있다. 레버리지 바이아웃뿐 아니라 불확실성 증가로 M&A 거래 자체가 현저히 줄어들고 있는 현실이다.

기관들의 어려움은 마땅한 투자처가 없다는 데 그치지 않는다. 근본적으로 운용할 자금의 조달, 즉 돈줄이 막히고 있다. 최근 몇 년 동안 인류 역사상 가장 풍부한 유동성이 금융시장에 풀렸다. 농협, 수협, 새마을금고 등 상호금융중앙회를 비롯해 각 연기금과 공제회 등은 풍부한 자금력을 바탕으로 시장의 유동성 공급자 역할을 해왔다. 그리고 장기 저금리 기조하에 대체투자시장은 다양하고 충실하게 성장해올 수 있었다. 이제는 정반대의 현상이 벌어지고 있다. 지역 농협, 지역 새마을금고는 남는 자금을 중앙회에 예치하는 대신 직접 고금리 채권과 부동산에 자금을 배분하고 있다. 여러 공제회의 회원들은 비싼 금융기관 대출 대신 이미 납입한 공제금을 담보로 공제회 대출을 받으며 자금을 회수해가는 상황이다. 금융시장과 자본시장에 돈이 마르고 있다.

이처럼 조달 측면에서 돈줄이 마르고 있고, 운용 측면에서 성장성 있는 좋은 투자처가 잘 보이지 않는 시기에 국내외 기관투자자들의 투자 전략은 어떻게 변하고 있을까? 사실 2022년에는 아예 문을 닫고 2023년을 기약하자는 기관들도 이미 나타나고 있다. 그나마 투자를 진행하고 있는 새마을금고중앙회를 비롯한 몇몇 기관도 상황을 지켜보며 조심스럽게 투자처를 고르는 상황이다. 이 중 몇 가지 특징을 살펴보면 자산을 운용하는 기관투자자 혹은 개인투자자 입장에서 참고가 될 내

용들이 있다. 또한 기관과 개인투자자들에게 자금을 펀딩하려는 운용사 입장에게도 도움이 될 만한 내용을 사모펀드 투자 관점에서 소개하고자 한다.

변동성 시대, 기관의 생존법

"강한 자가 살아남는 것이 아니라 살아남은 자가 강한 것이다." 이 문구는 최근 상황에 더욱 깊이 와닿는 말이다. 그만큼 금융투자를 둘러싼 환경이 어렵고 수익을 내기 힘든 시기이기 때문이다. 매 사업연도에 주어진 수익 목표와 운용 전략은 기관마다 다르다. 자금의 성격에 따라 매년 이익이 중요한 기관이 있고, 전통 자산 비중이 높은 기관은 유사기관이나 시장수익률 대비 아웃퍼폼(시장평균수익률 상회)하는 성과가 중요한 기관도 있다. 다만 어느 형태의 기관을 막론하고 가장 중요한 것은 중장기적으로 안정적인 수익을 낼 수 있는 기반을 만들어놓는 것이다. 안정적 수익 기반을 갖추어놓은 기관은 대외 환경이 흔들려도 버틸 수 있는 체력을 갖추고 있기 때문에 살아남을 수 있다. 특히 2022년을 기점으로 시작된 변동성의 시대에는 그 필요성이 더욱 크다.

그렇다면 어떻게 안정적 수익 기반을 만들 수 있을까? 글로벌 컨설팅 기업 PWC리서치에 따르면 중장기적으로 전통 자산 대비 사모펀드의 투자 성과가 아웃퍼폼하며 장기투자일수록 수익률 차이는 극대화된다. 우리는 전작 『100조를 움직이는 사람들』에서 사모펀드가 집단지성

그림 1. 채권 및 자기자본 대비 사모펀드의 실적(연간 수익)

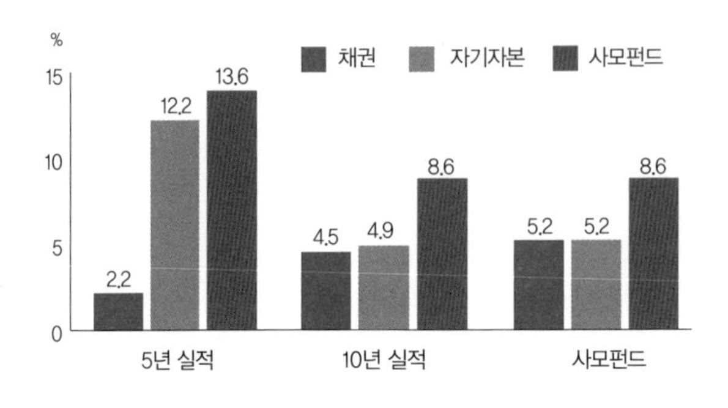

자료: PwC Market Research Centre based on preqin and Bloomberg data

의 결과물임을 강조한 바 있다. 적어도 3단계를 거쳐 최종 투자가 결정된다. 우선 운용사의 운용인력이 대상 기업을 선정하여 협상하고, 이후 투자자를 설득해야 한다. 그리고 기관의 심사부와 투자심의위원회를 거쳐 최종적인 투자가 이루어진다고 강조한 바 있다. 펀드 형태나 기관의 특징에 따라 프로세스의 차이는 있지만 투자 대상 기업에 대한 상세한 재무, 법률 실사부터 시작해서 기관들의 출자에 이르기까지 적어도 반년에서 수년의 기간을 거친다. 그 때문에 사모펀드가 선택해 투자하는 곳은 실패 확률이 낮으면서도 성장성이 높은 것이고, 이런 이유로 중장기적으로 큰 성과를 내는 것으로 이해할 수 있다.

글로벌 사모펀드 아담스트리트Adams Street 리서치의 조사에 의하면 중장기적으로 사모시장Private market이 공모시장Public Market을 아웃퍼폼하는 것으로 나타났다. 앞서 PWC 자료에서도 동일하게 검증된 내용이다.

표 1. 사모시장 vs 공모시장 수익률 비교

투자 유형	1년	5년	10년	20년
미국 벤처	56.9%	31.4%	21.7%	12.3%
미국 바이아웃	36.3%	21.4%	17.6%	14.2%
미국 사모펀드	40.1%	21.8%	17.3%	13.2%
유럽 사모펀드	27.5%	21.1%	14.7%	15.4%
아시아 사모펀드	13.1%	18.3%	15.7%	14.5%
전체 사모펀드	34.5%	21.3%	16.5%	13.4%
S&P500	28.7%	18.5%	16.6%	9.5%
나스닥	22.2%	25.0%	21.0%	12.0%
아시아 주식	-1.2%	10.2%	8.3%	7.8%

이렇게 조사된 내용이 실제 기관의 투자 전략으로 적용되려면 매년 꾸준하게 우수한 사모펀드를 선별하여 출자하는 것이 필요하다. 앞서 와인의 빈티지를 예로 들어 설명했던 것처럼 꾸준하게 쌓아가는 것이 여러 자료에서 검증된 사모시장의 높은 성과를 향유할 수 있는 효과적인 투자 방식이다. 그렇다고 아무 펀드나 출자해서 쌓아놓는다고 효자 노릇을 하진 않는다. 당연한 소리지만 옥석 고르기를 잘해야 좋은 성과를 낼 수 있다. 하지만 사모시장에 처음 투자를 진행하는 기관이나 담당자 입장에서는 어떤 펀드가 좋은 펀드인지 구분하기 어려울 수 있다. 이럴 때 눈여겨봐야 하는 것은 통계적으로 분명 좋은 펀드가 있다는 점이다. 글로벌 사모자산운용사 해밀턴레인에서 조사한 내용에 따르면 펀드 수익률을 기준으로 총 4분위로 구분했을 때 상위 1분위와 2분위에 속하는, 즉 100개 펀드 중 수익률을 내는 펀드 순위에서 50위 안에 속하는 곳이 투자를 진행한다면 어떠한 상황에서도 시장 전체 수익률을 초과하는 성과를 낼 수 있다.

그림 2. 현재 시장 상황에 부합하는 투자 전략을 보유한 사모펀드를 선별하는 법

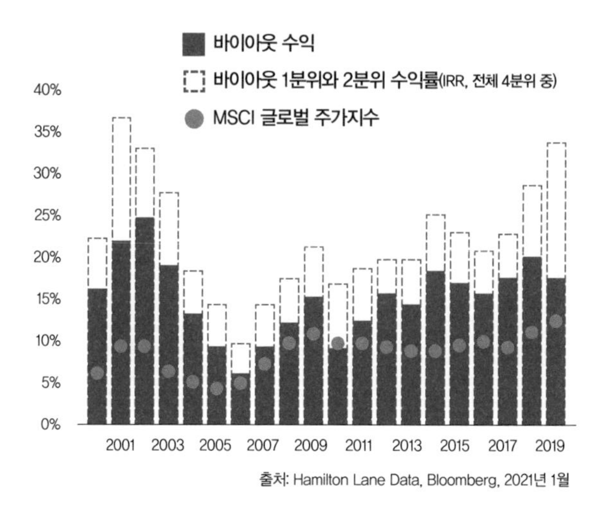

출처: Hamilton Lane Data, Bloomberg, 2021년 1월

그렇다면 어떻게 50위 안에 들어가는 좋은 펀드를 고를 수 있을까. 좋은 펀드를 고르는 경험과 노하우가 충분하지 않다면 우선 시장에 존재하는 검증되고 체계를 갖춘 중·대형 펀드에 출자하는 것이 쉬운 접근법이다. 조금 더 전문적인 관점으로는 펀드 출자를 앞둔 현재 시장 상황에 부합하는 투자 전략을 보유한 사모펀드를 선별하는 방법이 있다.

검증되고 체계를 갖춘 중·대형사 집중 현상

오래전부터 발전되어 사모시장이 성숙한 미국과 유럽의 선진 금융시장에는 다양한 전략과 특색을 갖춘 전통 있는 사모펀드 운용사가 존재한다. 이미 M&A 시장의 주요 플레이어일 뿐만 아니라 기업에 직접 대

출을 해주는 대출기관으로서의 역할도 할 정도로 사모시장이 발달되어 있다. 이들은 좋은 성과와 오랜 전통의 결과물로 지속적인 시리즈 펀드를 출시해오고 있다. 특히 각 운용사가 내세우는 플래그십 펀드의 경우 기존의 투자자들이 출자 사이즈를 키워 재투자하는 리-업Re-up 투자가 경쟁적으로 이루어지기도 한다. 대표적으로 블랙스톤, KKR, 아폴로, EQT 등이 이름이 알려진 대형 사모펀드이다. 국내에 이름이 잘 알려지지 않았지만 압도적인 수익률로 기관투자자들이 줄을 서서 출자하고 싶어 하는 특색 있는 사모펀드도 다양하게 존재한다.

테크 투자의 강자인 토마브라보, 중소 중견 기업 발굴 투자의 강자인 HIG, 헬맨 앤드 프리드먼Hellman & Freidman 등이 대표적인 펀드들이다. 이 사모펀드들은 뚜렷한 전략과 운용 시스템을 갖추고 뛰어난 운용인력과 관리인력을 보유하고 있다. 이를 기반으로 기관들의 자금을 받아 지속적인 성과를 보여주며 신뢰를 쌓아왔다. 그리고 새로운 펀드를 출시해 더 큰 규모로 성장하는 모습을 보여주었다.

국내의 경우에도 IMM인베스트먼트, H&Q, 스틱인베스트먼트, 스카이레이크, 글랜우드 등이 중·대형 펀드로서 시리즈로 출시하는 펀드마다 기관들의 리업 출자를 받고 있다. 아직까지는 해외 시장 대비 금융시장에서 사모펀드가 활약한 역사가 상대적으로 짧아서 시장환경 변화 속에서 어떻게 성과를 보여줄지 입증하는 시간이 더 필요하다. 하지만 최소한 분명한 것은 우수한 인력과 관리 능력을 기반으로 좋은 딜 소싱 역량과 위기 관리 시스템을 갖추고 있고, 규모가 상대적으로 큰 펀드를 통해 투자한 포트폴리오 기업들의 기초체력이 상대적으로 탄탄한 면이 있다고 본다. 이런 이유로 2022년 출자를 진행하는 대부분의 기관은 이

표 2. 국내 사모펀드 AUM 현황

	사모펀드(GP)	약정액 (억 원)
1	엠비케이파트너스	112,222
2	한앤컴퍼니	108,575
3	아이엠엠인베스트먼트	54,167
4	아이엠엠프라이빗에쿼티	53,464
5	스틱인베스트먼트	43,758
6	연합자산관리	33,182
7	한국산업은행	27,434
8	맥쿼리자산운용	24,048
9	브이아이지파트너스	21,390
10	제이케이엘파트너스	19,659
11	스카이레이크 에쿼티파트너스	18,562
12	한국투자프라이빗에쿼티	17,800
13	중소기업은행	17,162
14	크레센도에쿼티파트너스	17,067
15	글랜우드프라이빗에쿼티	16,007
16	프리미어파트너스	14,947
17	센트로이드인베스트먼트파트너스	13,336
18	이앤에프프라이빗에쿼티	12,852
19	제이씨파트너스	12,605
20	아이엠엠크레딧앤솔루션	12,011

표 3. 해외 바이아웃 펀드 자금 모집 현황

	사모펀드(GP)	약정액 (100만 달러)
1	KKR	96,003
2	토마브라보	84,087
3	칼라일 그룹	83,795
4	블랙스톤 그룹	83,054
5	어드벤처 인터내셔널	77,403
6	CVC	64,334
7	EQT	59,103
8	아폴로글로벌매니지먼트	56,562
9	헬맨 앤드 프리드먼	52,514
10	실버레이크	48,172
11	베인캐피탈	47,709
12	비스타에쿼티파트너스	47,221
13	레너드 그린 앤드 파트너스	42,650
14	클레이튼 더빌리어 앤드 라이스	41,787
15	에이팩스파트너스	39,273
16	신벤	36,948
17	TPG	35,260
18	프란시스코파트너스	33,381
19	Hg	32,128
20	TA어소시에이츠	30,976

출처 : 금융감독원(2022년 6월 30일 기준 공동 GP 중복 카운팅)
Preqin(2022년 10월 11일 기준 과거 10년간 자금 모집 규모)

런 중·대형 사모펀드에 집중하여 출자를 진행한 것이 특징이라고 할 수 있다. 반면에 최근 몇 년 사이 뛰어난 개인의 역량과 트랙 레코드를 기반으로 독립한 소형 신생 사모펀드들은 우수한 투자 대상 기업을 발굴해도 펀드를 조성하기 위한 펀딩이 원활하게 이루어지지 않아 프로세스를 중단하는 경우가 발생하기도 했다.

글로벌 펀드인 블랙스톤과 KKR 등은 바이아웃 전략을 기초로 하는 펀드 이외에도 크레디트 전략, 부동산, 인프라 등에 투자하는 섹터 전략 등 여러 종류의 펀드를 한 운용사 안에서 다양하게 론칭하는 종합자산운용사의 특색을 갖추고 있다. 이는 운용사가 성장하는 과정에서 보여주는 자연스러운 변화라고 볼 수 있다. 한 영역에서 강점을 발휘하다 보면 이에 파생하여 다른 영역에서 투자 기회를 발견하기도 한다. 또한 풍부한 딜 소싱 역량을 통해 다양한 딜 플로deal flow를 보유하고 있음에도 불구하고 각 투자 건별로 기대수익률이 상이하다 보니 펀드를 구분하여 조성하기도 한다. 물론 하나의 펀드에 집중하는 원 펀드 전략을 갖고 있는 운용사가 있고, 테크나 바이오 등 특정 섹터에 집중해서 투자하는 운용사도 있다. 이들은 한정된 자원과 인력을 집중적으로 투입한다는 측면에서는 분명한 장점이기는 하다. 종합자산운용사의 형태이든, 특정 영역에서 뚜렷한 강점을 보여주는 운용사의 형태이든 자본시장에서 각자의 역할을 담당하며 기관들의 자금을 잘 굴려주는 좋은 투자처로 발전된 형태로 보인다. 이런 사모펀드 운용사의 다층적 구조는 일반적으로 성숙한 시장에서 발견된다.

국내 시장이 사모펀드의 태동기를 거쳐 성장기를 지나고 있다는 관점으로 바라본다면 선진시장처럼 발전된 다양한 형태의 분화가 필요하며, 이는 매우 자연스러운 과정이다. IMM의 경우 조직 구성이 IMM PE와 IMM인베스트먼트, IMM크레딧으로 나누어져 있고, IMM인베스트먼트 안에서도 펀드가 그로스에쿼티growth equity 전략, 인프라 전략, 벤처캐피탈 전략 등으로 나누어져 있다. 물론 조직이 크다는 이유로 각 엔터티entity 조직과 펀드의 성과가 전부 좋을 것이라고 연결할 수는 없겠지만 그 변화의 모습이 종합자산운용사의 모습으로 발전해가는 것은 자연스럽고 건강한 성장의 모습으로 이해해도 좋다.

변동성의 시대에 살아남는 것을 넘어 좋은 성과를 내는 펀드와 투자처를 발굴하는 것은 쉽지 않다. 과거에 좋은 성과를 내왔던 곳이 계속 그 성과를 동일하게 내준다는 보장도 없기 때문이다. 더욱이 투자 환경은 계속 바뀌고 다양하고 복잡한 변수들이 산재해 있다. 때문에 안정적인 수익 기반을 갖추고 지속적으로 좋은 성과를 내기 위해서는 단순히 과거에 잘했던 펀드를 골라서 투자하는 방식이 아니라, 현재 그리고 미래에 예상되는 환경 변화에 잘 대응할 수 있는 전략을 갖춘 펀드와 투자처를 볼 수 있는 안목을 키우는 게 중요하다.

이를 위해서 국민연금, 교직원공제회와 같이 큰 규모의 자금을 오랫동안 안정적으로 운용해온 주요 기관투자자들의 투자 방향을 모니터링하는 것도 도움이 될 것이다. 특히 새마을금고중앙회에서는 특정 투자안을 정해놓고 펀드를 조성하는 프로젝트 펀드에도 적극적으로 출자하면서 여러 기관과 공동투자를 진행하고 있다. 이렇게 펀드를 조성할 때 공동투자 형태로 참여하는 것도 좋은 투자처에 함께 투자할 수 있는 기회가 될 수 있다. 반면에 사모펀드 운용사는 변동성 시대에 기관들의 출자 흐름과 사고방식을 참고하면 펀드레이징(자금 모집)에 큰 도움을 받을 수 있을 것이라고 판단한다.

2장

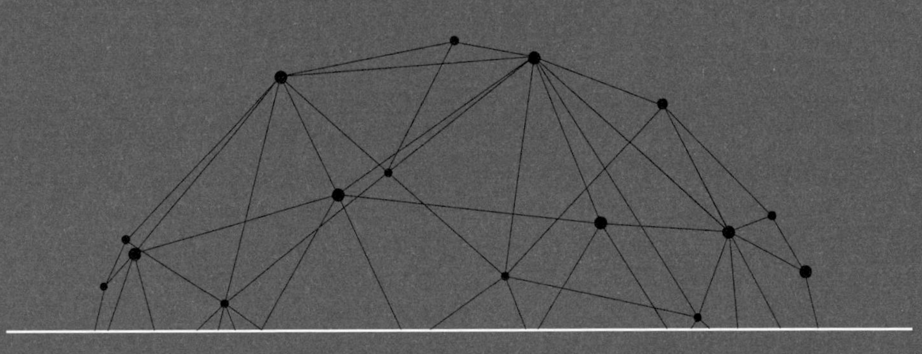

2022년 기관투자자가 주목한 분야

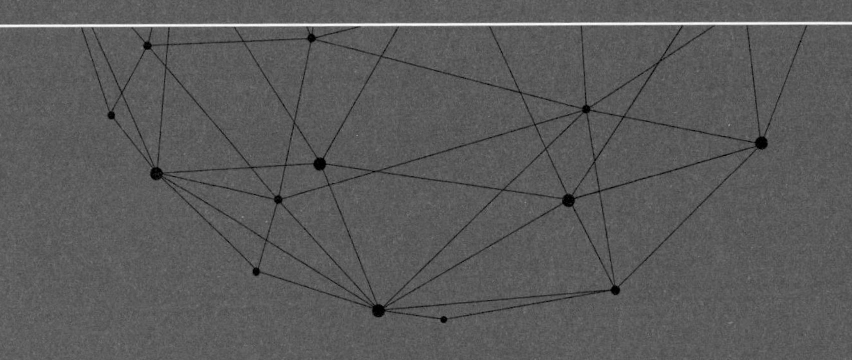

05

성장·배당 산업에 돈이 몰린다

매년 할리우드에서는 한 해 동안 영화계를 빛낸 작품에 대한 시상식이 열린다. 최근 〈기생충〉, 〈미나리〉 같은 한국 작품들이 수상하면서 온 국민의 주목을 받기도 했다. 이 정도의 시상식까지는 아니지만 자본시장에서도 리그테이블이라는 이름으로 한 해를 결산하는 장이 열린다. 한 해 동안 거래 규모에 따라 순위를 매기기도 하고 그 해를 가장 빛낸 딜을 뽑기도 한다. 최근 수년간 국내 M&A 시장에서 사모펀드의 활약이 두드러지며 리그테이블에서 이들의 경쟁이 치열했다. 그런데 2022년의 경우 글로벌 경기위축으로 이른바 빅딜이 현저히 줄어 약간 김이 샌다는 이야기가 흘러나왔다. 순위권에 있는 딜 리스트를 봐도 이런 거래가 있었나 싶을 정도로 주목도가 예년에 비해 다소 떨어지는 것은 사실이다.

그럼에도 '딜 가뭄' 시대에 기관투자자들이 주목하고 시장이 다시금 평가해봐야 하는 딜이 다수 존재한다. 모두가 딜 성사가 어렵다고 할 때 거래를 이룬 것 자체가 분석 대상이기 때문이다. 일정 기간 금리인상 시기가 이어질 것으로 관측되는 만큼 딜과 산업의 미래를 예측해볼 수 있는 좋은 지표가 될 것으로 기대한다.

2022년에는 기관들의 보수적 운용 스탠스로 인한 M&A 거래 특성이 보인 해였다. 안정적인 영업 기반을 바탕으로 우수한 현금 창출 능력과 우량한 재무구조를 지닌 기업에 대한 선호도가 어느 때보다 높았다. 한국 산업을 이끌고 있는 반도체와 배터리 분야에 대한 투자도 지속적으로 이루어졌다. 특히 수요 감소로 인한 반도체 제조업의 실적 감소, 경쟁 격화와 미국 등의 자국 산업 보호정책으로 인한 어려움에도 이차전지 업체에 대한 투자는 지속적으로 진행됐다.

각 산업의 밸류체인 앞단에 있는 고부가가치 기초소재에 대한 투자가 진행되었으며 차별화된 경쟁력을 가진 테크 기업에도 선별적 투자가 이루어졌다. 기업들이 성장을 위해 관심이 있으나 내부적으로 풀기 쉽지 않은 영역인 MZ세대와 해외 시장에 접근하는 투자 건은 악화된 투자 심리에도 거래 성사가 연달아 나왔다.

오랫동안 출자 업무를 하면서 기업을 바라보는 안목이 하나 생겼다. 특정 산업 내에서 과점 수준의 지배력을 가지고 있고, 내실을 중시하는 기업일수록 특별한 마케팅 활동 없이 높은 이익률과 견실한 재무구조를 보유하고 있다는 점이다. '속 빈 강정'을 멀리하고 은둔의 강호를 추구하는 강소기업들이 시장에 의외로 많다. 비록 고성장산업에 속하지 않아 시장의 특별한 관심을 끌지는 못하지만 소위 알짜라고 불리는 기업들이다.

이 기업은 모두가 쫓는 메가 트렌드에 속하지 않고 시장 멀티플(배

수)이 높지 않아 엄청난 대박을 가져다주지는 못하지만, 경제와 시장 상황이 악화해도 절대로 망하지 않는다. 이 섹터는 경제 상승기에는 주목받지 못한다. 연일 상승하는 기업가치로 자본시장을 뜨겁게 달구는 성장 섹터들은 투자자들이 볼 때 특별히 재미가 없기 때문이다. 다만 이런 기업들은 경제위기 속에서 빛을 발한다. 공고한 시장 지배력으로 어떤 상황에서도 견조한 매출과 높은 이익률을 달성한다. 무엇보다 주주에게 꾸준한 현금, 즉 배당금을 제공한다. 미래를 보고 성장성 있는 기업에 투자가 되어야 하지만 요즘 같은 불확실성의 시대에는 결코 망하지 않을 기업에 투자해야 한다. 일단 살아남아야 다음을 기약할 수 있기 때문이다.

알짜 기업은 먼 곳에서 찾을 필요가 없다. 오랜 기간 산업을 주도해 왔으며, 여전히 높은 기술력과 풍부한 네트워크를 보유한 섹터에 집중하면 된다. 그런 점에서 디스플레이 산업은 알짜 기업을 찾기 용이한 곳이다. 1990년대 일본 기업이 주름잡던 디스플레이 산업에 삼성과 LG가 뛰어들면서 세계 시장의 판도는 급격히 바뀌었다. 생산시설 확충과 투자를 아끼지 않은 국내 기업의 과감한 판단은 액정표시장치LCD의 수요 증가와 맞물리면서 큰 성과를 냈다. 1998년 삼성전자는 10인치 이상 대형 LCD 시장에서 세계 1위에 올라서며 일본 업체들을 역사의 뒤안길로 몰아냈다.

2010년대는 디스플레이 시장에 또 다른 변화가 다가왔다. '치킨게임(다른 업체들이 포기할 때까지 극단적인 경쟁 상황으로 몰고 가는 것)'이 발발한 것이다. 글로벌 경기침체로 디스플레이 패널 수요가 정체된 상황에서 중국 업체들이 잇따라 LCD 공장 가동에 나섰다. 중국은 20년 전 삼성, LG의 전략을 그대로 가져온 듯 업황에 관계 없이 지속적으로 대규모 자금을 쏟아부어 생산시설을 만들었다. 시장은 LCD에서 유기발광다이오드OLED로 전환하고 있었고, 2020년을 맞이해 삼성과 LG는 결국 LCD 시장에서 발을 뺐다.

이런 산업의 판도를 볼 때 OLED 등 차세대 기술을 기반으로 하는 제품이 살아남고, LCD 디스플레이는 오래되고 쓰임새가 사라져가는 기술이라고 생각할 수 있다. 하지만 산업 현장과 시장을 관찰해보면 꼭 첨단기술만이 캐시 카우가 되는 것은 아니다. 여전히 중국을 비롯한 개발도상국에서는 LCD 수요가 첨단제품의 수요를 앞서고 있다. 글로벌 시장 전체를 보더라도 앞으로 상당 기간은 가격 경쟁력과 긴 수명을 특징으로 하는 LCD 제품이 고정적 수요를 가질 것으로 관측되고 있다. OLED는 선명한 화면을 특징으로 하지만 고가이기 때문에 하이엔드 라인의 TV나 휴대전화에만 사용되고 있다. 최근 삼성디스플레이와 LG 디스플레이에 따르면 글로벌 디스플레이 시장에서 OLED가 차지하는 비중은 단 6%에 불과하고 LED 계열의 비중이 94%에 달한다고 한다.

이렇게 큰 비중의 LED 생태계에서 배향막 인쇄판 제조 분야 세계 1위 기업이 국내에 있다. 2006년 설립되어 글로벌 시장점유율 50%를 차지하고 있는 ㈜디씨피가 그 주인공이다. 디씨피는 뛰어난 기술, 품질, 원가 경쟁력을 기반으로 높은 진입장벽을 형성하고 있으며, 설립 이후 15년 이상 중국 BOE, 대만 이노룩스 등 글로벌 메이저 LCD 패널 기업과 거래를 지속하고 있다. 독과점 구조가 안정화되고 설비운영 효율화가 최적화되어 연간 50% 상각전영업이익EBITDA 마진을 유지하고 있으며, 무차입 경영을 지속하고 있다. 이런 실적 속에서 현금성 자산은 무려 500억 원을 넘어서는, 그야말로 알짜 기업으로 발돋움했다. 향후 LCD 디스플레이의 고화질화, 차세대 LCD 제품 출시, LCD 제품과 패널의 다양화 그리고 생산설비 증설을 통해 디씨피의 성장은 지속될 것으로 예상된다.

케이클라비스는 최근 바이아웃 거래를 통해 디씨피를 사들였다. 새마을금고중앙회 역시 출자 프로세스를 진행했다. 우수한 현금 창출 능력을 기반으로 투자자들에게 높은 배당수익률을 제공해줄 것으로 기대되며, 시장 악화에도 살아남을 수 있는 안정적인 기업이라는 점을 높이 평가했다. 언뜻 보면 상대적으로 사양산업에 속해 있는 평범한 기업이라고 지나칠 수 있지만 조금 더 자세히 살펴보면 이처럼 차별적인 역량을 지닌 숨어 있는 알짜 기업을 발굴하여 투자할 수 있다.

그림 3. 최근 5개년 손익

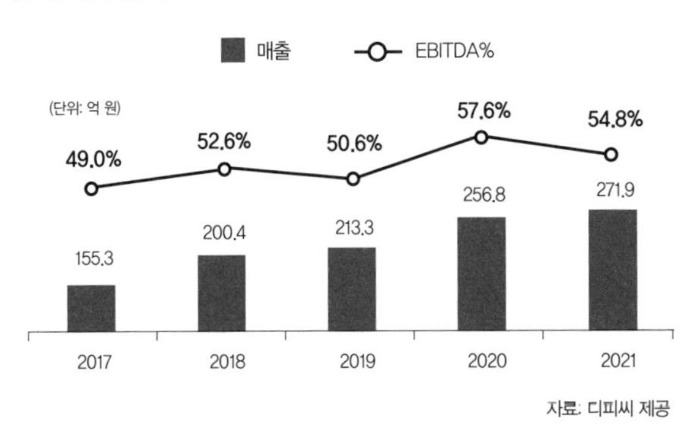

자료: 디피씨 제공

2022년을 마무리하면서 아카데미 시상식처럼 M&A 거래에 대한 시상식이 진행된다면 사모펀드의 올해의 딜로 꼽힐 만한 거래가 있다. 『100조를 움직이는 사람들』에서 소개했던 ㈜윌비에스엔티 거래다. 어센트PE와 웰투시PE는 인수 당시 기업가치 700억 원이었던 회사를 안정적으로 성장을 이룬 후에 1,700억 원에 매각했다. 1,000억이라는 막대한 차익을 거둘 수 있었던 이유는 무엇일까? 그리고 그 가치를 지불하면서 인수자가 신규로 매입할 수 있었던 이유는 무엇일까?

윌비에스엔티는 반도체 소모품인 화학적 기계연마CMP 링 제조 국내 1위 업체이다. 오랜 업력과 트랙레코드를 가지고 다변화된 제품과 고객 기반을 토대로 우수한 현금 창출 능력과 안정적 배당을 해왔다. 과거를 돌아봐도 금융위기, 유럽 재정위기 상황에서도 매출이 성장하고 이익률을 유지하는 체력을 보여주었다. 반도체 공장이 가동되는 동안에는 지속적인 공급이 이뤄져야 하는 필수 소모품 성격을 갖고 있으며, 향후에도 안정적인 현금 창출이 기대되는 좋은 기업이다.

오랜 기간 안정적인 실적과 뛰어난 현금 창출력을 보여준 기업은 불황의 시기에 그 가치를 증명하며 높은 밸류에이션으로 거래되는 것을 확인할 수 있다. 이번 거래를 통해 새마을금고중앙회를 비롯한 주요 투자자들은 30%가 넘는 수익률을 확보하며 막대한 수익을 회수했다.

06

해가 지지 않은 섹터, 반도체·배터리

반도체와 이차전지 섹터는 산업의 규모와 성장성을 모두 가진 흔치 않은 섹터라는 데 대다수의 기관이 뜻을 모으고 있다. 기관의 투자 심리가 두 영역으로 쏠리면서 사모펀드 시장에서의 거래도 밸류체인 전반에서 활발하게 이뤄지고 있다. 모든 플레이어가 주목하고, 그만큼 성과를 내고 있으므로 향후에도 뭉칫돈이 이 영역으로 쏠릴 것이 분명하다. 우리가 여전히 반도체, 이차전지 영역을 주목해야 하는 이유다.

기관투자자들로부터 선택받은 주요 딜을 서술하기 전에 독자들의 이해를 돕기 위해 간략하게 반도체 산업에 대해 알아보자. 먼저 반도체는 국내 삼성전자와 SK하이닉스가 강세를 가진 메모리반도체와 비메모리반도체(완전한 동일 범주는 아니나, 시스템반도체 불리기도 한다)로 크게 나뉜다. 메모리반도체의 경우 기능적인 면에서 데이터의 저장만을 주로 담당하기 때문에 칩별로 기능적인 차별성은 작아 가격 경쟁이 매우 치열하다.

이와 달리 비메모리반도체는 지장 기능을 제외한 연산·제어 기능 등을 담당하여 칩마다 구현할 수 있는 기능이 달라 비가격 경쟁이 우선적으로 나타난다. 특히 칩을 설계하며 완성된 칩의 유통·판매를 기본적으로 담당하는 설계전문 업체(팹리스)의 영향력이 전체 공정 전반을 지배하고 있다. 또한 비메모리반도체의 경우 규모의 경제 달성을 위해 생산량을 일정 수준 이상으로 가져가야 하는 메모리반도체와 달리 수요에 따른 생산이 일반적이다. 그러므로 재고 증감에 따른 가격 변동성 노출이 다소 덜한 편이다.

반도체의 생산 과정을 조금 더 구분해보자. 크게는 설계, 생산, 검사 및 조립으로 구성되며 담당에 따라 설계전문 회사인 팹리스, 생산만을 전문으로 하는 파운드리, 생산 후 검사·조립만을 전문으로 하는 OSAT Outsourced Semiconductor Assembly and Test로 분류할 수 있다. 국내 업체인 삼성전자와 TSMC의 경쟁으로 주목받고 있는 분야인 파운드리는 비메모리반도체 설계전문 업체에서 설계한 칩을 위탁생산한다. 갈수록 칩 기능이 복잡해지고 설계 세밀화가 심화되어 칩의 생산 능력 요구 수준이 높아지고 있다. 기술이 경쟁의 핵심이 되면서 더 많은 수요를 얻기 위한 경쟁이 심화되는 추세다.

전공정은 칩의 설계에서 생산까지를 말하며, 이후 공정은 후공정이라고 한다. 반도체 산업의 경우 설계의 기술 진보가 매우 빠르고 생산기술 역시 빠르게 보조를 맞춰야 하기 때문에 각 밸류체인별로 강점 영역을 극대화할 수 있는 전문화·세분화가 지속적으로 가속화하고 있다. 이런 변화에 발맞춰 각 회사별로 치열한 설비투자CapEx 경쟁이 이뤄지고, 지속적인 자금조달 경쟁이 발생하고 있다. 추가적으로 칩의 설계, 생산, 검사 및 조립까지 전체 공정을 담당하는 회사를 종합반도체기업IDM,

그림 4. 반도체 시장 규모 전망

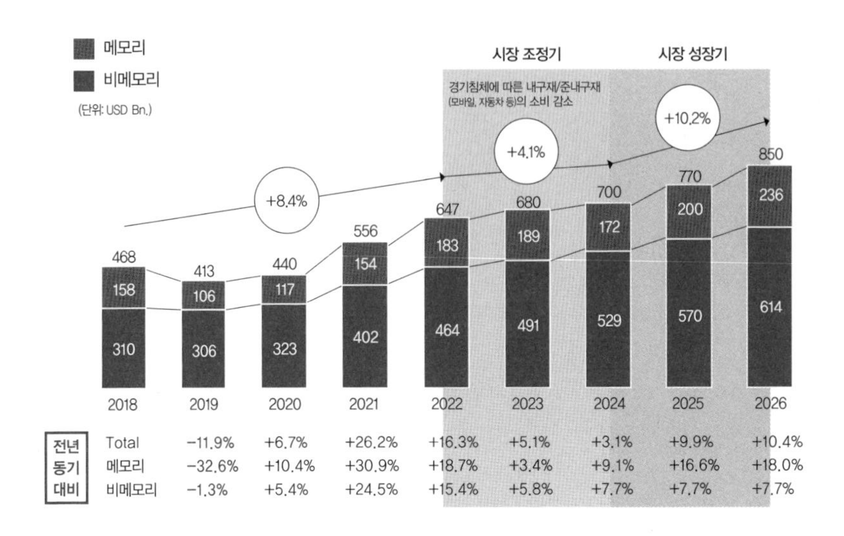

전년 동기 대비	2019	2020	2021	2022	2023	2024	2025	2026
Total	-11.9%	+6.7%	+26.2%	+16.3%	+5.1%	+3.1%	+9.9%	+10.4%
메모리	-32.6%	+10.4%	+30.9%	+18.7%	+3.4%	+9.1%	+16.6%	+18.0%
비메모리	-1.3%	+5.4%	+24.5%	+15.4%	+5.8%	+7.7%	+7.7%	+7.7%

Integrated Device Manufacturer이라고 부른다. 메모리반도체에서는 삼성전자, 비메모리반도체 분야에서는 인텔이 대표 기업이다. 조금 식상한 분석이지만 기관투자자들이 이 섹터를 여전히 선호할 수밖에 없는 이유는 지표로 나타나는 산업 통계가 분명한 근거를 제시해주기 때문이다.

시장예측기관에 따라서 조금씩 다를 수 있지만, 시장 전반은 향후 2023년에서 2026년까지 매년 4~10% 수준의 성장을 할 것으로 예상하고 있다. 절대량으로는 메모리반도체는 2026년 2,360억 달러, 비메모리는 6,140억 달러까지 커질 것으로 추산된다. 글로벌 대표 가전기업인 LG전자의 2021년 매출이 약 71조 원인 점을 고려해보면, 매년 글로벌 기업이 하나씩 생기는 정도의 성장성과 규모를 갖춘 특별한 섹터인 것이다. MG새마을금고가 출자한 사례를 복기해보면서 기관투자자가 어떤 기업에 주목하는지 살펴보면 이해관계자들에게 좋은 통찰 지점을 제공해줄 수 있을 것으로 기대한다.

밸류체인 내 강소기업을 찾아라

국내 반도체 섹터는 삼성전자와 같은 종합반도체기업IDM과 이곳에 장비·소재를 공급하는 업체들이 관심을 받아왔다. 그러나 글로벌 시장에서는 국내와 달리 팹리스 업체들에 대한 관심이 높다. 반도체 설계에 오랜 전통을 쌓아온 미국이나 공격적으로 성장하고 있는 중국, 국가적인 지원으로 성장하고 있는 대만에서는 이미 팹리스 업체들이 자본시장에서 주목을 받아왔다. 반면 국내에서는 삼성전자와 SK하이닉스가 글로벌 시장을 이끌고 있어 메모리반도체 전공정상 제조에 힘이 쏠려 있다. 이러한 환경 속에서 반도체 설계자산IP을 개발하고 판매하는 코스닥 상장사인 칩스앤미디어는 국내에서 찾아보기 어려운 기업이다.

반도체 설계자산은 반도체 전공정 중 설계 공정에서 팹리스 업체가 칩을 설계할 때 사용하는 특정 기능 구현용 설계도를 말한다. 팹리스가 설계를 진행할 때 필요한 로직IP을 개발하여 팹리스 업체에 판매하는 것이 주요한 사업 영역이다. 대표적인 업체로는 영국의 설계자산 전문 업체인 ARM이 있다. 반도체 설계회사는 반도체의 핵심 기능을 제외한 기본·범용(비디오, 오디오, 메모리, CPU 등) 기능은 검증된 IP를 활용해 그 수요가 매년 증가하고 있다.

칩스앤미디어는 2006년 비디오 코덱 IP 라이선스 판매를 시작으로 업력을 쌓아와 2021년에는 글로벌 대형 팹리스 업체들과 거래를 시작했다. 국내 벤처투자 업계의 대표 선수 격인 한국투자파트너스가 2008년 칩스앤미디어에 소수지분 투자를 했으며, 2015년 국내 코스닥 시장에 상장한 후 투자금 회수에 성공했다. IP 개발이 점차 주목받자 산업 이해도가 높은 한국투자파트너스가 칩스앤미디어를 인수하기로 했고, 총 600억 원 규모의 딜을 성사시켰다.

이 딜은 다각적인 이유로 기관투자자의 관심을 받았다. 외형적으로 기업이 가진 성장성과 놀라운 수준의 수익성이 주목받았다. 무형의 설계자산을 판매하다 보니 특별한 설비투자가 필요하지 않아 순이익률이 30%를 넘었다. 여기에 변동비용이 거의 없어 매출이 증가하면 그대로 영업이익으로 실현된다. 즉 규모의 경제가 실현될수록 이익이 높아진다는 얘기다.

기술적 수준도 국내 기업으로는 드물게 글로벌 스탠더드를 충족했다. 비메모리반도체 시장은 다품종 소량 생산 체계로 IT의 급속한 발전에 따라 빠르고 다양한 기능의 제품 개발을 위해 설계(IP 업체, 팹리스), 제조(파운드리), 패키징 및 검사 등 각 공정별 분업화가 가속화되고 있다. 시장이 빠르게 커지면서 지식재산권IP을 보유하고 있는 IP 업체가 성장하기 좋은 토양이 마련되었다. 칩스앤미디어는 글로벌 고객사로부터 평판을 확보한 만큼 향후 추가 성장이 얼마든지 가능하다.

투자자가 마지막까지 투자를 머뭇거리게 하는 정보의 비대칭성이 작다는 점도 매력으로 작용했다. 일반적으로 바이아웃 투자는 상세 실사를 진행하더라도 인수 전까지는 기업의 전반적인 정보를 상세히 얻기 어렵다. 사모펀드 업계에서 보기 드문 제약사 바이아웃으로 주목받았던 서울제약 딜은 최근 회계부정 사건이 불거지며 정보의 비대칭성이 가져다주는 리스크를 다시금 부각했다. 서울제약은 필름형 발기부전 치료제, 치매 치료제, 조현병 치료제 등을 개발해 안정적인 매출을 올린 곳이다. 그러나 전 소유주가 2020년 2월 중견 사모펀드인 큐캐피탈에 매도하기 전 4년간 분식회계를 저지른 게 금융당국에 발각되면서 상장폐지 심사 대상에 올랐다. 이것이 바이아웃 투자의 가장 큰 어려움인 실사의 정밀성이다.

한국투자파트너스는 기업 설립 초반부터 칩스앤미디어에 투자자로 합류해왔으며 10년 넘게 기업을 지켜보며 정보에 대한 신뢰성이 높았다.

투자 사례의 희소성 역시 투자자들의 눈길을 사로잡았다. 국내 팹리스 업체의 투자 기회는 희귀하다는 평가를 받는데, 팹리스 중에서도 밸류체인상 가장 앞단에 위치한 설계자산 업체 경영권 인수는 더욱 희소하다. 설계자산 기업을 확보하고 싶은 국내 기업들은 최초 잠재 매물로 칩스앤미디어를 떠올릴 것이기 때문에 높은 가격과 경영권 프리미엄 달성이 가능하다는 평가다.

기관투자자들은 팹리스 밸류체인 중에서도 설계자산 회사로 영역을 확대하며 안정적인 반도체 투자 포트폴리오를 구축하게 됐다. 한국투자파트너스 역시 벤처기업 초기부터 관계를 맺은 포트폴리오를 성공적으로 회수하고 바이아웃 투자까지 구축하며 투자의 새로운 지평을 열었다.

반도체 기업 밸류체인 구축은 기업뿐 아니라 기관투자자에게도 매우 중요하다. 투자 기업의 상호 시너지 효과를 발휘할 수 있고, 밸류체인 내 성장 분야와 중요성이 빠르게 변한다는 점에서 안정적인 투자 포트폴리오를 구축할 수 있다. 또한 밸류체인 내에서 알짜 기업이 발굴되면 기관투자자의 투자 유치를 더욱 쉽게 끌어낼 수 있다.

이에 대한 대표적인 투자 사례로 위너에코텍 투자 건이 꼽힌다. 이 기업은 사출성형 및 금형설계 기술을 활용한 반도체 번인 테스트 소캣 부품 및 커넥터를 제조한다. 반도체는 생산 후 테스트 공정을 거치게 되는데, 위너에코텍이 제조하는 제품은 제조된 칩의 고온·고압 환경에서 내구성을 테스트하는 데 사용되는 칩을 꼽는 소캣이다. 고전압 환경에서 최대 120도가 넘는 고온의 스트레스 환경에서 견뎌야 하고 1,000회 내외를 사용해야 해서 제조 난이도가 높은 반도체 공정 중 하나다. 진입장벽이 높다는 점에서 안정적 사업 구조를 확보했다는 평가다.

위너에코텍은 장기적인 관계를 구축한 고객사를 다수 보유하고 있어 매출 포트폴리오가 안정적이다. 여기에 최근 4년간 20%를 웃도는 성장세를 보였다. 사업 다각화의 잠재력은 어려운 펀딩 시장에서도 기관투자자의 출자를 이끌어냈다. 메모리반도체 테스트 공정에서 소요되는 기술을 바탕으로 최근 주목받는 비메모리반도체 테스트 소캣 진출까지 가능하다. 여기에 운용사의 반도체 분야 밸류업 능력을 높이 평가했다. 이 기업에 380억 원가량을 투자한 카무르프라이빗에쿼티는 앞서 2015년 경영권을 인수한 반도체 장비 업체 윌비에스엔티를 4년 만에 매각해 내부수익률 28%를 기록했다. 반도체 소재, 부품, 장비 분야의 밸류업 능력이 검증된 점이 강점으로 부각됐다.

반도체의 기술 발전은 일부 업체에게 새로운 기회를 부여한다. 반도체 기술은 소형화, 집적화에 집중하면서 점차 정점에 다다르고 있다. 반도체 업계에서는 미래형 칩 생산에 효과적으로 대응하려면 전공정 발전에만 의존하지 말고 후공정에도 주목해야 한다고 주문한다. 최근 후공정 업체들이 주목을 받으면서 M&A 시장에서도 재평가가 이뤄지고 있다. 2021년 코스닥 상장사 에이팩트와 윈팩이 매각되었고, 2022년 3월에는 반도체 후공정 테스트 업체 테스나가 두산그룹의 품에 안겼다.

후공정 업체의 손바뀜이 빠르게 이뤄지고 있는 가운데 후공정 생태계의 중심인 패키징 시장도 점차 핫 섹터로 변하고 있다. 패키징은 제조된 칩을 충격이나 습기 등의 외부환경으로부터 보호하기 위하여 플라스틱 등의 소재로 감싸고, 전기적으로 연결시키는 기술을 말한다. 반도체 칩의 다기능을 구현하려면 여러 개의 칩이 연결되어야 하는데 이때 패키징 기술이 필요하다.

국내에서 패키징 공정에 본격적으로 관심을 갖게 된 계기는 2016년으로 거슬러 올라간다. 당시 삼성전자가 담당하던 애플 AP칩의 생산을 대만 TSMC가 전량 담당하면서, 이 핵심 원인 중 하나로 패키징 기술이 주목을 받았다. 이로 인해 패키징 경쟁이 촉발되었고, 2020년에 접어들면서 반도체 메인 업체들과 후공정 테스트 및 패키징을 담당하는 외주업체(이하 'OSAT')들이 패키징 공정 투자를 본격화했다.

이런 환경 속에서 2022년 기관투자자들이 선택한 기업은 에스에스피다. 에스에스피는 후공정 첨단 패키징 공정에 들어가는 장비를 만드는 업체다. 이 회사의 핵심은 볼마운트 장비를 제조한다는 점에 있다. 칩에 더 많은 전기적 신호 연결을 위해서는 낮은 온도에서 녹는 성질을 갖고 있는 솔더볼Solder Ball을 활용해야 한다. 칩이 점차 미세화되면서 솔더볼의 미세화, 조밀화가 요구됐다. 이를 해결하기 위해서는 솔더볼 자체를 정확한 위치에 부착해야 하는 기술력이 핵심 과제로 떠올랐다. 에스에스피는 이 부분을 공략해 단숨에 강소기업으로 떠올랐다.

에스에스피는 두 가지 강점을 가지고 있다. 먼저 수익성이 높은 비메모리반도체의 패키징 공정이 주 납품처다. 비메모리반도체는 메모리반도체와는 달리 비가격 경쟁 요소가 많아 고마진 달성이 용이하다. 다른 지점은 해외 수출 비중이 높다는 것이다. 글로벌 비메모리반도체 패키징 업체를 고객사로 두고 있어, 향후 시장 확대의 수혜를 그대로 받게 된다. 높은 수익성으로 '캐시 카우' 업체로 발돋움했고 매출 확대가 이뤄지면 그대로 영업이익으로 연결된다. 에스에스피는 2021년 매출 578억 원, 영업이익 210억 원을 기록하며 영업이익률은 36%에 달했다.

많은 중소기업이 그렇듯 에스에스피 역시 설계 기술력이 뛰어나지만 급속한 성장으로 재무·관리 부분에서 개선할 지점이 많다. 엘엑스인베스트먼트와 엠캐피탈이 새롭게 투자자로 합류하면 이런 문제들이 대부분 해결될 것으로 기대된다. 기관투자자들은 글로벌 후공정 장비업체 중 손에 꼽히는 국내 기업이 탄생할 것으로 내다보고 있다.

'핫 섹터' 이차전지는 올해도 달린다

2022년 시장 침체가 본격화되었지만, 이차전지 시장은 여전히 확장 국면이다. 거대한 시장인 글로벌 내연기관 자동차 산업이 급격히 친환경차로 이동하는 '거대한 전환'이 이뤄지면서 밸류체인 내에서 핵심 역할을 담당하는 이차전지 섹터는 향후 10년간은 빠른 성장성을 보일 것이라는 데 그 누구도 반론하기 어렵다. 이뿐만 아니라 신재생에너지의 빠른 보급과 맞물려 에너지저장장치ESS 시장이 계속해서 성장하면서 시장 성장이 거침 없다.

시장조사기관 EV볼륨에 따르면, 2022년 상반기에만 총 430만 대의 새로운 순수전기차와 플러그인 하이브리드가 판매됐다. 이는 전년 동기 대비 62% 증가한 수치다. 같은 기간 전체 자동차 판매가 8% 감소하고, 그중 내연기관차 판매는 16% 감소한 것과 크게 대비된다. EV볼륨은 2022년 전기차(플로그인 하이브리드 포함) 판매량이 전년 대비 57% 증가한 총 1,060만 대에 달하고, 이 중 800만 대가 순수전기차일 것으로 예상했다. 2022년 글로벌 자동차 판매량 예상치가 약 8,000만 대임을 감안하면, 10대 중 1대는 전기차가 팔리는 시대가 도래한 것이다.

전기차는 중국, 유럽, 북미 등 모든 시장에서 급성장하고 있지만, 전기차 시장을 이끄는 곳은 단연 중국이다. 중국에서는 상반기 전기차(플러그인 하이브리드 포함) 판매량이 선년 동기 대비 113% 증가한 245만 대에 달해 전체 전기차 시장의 절반 이상을 차지했다. 두 번째로 큰 시장은 유럽으로 2022년 상반기 9% 성장한 116만 대가 팔렸다. 북미 지역 전기차 시장은 아직 작지만 성장세는 유럽보다 크다. 북미 지역은 전년 대비 전기차(플러그인 하이브리드) 판매는 49% 증가했다(48만 대).

다만 폭발적인 성장세 대비 공급이 따라오지 못하고 있는 것이 문제다. 다수 완성차 업체들이 배터리와 반도체 부족, 증설 지연 같은 각종 공급 제약 문제에 직면해 급증하는 전기차 수요에 대응하지 못하고 있다. GM의 경우 2020년 말에 최초 전기 픽업트럭 허머EV를 출시했지만, 2년이 지난 지금까지도 생산량은 분기당 수백 대 수준에 그치고 있다. GM은 허머EV의 누적 주문량이 9만 대를 넘어서자 주문받기 자체를 중단하는 파격적인 결정을 내렸다. 예약 주문이 많으면 웃어야 하지만 생산량이 턱없이 부족해 신뢰 하락의 위기에 직면하게 된 셈이다. GM은 국내 배터리 회사와의 맞손으로 어느 정도 해결될 것으로 기대하고 있다. GM과 LG에너지솔루션이 합작한 1호 배터리 공장인 오하이오주 워렌공장은 최근 얼티엄 배터리 시제품을 생산하기 시작했으며 조만간 생산량을 늘릴 계획이다.

이런 공급 부족은 GM만이 직면한 상황이 아니다. 국내에서도 전기차 인도가 지연되고 있다. 자동차 구매정보 플랫폼 겟차에 따르면, 현대 아이오닉5는 12개월, 기아 EV6는 14개월을 대기해야 차를 인도받을 수 있다. 최근 출시된 신차 아이오닉6는 사전계약 물량만 5만 대에 달해 지금 주문하면 1년 6개월이나 기다려야 한다.

폭발적 성장을 보이는 시장을 선점하기 위해서 미국 서부시대 골드러시의 시기처럼 치열한 설비투자 경쟁이 전개 중이다. LG에너지솔루션은 국내 기업으로는 최대 규모인 12조 7,500억 원을 공모로 조달하며 공격적인 투자를 예약했다. SK온 역시 악화된 자본시장 속에서도 고군분투하며 조 단위 조달이 막바지 단계에 와 있다. 수년간 이차전지 시장의 생산 증설과 매출 증가가 기정사실화되면서 이 산업이 국내 경제를 이끌어가는 엔진 역할을 맡게 됐다.

국내 사모펀드는 이차전지 시장에 실탄을 제공하며 성장의 파트너 역할을 톡톡히 했다. 투자 이후 최소 5년에서 10년까지를 예측하고 투자해야 하는 사모펀드는 근시안적인 투자가 아닌 미래에 적합한 투자를 해야 한다. 그래서 모험자본으로서 신기술 기업 개발에 힘을 쏟을 수 있다. 특히 이차전지의 성능 개선이 과제인 업계의 상황을 고려했을 때 기술적 진보를 이룰 수 있는 기업에 사모펀드가 투자하는 것은 높은 수익률을 얻는 동시에 국내외 이차전지 기업이 한 단계 도약하는 데 한 축을 담당하게 한다.

국내 기관투자자들은 영국 실리콘음극재 기업 넥시온Nexion에 주목하고 최근 1년간 두 차례 투자했다. 실리콘음극재는 전기차 주행거리와 충전속도 성능을 개선하는 핵심 소재다. 기존 흑연음극재와 혼합하여 사용하는데 함량이 높을수록 이차전지 성능 개선에 효과가 좋다. 최근 세계적인 배터리 소재 기업들이 개발에 앞다퉈 뛰어들 정도로 소재 자체의 우수성과 게임체인저로서의 역할이 기대되는 소재다. 아직 상용화 초기 단계지만 시장 가능성을 보았을 때 실리콘음극재 시장 규모는 2021년 4억 달러 수준에서 2025년에는 29억 달러, 2030년에는 146억 달러로 성장할 것으로 시장조사기관은 전망하고 있다.

넥시온은 실리콘음극재 가격 경쟁력과 성능이 모두 뛰어난 실리콘 음극재를 빠른 기간에 양산할 수 있는 기술력을 갖췄다고 평가를 받고 있어 국내 기관투자자들로부터 대규모 자금을 유치할 수 있었다. 특히 실리콘음극재 관련 중요 특허를 가장 많이 보유하고 있는 선도기업이다.

투자 이력을 살펴보면 투자한 기관들은 모두 상당한 전문성을 보유하고 있다. 1차 투자에서는 SK그룹의 소재 전문회사인 SKC와 실리콘 소재 제품을 생산하는 미국 모멘티브를 바이아웃 투자한 경험이 있는 SJL파트너스, 국내 반도체·이차전지 분야에 다양한 투자 경험이 있는 BNW인베스트먼트가 컨소시엄을 이뤘다.

2차 투자에는 국내 기관으로는 신한금융투자와 대신프라이빗에쿼티, 해외 기관으로는 화학제품 제조 업체 인제비티와 GLY모빌리티펀드가 참여했다. 넥시온은 두 차례 투자유치에서 총 1억 7,000만 달러(약 2,200억 원)를 확보하며 시장 선도기업으로 발돋움하는 데 필요한 실탄을 충분히 확보했다.

넥시온 투자는 크게 두 가지 의의를 가진다. 모험자본인 사모펀드가 국내에 국한되지 않고 해외로 영토를 넓혔으며, 창의적 접근을 통해 향후 10년간 판도를 변화시킬 소재 기업을 발굴했다. 물론 혁신적인 신소재가 상업화에 성공하는 데 오랜 시간과 많은 자본이 소요된다. 그러나 국내 투자자들은 양극재 생산 업체 에코프로비엠을 세계 굴지의 기업으로 키워낸 투자 성공 사례를 가지고 있어 다른 국가보다 과감한 행보를 보이고 있다.

이차전지의 핵심 소재 업체뿐 아니라 부품 업체들도 시장 확대의 수혜 업체다. 전기차EV 배터리 모듈 부품 제조사 넥스플러스도 그중 한 곳이다. 2008년 설립된 이 기업은 사실 디스플레이 부품사로 시작했다. 정밀 프레스 기술을 이용한 LCD 부품과 모바일 부품, 메디컬 기기 정밀 부품 사업을 펼치며 급성장하여 2011년에 1,200억 원의 매출을 기록했다. 그러나 호황은 그리 길지 않았다. 디스플레이 부품 시장이 쇠퇴하며 기업 존립조차 위태로울 만큼 어려움을 겪었다. 경영진은 기존 사업을 과감히 정리하고, 경영난에도 장기적인 관점에서 매출의 10% 이상을 친환경 자동차 관련 기술 확보에 투자했다. 그 결과 전기차 배터리 외장 부품의 부분 조립과 수소 연료전지의 초정밀 프레스 부품 분야의 기술력을 확보했다.

넥스플러스가 '죽음의 계곡'을 넘어서자 재무적 투자자인 원레이크파트너스가 손을 내밀었다. 원레이크파트너스는 전기차 배터리, 수소연료전지의 핵심 부품을 글로벌 제조사에 공급하고 있고 국내에서도 삼성SDI와 현대자동차에 공급하고 있다는 점을 높이 평가했다. 아울러 전방산업의 성장이 빠른, 소위 말하는 핫한 섹터라는 점 역시 매력 포인트였다.

숫자 역시 기관투자자의 투자 심리를 사로잡았다. 넥스플러스는 2021년 1,520억 원의 매출을 기록하며 전년 동기 대비 400% 성장했다. 영업이익 역시 125억 원을 기록하며 수익 측면에서 우량함을 입증했다. 2022년 유럽 전기차 배터리 시장의 급성장에 힘입어 차세대 전기차 부품을 추가로 수주하면 2,000억 원 이상의 매출을 달성할 것으로 보고 있다. 무엇보다 높은 핵심 경쟁력으로 높은 진입장벽을 구축했다. 넥스플러스가 가진 핵심 기술은 경쟁사 대비 뛰어난 초정밀금속 가공 기술을 보유하고 있고, 생산공정 역시 절대적 기술 우위를 확보한 단계에 와 있다.

국내 이차전지 시장은 여전히 성장 진행형이다. 넥스플러스처럼 주력 산업을 바꿔 신규 시장에 진출하는 기업부터 기술력을 인정받아 많은 투자금을 모집하는 기업까지 다양한 플레이어들이 시장에 존재한다. 이런 경쟁력 있고 잠재력이 풍부한 기업들을 발굴하고 투자하려는 국내 운용사들의 도전 역시 계속되고 있다. 자본시장이 다소 침체기에 접어들었지만 이차전지 시장만큼은 여전히 뜨겁고, 이런 흐름은 2023년에도 지속할 것으로 보인다.

07

진짜 돈 되는 소재 산업을 찾아라

기관투자자에게 유망한 소재 산업이란 이미 상용화가 된 성숙 분야가 아닌 짧은 시일 내에 상용화가 완료되어 빠르게 시장을 장악하거나, 기존에 존재했던 소재지만 처리 및 가공 기술의 차별화로 초과수익률을 달성할 수 있는 곳을 의미한다. 이는 사모펀드가 투자하는 다른 섹터와 마찬가지로 정해진 펀드 만기에 따라 목표하는 수익률을 달성해야 하는 특성 때문이다. 5년 내에 투자 당시보다 높은 가격에 재매각을 해야 한다는 뜻이다.

사모펀드를 통해 경영권 인수 또는 그에 준하는 소수지분을 확보할 수 있는 투자는 일반적으로 기존 소재 산업에서 일정 수준의 시장 지위를 확보하고 있다. 이런 시장 장악력을 바탕으로 추가적인 업사이드를 창출할 수 있는 기술적 혹은 평판상의 차별점을 확보한 곳이 기관투자자들의 투자 심리를 이끌어냈다.

2022년 유망사업은 코로나19와 국제 분쟁 등이 겹치며 하방 안정성이 어느 때보다 강조된 한해였다. 국내외 기관투자자의 유동성 경색 기조가 보편화하면서 전체적인 투자 시장의 위축 상황에서 특히 유망산업의 투자금 모집이 어려웠다. 이러한 상황에서 투자를 성공적으로 끝낸 사례들의 특성을 복기해보고자 한다.

안정적 투자처, 대기업 메자닌 딜

한화그룹은 화학 부문을 기반으로 2000년대 이후 태양광 발전 산업에 집중하면서 이차전지 산업에 집중하는 SK, LG와는 다른 행보를 보였다. 이런 한화의 선택은 '실패의 결단'으로 평가됐다. 사업 추진 초반부터 중국 업체의 저가 공세와 태양광 산업의 성장이 중국 내수 중심으로 이뤄져 쉽사리 흑자를 달성하지 못했던 탓이다. 그러나 오랜 기다림은 서서히 결실을 맺고 있다. 2020년 이후 미·중 분쟁의 격화로 중국산 태양광 모듈의 시장점유율이 흔들리기 시작한 것이다. 시장 변동성 증가에 따른 스프레드 확장이란 호재가 있었지만, 한화솔루션의 신재생에너지 사업부가 2022년 2분기 실적 기준 흑자 전환을 달성했다는 점은 눈여겨볼 만하다.

다만 태양광 신재생에너지 산업은 대규모 생산설비 투입이 필수적이다. 추가 투자를 위한 실탄 마련이 재무적 과제로 급격히 떠올랐다. 한화그룹은 2022년 초 중국에 위치한 폴리염화비닐PVC 사업부 지분을 유동화해 6,000억 원을 조달했다. 최근에는 한화솔루션 첨단소재 사업부의 소수지분을 글랜우드크레딧 컨소시엄에 매각하기로 하고 약 6,000억 원 이상을 추가로 확보할 예정이다.

안정적인 수익이 발생하는 PVC 사업부와 달리 첨단소재 부문은 약간의 리스크가 있었지만 성장성에 보다 초점이 맞춰졌다. 한화솔루션은 소수지분 매각을 위해 물적분할을 추진했다. 소재 관련 사업부를 물적분할하고 다른 계열사의 관련 사업부와 합병해 신설 회사를 설립했다. 이후 50% 미만의 잔여지분을 매각해 태양광 사업 등의 신사업에 필요한 자금을 조달하는 구조를 짰다. 대상 회사는 크게 GFRP(유리섬유 강화플라스틱) 관련 차량용 경량복합소재 부문과 태양광 모듈에 사용되는 EVA(에틸렌비닐아세테이트) 시트를 제조하는 태양광 소재 부문으로 구성되어 있다.

차량용 경량복합소재 사업부는 체질 개선에 성공하며 나름의 저력을 보여주고 있다. 전 세계적으로 경량복합소재를 가장 적극적으로 사용하는 현대기아차의 주요 벤더 역할을 통해 성장했지만, 투자 검토 당시에는 사드THAAD(고고도미사일방어체계) 사태로 중국 시장에서 현대기아차가 공장을 철수하고 차량용 반도체 부족으로 역성장에 직면했다. 한화솔루션은 비용 감축 등 경영 효율화를 통해 체질 개선을 진행했으며, 완성차 업체들과 지속적으로 기술개발을 진행해 경쟁력을 회복했다. 특히 탄소중립 등 글로벌 환경 트렌드에 따른 차량 경량화가 전기차와 내연기관 차량 업계의 주요 화두로 떠오르면서 매출의 반등이 시작되었다.

투자 검토 당시 인상 깊었던 점은 2017년 이후 약 4~5년 동안 전방산업의 침체 시기 동안에도 생존에 성공했다는 것이다. 코로나19 이후 산업 전반이 위축되고 차량용 반도체 수급 이슈로 완성차 생산이 줄어 수요가 급감했다. 또한 대규모 장치 산업 특성상 고정비 비중이 높아 수익률이 악화됐다. 실제 한화솔루션 차량용 경량복합소재 사업부는 세계 2위 수준의 생산설비를 보유하고 있다. 경영 악화에 대응하기 위해 고정비 감축을 위한 경영 효율화와 현대기아차에 납품하는 품목 중 일부를 원가연동제를 적용받아 최악의 상황은 피했다. 글로벌 인플레이션 시기에 원재료 가격 상승분을 거래가격에 포함시키는 원가연동제를 적용받아 밸류체인 중간에 위치한 소재 업체의 생존력을 높인 것이다. 이는 수십 년간 현대기아차가 생산하는 전체 차종의 약 90% 수준에 포함되는 부품을 생산해오면서 확보한 협상력이 경쟁력으로 나타난 것이다.

경영환경 악화에도 나름 안정적으로 버텨왔지만 소재의 판매 단가가 높아 사용 영역이 제한적이라는 문제가 남았다. 그러나 2021년 이후 공급 대비 수요 증가로 완성차에 대한 고객의 소비 민감도가 둔화되면서 차량 가격 인상이 용이해졌다. 매출 감소라는 타격에도 판로가 다시 열리는 전화위복이 나타났다. 여기에 글로벌 완성차 업체의 경량복합소재 사용이 늘어나면서 수요도 매년 증가 추세다. 실례로 글로벌 전기차 업체의 주요 모델에 한화솔루션의 경량복합소재가 단독 벤더로 채택되기도 했다. 한화솔루션은 차량용 경량복합소재 시장에서 글로벌 2위에 올랐으며 수십 년간 현대기아차와 안정적인 거래 관계를 유지해 전기차 기업에도 매출 확장이 기대되고 있다.

한화첨단소재 태양광 소재 사업부는 외부 자극으로부터 태양광 셀을 보호하는 태양광 모듈용 소재를 생산하고 있다. 한화솔루션은 태양광 등 신재생에너지를 차세대 성장동력으로 판단해 오랜 기간 사업 역량을 집중해 중국 업체와 함께 글로벌 태양광 모듈 업체 중 최상위 지위를 확보하고 있다. 중국은 전 세계에서 가장 빠르게 전 국가적인 육성책을 바탕으로 글로벌 태양광 시장을 선점했지만, 미·중 분쟁의 격화로 미국 내 중국 업체의 영향력은 지속적으로 감소하고 있다. 이런 환경 속에서 한화솔루션의 태양광 사업은 2022년 중 흑자 전환되는 등 톡톡히 수혜를 입고 있다.

한화첨단소재는 한화그룹 글로벌 태양광 모듈 업체라는 안정적인 전속시장(캡티브)을 확보해 빠르게 성장해왔다. 더욱이 글로벌 태양광 모듈용 EVA 수지 생산 점유율의 1·3위가 같은 한화계열사인 한화토탈 및 한화케미칼이다. 한화첨단소재는 한화그룹 내에서 수직계열화되어 하방 안정성과 성장동력을 모두 확보했다. 이런 우호적 환경으로 기관투자자들은 비중국 업체 중 글로벌 경쟁이 실질적으로 가능할 것으로 판단했다.

대기업이 수행하고 있는 소재 사업은 통상 업계 내 상위 수준의 업력을 보유하고 있다. 이는 투자를 검토하는 기관투자자 입장에서는 일정 수준 안정적으로 사업을 영위해왔다는 관점에서 긍정적인 투자 포인트이다. 다만 오랜 기간 사업을 수행하면서 익힌 안정적인 사업 방식을 고수할 가능성이 커서 재무적 투자자 관점에서 배당수익 이외에 업사이드를 찾는 것이 어려울 수 있는 부분도 존재한다. 한화솔루션 첨단소재 사업부는 차량 경량화 추세 및 태양광 산업의 확장 등 전방산업

자체가 매우 우호적인 상황이라는 점이 이런 단점을 보완해 악화된 자본시장에서도 투자자금 모집이 성공적으로 진행되고 있는 상황이다.

확장성 있는 소재에 주목하라

대기업 투자 건은 여러 매력에도 투자 기회가 적다는 점이 아쉽다. 그런 점에서 역량 있는 유망 소재 중소 업체의 발굴이 자본시장에 요구된다. 오큘러스에쿼티파트너스가 500억 원을 투자한 아이티켐은 유의미한 소재 사업 투자 사례로 평가된다. 아이티켐은 일본이 수출 규제를 단행한 컬러리스 폴리이미드CPI 필름 핵심 원료 두 종을 국산화하며 주목을 받은 국내 소부장(소재·부품·장비) 업체다. 충북 청주시에 위치해 15년간 감광, 전자, 원료의약품API 등의 소재를 생산해왔다. 2019년에는 중소벤처기업부가 발표한 55개 소부장 강소기업 중 하나다.

이 기업의 핵심 경쟁력은 소재 활용의 다변화다. 최근 원료의약품 시장으로 사업 분야를 빠르게 확대하고 있다. 전방산업은 바이오 시장에서 '핫 섹터'로 부각된 CMO(위탁생산), CDMO(위탁개발생산) 시장이다. 글로벌 CMO 시장은 2021년 150억 달러에서 2025년 253억 달러 수준으로 연평균 약 17%의 성장률을 보일 것으로 전망된다. CDMO 시장 역시 2021년 128억 달러에서 2025년 189억 달러로 연평균 약 11% 성장률을 보일 것으로 추산된다.

의약품 생산 체계는 의약품의 주성분이 되는 의약중간체 및 원료의약품을 제조와 완제의약품 생산으로 구분된다. 아이티켐은 2013년 의

약중간체 및 원료의약품을 생산해 SK바이오텍, 에스티팜, 한미약품 등 국내 대기업에 납품하고 있다. 특히 주요 고객사 중 하나인 SK바이오텍의 공급 품목은 아스트라제네카의 당뇨병 치료제, 타케다의 위궤양 치료제, 화이자의 당뇨병 치료제 등으로 글로벌 제약사 만성치료제의 의약품 중간체를 공급하고 있다.

에스티팜은 RNA(리보핵산) 치료제의 핵심 원료인 올리고뉴클레오타이드를 위탁생산하는 CDMO 업체인 만큼 아이티켐이 RNA 치료제 성장의 수혜를 볼 것으로 전망된다. 리서치앤드마켓Research&Market에 따르면 RNA 치료제 시장 규모는 지난해 6조 5,000억 원에서 연평균 17.6% 성장해 오는 2030년 32조 6,000억 원에 이를 것으로 추정하고 있다.

에스티팜은 아이티켐의 소수지분을 보유하고 있고 기술이선 및 설비 최적화를 위해 인력을 수개월간 파견하는 등 전략적 파트너를 자임하고 있다. 최근에는 원료의약품 소재뿐 아니라 OLED 소재까지 사업 영역을 확장하고 있다. 2021년 말에는 삼성디스플레이의 공식 공급업체로 등록되는 성과를 냈다. 2022년 초 정부 부처와 OLED 주요 소재 국산화 추진 프로젝트의 유일한 공급 업체로 선정됐다. 해당 소재를 사용함으로써 수명이 25% 이상 연장되는 효과를 보여주었고, 주요 OLED 업체가 해당 소재를 활용한 신시장을 개척하고 있는 과정이다. 현재 해당 소재는 해외로부터 대부분 수입하고 있는 상태이며 국내 업체가 전무한 상황으로, 프로젝트 초기 단계이지만 국산화에 성공하면 다양한 수익 사업으로의 확장이 가능해 높은 초과수익의 동력을 확보한 상태다.

아이티켐은 한화솔루션의 소재사업부와 달리 기존의 거래 관계나 업력이 상대적으로 열위하다. 기존에 원료의약품 관련된 매출은 존재하지만, 기관투자자의 요구수익률을 달성하기 위해서는 더 큰 매출과 이익 창출이 필요한 단계이지만 추가 실탄을 공급하면 신사업 진출로 성공 가능성이 크다는 점에 주목했다. 특히 국내에는 존재하지 않았던 소재 시장을 작은 중소기업이 정부 부처 등과 함께 최초로 개척하고 있는 점은 소재 업체가 가져야 하는 업사이드 부분을 확실하게 확보했다고 평가한다.

국내 소재 기업 발굴은 한국 자본시장이 해야 하는 역할이지만 여전히 투자폭은 좁다. 국내 기관투자자들이 글로벌 시장에 있는 역량 있는 소재 기업 투자에 적극 나서는 이유다. 해외 투자 건 중에 2022년 유럽 톱티어 바이아웃 전문 운용사인 신벤CInven의 독일 화학·제약사 바이엘Bayer AG의 환경과학사업부의 카브아웃Carve-out에 투자한 건을 예시로 들 수 있다. 카브아웃은 기업의 비주력 계열사나 사업부를 인수하는 딜을 뜻한다.

바이엘은 1863년 설립된 독일의 글로벌 화학 업체다. 환경과학사업부 사업은 2001년 살충제, 살초제 등 농화학 업체를 인수하며 첫발을 내디뎠다. 바이엘은 기존 의약품 사업에 집중하고 재무비율을 안정화하려는 목적으로 매각에 나섰다. 환경과학사업부는 살충제, 살초제, 살균제 등을 판매하며 기업간거래B2B 시장에서 전 세계 1~2위의 시장점유율을 보유하고 있다. 농화학 업체를 소재 업체로 분류한 것은 배합 솔루션을 보유한 기술력 때문이다. 이 기술력으로 제품 조합에 필요한 유효 성분인 원재료를 조달하고, 자체 솔루션에 따라 최종제의 형태로 배합하는 협력 업체가 다음 단계에 존재한다. 투자 당시 이미 글로벌에서 선두적인 지위를 보유했으며 전·후방산업 모두 10년 이상 거래 관계를 지속해 안정적인 사업 모델을 구축했다. 특히 주요 유효 성분 중 매출액 기준 약 65% 수준을 매도인인 바이엘이 장기 공급계약을 체결했다.

다른 투자 건과 다른 포인트는 높은 수익성이다. 2021년 기준 매출액이 약 9,000억 원에 달하는 소재 사업을 영위하면서도 배합 솔루션 개발 영역에 주력한 자산경량화Asset-light 모델을 통해 매해 25% 이상의 상각전영업이익EBITDA률을 창출하고 있다. 앞서 언급했던 소재 업체의 사례들은 소재를 제조하는 공장, 기계장치 등 큰 규모의 생산설비가 투입되어야 했지만 바이엘 환경과학사업부는 유효 성분의 개발 및 제조와 배합 전 과정을 협력 업체에 아웃소싱해 높은 수익성을 창출할 수 있었다. 이런 모델은 살균제 등 환경적 규제가 큰 업종으로 경쟁 업체 대비 높은 진입장벽이 구축된 덕분이다. 신벤은 환경과학 시장이 꾸준히 성장할 것으로 판단해 약 3조 원을 베팅해 알짜 사업을 인수했다.

소재 업체의 자산경량화 모델은 압도적인 기술·제도적 진입장벽을 보유해 아웃소싱으로 나아가면 높은 수익성을 창출할 수 있다는 글로벌 선례를 남겼다. 이는 테일러메이드, 코카콜라 등의 글로벌 기업들이 핵심 기술과 연구개발R&D 역량 그리고 브랜드 평판을 바탕으로 대부분의 공정을 아웃소싱해 해당 분야의 거인으로 거듭났듯이, 소재 업체 역시 글로벌 지위를 보유할 수 있다는 점이 기관투자자로서 인상 깊은 지점이다.

08

미래를 선도하는 테크 기업 찾기

최근 몇 년간 풍부한 유동성은 공모시장에서 '따상상(공모가의 2배에 상장해서 이틀 연속 상한가를 뜻함)'이라는 신조어를 만들었다. 국민 모두가 IPO 시장에 관심을 가질 만큼 선풍적인 인기를 끌었다. 사모시장 또한 유동성이 크게 흘러갔는데 그중 하나가 국내 벤처투자 시장이다.

2021년 한 해 동안 벤처 펀드에 약정된 금액은 전년 대비 34% 늘어난 9조 2,000억 원이었다. 벤처기업에 투자된 금액 역시 80% 늘어난 7조 6,000억 원으로 역대 최대 금액을 경신했다. 많은 돈이 벤처펀드에 투자됐고, 투자 혈류를 타고 다양한 벤처기업에 공급됐다. 벤처기업은 그 자금으로 사람을 뽑고, 마케팅과 서비스를 고도화하면서 회사를 성장시켰다.

그러나 1년 후 상황은 정반대가 됐다. 금리가 오르고 유동성이 줄어들면서 돈의 가치가 어느 때보다 높아졌다. 말 그대로 사업에서 이익을 내지 못하고 돈을 태워서cash burn 기업을 성장시키는 것이 과거보다 부담스러운 환경이 되었다. LP, GP 투자자들은 실제로 이익을 낼 수 있는 비즈니스 모델인지에 대한 의구심이 점점 커지면서 이전보다 더 신중하게 투자를 결정하고 있다. 후속 투자를 받지 못하는 기업이 나오는 것은 가까운 미래고, 옥석 가리기는 시작됐다. 아직 사모시장은 공모시장에 비해 밸류에이션 조정이 덜 하다는 인상이다. 보통 공모시장이 선행한다고 봤을 때 사모시장의 밸류에이션 조정도 불가피하다.

벤처기업 창업자에게는 사업, 재무, 인력 등 회사의 A부터 Z까지 재점검해야 하는 과제가 떨어졌다. '언젠가는 이익을 내겠지'라는 안일한 생각으로 돈에 기대어 사업을 했었다면 지금 당장 뒤돌아봐야 한다. 직전 투자 단가보다 낮게라도 후속 투자를 받는 것도 필요해 보인다. 후속 투자가 없으면 회사 존립이 불가능하기 때문에 기업가치를 고집할 상황이 아니다. 쉽지 않은 결정이겠지만 창업자의 결단과 기존 투자자의 협조가 필요하다.

이런 환경이라고 해서 투자가 전혀 이루어지지 않는 것은 아니다. 돈은 결코 잠들지 않는다. 불확실성과 변동성이 큰 시장에서는 조금이라도 더 가능성 있고 확신이 드는 곳으로 자금이 쏠린다. 투자의 양극화다. 실제로 악화된 환경 속에서도 차별화된 경쟁력과 성장성을 보유해 높은 밸류에이션으로 신규 투자를 크게 받은 테크 기업들이 있다. 직방과 토스가 그 주인공이다. 이들은 각각 1,000억 원, 5,000억 원의 투자금을 유치했다.

MG새마을금고도 직방과 토스에 신주, 구주 투자를 했다. 이러한 시장환경에서도 왜 테크 기업에 투자했는지 자세히 살펴보고자 한다. 추가로, 채용이라는 한 분야에서 선구자적으로 디지털 전환을 하며 꾸준히 이익과 현금을 창출하고 있는 채용 플랫폼 잡코리아 투자 건도 소개하고자 한다.

광고 회사는 옛말, 테크로 무장하다

2022년 4월, 직방 소수지분의 투자를 결정했다. 직방은 과거 부동산 중개업소에 가야만 얻을 수 있었던 원룸, 투룸, 빌라 매물 정보를 온라인으로 제공하는 부동산 광고 플랫폼 1위 회사다. 투자 포인트는 다음과 같이 명확하다.

첫째, 주거용 부동산 플랫폼 시장에서 1위 사업자라는 점이다. 플랫폼 회사의 가치는 서비스를 이용하는 이용자 수가 결정한다. 이용자가 많을수록 네트워크 효과가 발생하여 고객을 록인Lock-in하기 때문이다. 네이버와 카카오가 짧은 기업 업력에도 국내 굴지의 기업으로 떠오른 것은 네트워크 효과 덕분이라는 점을 인지하면 쉽게 이해할 수 있다.

직방 역시 부동산 중개업자가 매물을 많이 올릴수록 고객이 많이 들어오고, 고객이 많이 들어올수록 매물은 많아진다. 물론 음의 네트워크 효과도 있을 수 있다. 하지만 직방은 이러한 선순환 고리를 잘 만들어왔고, 300만~400만 MAU(월간 활성 이용자수)를 보유했다. 또한, 직방은 2018년 비슷한 MAU를 보유한 아파트 정보 제공 업체인 호갱노노의 지분을 인수하여 자회사로 보유하고 있다. 호갱노노는 실거래가, 커뮤니티 기능 등을 제공하는데, 30~40대 중 아파트 거래를 해본 사람이라면 들어보거나 사용한 경험이 있을 것이다. 결국 직방은 원·투룸부터 아파트까지, 20대에서 40대까지 모두에게 서비스를 제공하고 있는 압도적인 시장 지위를 보유하고 있는 서비스다.

둘째, 부동산 시장은 다른 산업에 비해 디지털화가 상대적으로 덜 되었다는 점이다. 다른 산업의 과거와 현재를 생각해보자. '옷은 직접 가서 입어보고 사야지'에서 지금은 입어보지 않고도 온라인으로 옷을 쉽게 사 입는다. '입에 들어가는 신선식품은 직접 보고 사야지'라는 인식 역시 온라인으로 주문해서 심지어는 당일에 받을 수는 시대로 변했다. 물론 기본적으로 부동산은 고가이고, 빈도가 많은 거래 대상은 아니다. 하지만 최근에는 중고차, 신차도 직접 가서 타보지 않고 온라인으로 거래하지 않는가? 이렇게 고빈도, 저관여의 저가 거래에서 저빈도, 고관여의 고가 거래로의 디지털화는 자연스러운 흐름이라고 볼 수 있다.

구체적으로, 직방은 VR 홈투어, 3D 단지 투어, 각 방의 조망 및 일조량 확인 등 '손품'과 비대면 계약을 제공하여 이용자들이 '발품' 파는 시간을 크게 단축하고 있다. 또한 주택 면적, 방 개수뿐 아니라 세금, 상권, 학군, 실시간 실거래가 등 광범위한 데이터도 온라인으로 제공한다. IT 기술을 활용하여 부동산 거래를 디지털화하고 가장 잘 준비하고 있는 기업이다.

셋째, 업사이드 포텐셜이 큰 신규 사업이 있다는 점이다. 직방은 압도적인 유저 트래픽을 기반으로 2022년 제휴 중개 서비스를 내놓았다. 직방은 광고 및 정보 제공 서비스만 해왔지만 이제는 제휴 중개사들이 앱, 웹 내에서 중개할 수 있도록 만들었다. 구체적으로는 개인이 갖고 있는 아파트를 바로 올릴 수 있게 하였고, 제휴된 공인중개사들은 직방으로부터 컨설팅과 직방의 이용자와 직방 이용자들이 올린 매물을 활용할 수 있게 되었다. 이를 통해 제휴 공인중개사들은 부동산 개업 부담이 낮아지고, 직방 이용자 입장에서는 양질의 부동산 거래 서비스를 받을 수 있게 되었다. 물론 기존의 몇몇 공인중개사의 반발이 예상되지만, 기존 부동산 거래의 비효율적인 페인 포인트(고객 불편사항)를 조화롭게 잘 해결해나갈 수 있을 것으로 기대한다. 그 외에도 직방은 '소마'라는 메타버스 협업 서비스를 만들어서 전 직원뿐 아니라 다른 회사 직원들도 가상 오피스에 입주하여 근무하고 있다. 시대 흐름에 따라, 이 사업 역시 유망한 업사이드 포텐셜 중 하나다.

넷째, 직방이 제공하고 있는 서비스 분야의 시장 규모가 매우 크다는 점이다. 시장이 크다는 것은 앞서 말했던 서비스를 통해 낼 수 있는 잠재 매출 수준이 크다는 얘기다. 가정에 따라 숫자는 조금씩 달라질 수 있지만 대략적인 시장 크기는 추정해볼 수 있다. 먼저 2020년 원룸(투룸, 오피스텔, 빌라) 매매 및 전·월세 거래 규모는 약 200조 원이다. 그중에서 평균 수수료율 0.4%와 매수매도(임대임차) 양방향 수취를 가정하면 원룸 중개수수료 시장은 1조 6,000억 원에 달한다. 마케팅비 역시 15%를 가정하면 원룸 광고 시장은 약 2,400억 원으로 추산된다. 아파트는 2020년 매매 및 전월세 거래액은 총 650조 원이고 그중에서 평균 수수료율 0.4%, 0.3%와 양방향 수취를 가정하면 아파트 중개 시장 규모는 약 4조 5,000억 원이다.

현재 금리인상 등으로 인한 주택 거래가 급감하며 대외 환경이 좋지 않은 것은 사실이다. 하지만 기본적으로 사모펀드 영역는 향후 3~5년을 보고 투자한다. 장기적으로 소비자의 편익을 향상하고, 그에 따른 수익 창출이 클 것이라고 판단했다. 그리고 이렇게 큰 시장에서 압도적인

1위인 직방에 투자하는 결론에 이르게 됐다.

두 번째 사례로 다른 테크 플랫폼 스타트업과 달리 이익을 내고 있는 잡코리아 투자 건을 살펴보자. 잡코리아는 온라인 구인구직 플랫폼을 운영하고 있으며 미국 리쿠르팅 업체인 몬스터닷컴에서 국내 사모펀드 H&Q, 그리고 해외 사모펀드 어피너티에쿼티파트너스로 주인이 바뀐 기업이다. 우리는 인수금융을 제공하는 방식으로 투자에 참여했다. 인수금융은 투자자가 기업을 인수할 때 자금을 빌려주는 개념이다. 대출이기 때문에 업사이드는 막혀 있지만 담보를 잡고 일정한 이자를 정기적으로 받을 수 있기에 에쿼티(지분) 대비 안전한 투자 상품이다.

MG새마을금고가 인수금융의 대주로서 본 투자 포인트는 세 가지다.

첫째, 채용 트렌드 변화가 뚜렷하고 거시환경 역시 우호적이다. 과거와 달리 현재 채용시장은 평생직장 개념이 없어지고 개인의 이직률이 증가하고 있다. 기업들은 해마다 정기적으로 실시하는 채용을 줄이고 수시채용을 늘리고 있다. 이러한 현상이 나타나는 원인은 복합적인 이유가 있겠지만 채용 플랫폼 회사의 매출(매출 구성이 채용공고 단가P와 채용공고 수Q로 이루어진다고 볼 때 주로 Q)을 늘리는 요인이다. 즉 기업들이 채용 플랫폼 회사에 채용공고를 이전보다 더 많이 올리게 되는 것이다.

채용 시장을 넘어 거시적으로 인구 상황을 보면 베이비부머의 은퇴 및 생산가능인구가 감소하여 노동력이 부족해지고 있다. 물론 AI, 로봇 자동화 등 기술 발달로 인해 사람의 노동력이 과거에 비해 덜 필요할 수 있다. 경기가 안 좋아져 기업의 채용 수요가 줄어들 수도 있다. 하지만 국내 생산가능인구의 감소 속도는 어느 나라보다 가파르고 일할 사람은 부족하다. 전체 기업 고용의 83%를 차지하고 있는 중소기업은 지금도 구인난을 겪고 있다. 가까운 미래가 아니라 지금 당장 당면한 현실이다. 그렇다면 노동력이 필요한 기업은 구인을 위한 플랫폼에 돈을 더 많이 쓸 것이고 이 또한 채용 플랫폼에 우호적인 환경이 될 수 있다.

둘째, 네 가지 채용 플랫폼이 과점하는 시장에서 두 가지 플랫폼을 모두 보유하고 있는 경쟁력도 잡코리아의 강점이다. 채용 광고 플랫폼을 떠올리면 정규직 중심의 잡코리아와 사람인, 비정규직 아르바이트 중심의 알바몬과 알바천국이 있다. 잡코리아는 잡코리아와 알바몬을 모두 보유한 기업이다. 정규직과 비정규직, 20~40대와 10~20대, 대·중·소기업과 소상공인을 대상으로 잘 분산된 포트폴리오를 보유하고 있다. 고용 정책이 어떤 방식으로 변화하더라도 탄력적인 대응이 가능하다.

셋째, 선순환 고리 완성을 통해 높은 이익률과 우수한 현금 창출 능력을 보유하고 있다. 앞서 살펴본 직방의 선순환 고리처럼, 잡코리아에 공고가 많을수록(구인자가 채용공고를 많이 올릴수록) 구직자가 많이 들어오고, 구직자가 많이 들어올수록 채용공고는 많아진다. 이러한 선순환 구조를 확보함과 더불어 회사는 기계장비 등 많은 자산과 생산설비가 없어도 되는 모델이다. 따라서 상각전영업이익과 영업이익률이 매우 높아 현금 창출 능력이 뛰어나다. 안정적인 현금 창출은 어떤 경우에도 인수금융 이자를 감당할 수 있는 밑바탕이 된다는 점을 눈여겨봤다.

앞당겨진 미래, 시장 선점의 핵심은 사용자 편의

높은 수준의 사용자 경험을 바탕으로 다양한 금융 서비스를 제공하는 비바리퍼블리카(토스)는 시장의 우려에도 성공적으로 투자금 유치에 성공했다. 당초 기대수준보다 낮은 밸류에이션이지만 5,300억 원의 투자금을 확보하는 저력을 보였다. 2015년 간편 송금 서비스를 시작으로 이용자 수를 확보했고, 플랫폼 내 중개 및 광고 서비스, 최근에는 은행, 증권업, PG 사업을 시작하면서 종합금융 플랫폼 업체로 발돋움한 경쟁력이 MG새마을금고를 비롯한 투자자의 마음을 사로잡았다.

토스의 강점은 원앱 전략을 통한 순환 시스템 구축 및 확장 가능성이 크다는 점이다. 토스 앱은 송금, 계좌, 신용정보 등 금융 대시보드를 통하여 사용자의 앱 접속 및 사용빈도를 높이고 그들에게 은행, 증권 등 다른 서비스를 노출한다. 즉 서비스 간 교차 활성도를 높이는 전략으로 짧은 시간 안에 가입자 수 약 2,300만 명을 모았고 이는 순수 핀테크 앱으로는 국내 최고 수준이다. 특히 주목할 만한 점은 20~30대 사용자가 많다는 점인데 앱을 사용할수록 앱에 록인되기 때문에 중장기적으로 성장성이 상당하다.

차별화된 신용평가모델을 바탕으로 토스뱅크의 빠른 성장 가능성 역시 매력 포인트다. 토스뱅크는 기존 은행들처럼 연체금액, 미상환 대출 등 데이터뿐만 아니라 앱 내에서 수집 가능한 수입 지출, 요금지불, 투자 자산 등 데이터를 실시간으로 추출 및 추적해 차별화된 신용평가 모델을 갖추고 고도화하고 있다. 정부의 인허가, 막대한 자본 등 진입장벽이 있는 금융산업에서 선도기업으로 성장동력을 확보한 점이 토스의 경쟁력이자 미래로 평가된다.

코로나19는 사람들이 IT 서비스에 더 의지하도록 만들었다. 경제적으로는 역대급 유동성을 단기간에 풀리도록 했다. 테크 기업으로 유능한 인재들과 많은 돈이 몰렸고, 그들이 촘촘히 만든 서비스들은 이용자들을 끌어당겼고, 기존 시장에서 '메기 효과(막강한 경쟁자의 존재가 다른 경쟁자들의 잠재력을 끌어올리는 효과)'를 일으켰다. 신한은행의 변신이 대표적이다. 신한은행은 금융업과 전혀 관련 없는 경쟁이 치열한 배달시장에서 '땡겨요'라는 배달 앱을 출시했다. 온전히 배달만 하겠다는 것보다는 배달 앱을 통해 이용자들의 비금융 데이터 확보 등 여러 전략적 포석을 가지고 신사업에 나섰다. 중요한 것은 특히 보수적인 기존 은행들이 이러한 시도를 하는 이유가 토스와 수많은 핀테크 스타트업의 메기 효과 때문이다. 이외에도 인테리어 시장(한샘 vs 오늘의집), 도서 시장(교보문고 vs 리디), 이커머스 시장(이마트 vs 쿠팡) 등 다양한 분야에서 차별화된 경쟁력으로 테크 기업들이 기존 시장을 흔들거나 새로운 시장을 개척해 나가고 있다.

큰돈을 운용하는 기관투자자 입장에서는 테크 기업에 대한 투자는 사실 난이도가 높다. 성장성과 현재 보이지 않는 미래를 그리면서 투자를 해야 하기 때문이다. 사업이 성숙해 당장 이익을 내는 기업이라든지, 이미 많은 현금과 부동산이 있는 기업과 같이 비교적 편한 투자 대안 또한 많다. 자칫 잘못된 판단을 내리면 수백~수천억 원의 손실까지 감내야 하는 리스크가 있다. 그럼에도 테크 기업에 투자할 만한 가치가 있다. 기술이 크게 바뀌는 변곡점에서 수십~수백 배까지 성장하는 기업이 다수 나타나기 때문이다. 인터넷 시대에 네이버, 다음이 등장했고, 스마트폰을 통해 카카오를 필두로 야놀자, 토스, 직방 등 모바일 앱 기반 스타트업들이 등장했다. 스티브 잡스의 아이폰이 나온 지도 벌써 15년이 지났다.

기술은 절대 역행하지 않는다. 포스트 스마트폰의 주인공은 블록체인, 메타버스, AR·VR, AI가 될지 전혀 다른 기술이 될지 아무도 모른다. 하지만 앞서 보았듯이, 새로운 패러다임에 맞는 테크로 무장한 기업들은 계속해서 나올 것이고 우리는 그 회사의 서비스를 자연스럽게 사용하며 더 잘 먹고, 더 잘 사고, 더 잘 배우고, 더 즐길 것이다. 이러한 기술 변화에 기민하게 예측하고 대응하며, 돈이 미래를 만들어가는 곳으로 잘 흐르도록 해야 하는 것 또한 올바른 기관투자자의 역할이라고 생각한다.

09

소비의 중심, MZ세대를 잡아라

1980년대부터 2000년대 초 출생 세대를 나타내는 밀레니얼 세대와 1990년대 초부터 2000년대 중반 출생 세대를 나타내는 MZ세대를 대표하는 단어는 단연 모바일이다. 기존 컴퓨터의 인터넷을 통해 다양한 정보를 습득하여 경제활동을 하던 세대와 다르게 현재는 시간과 장소에 제약을 받지 않고 모든 활동을 모바일 기기를 통해 행한다.

MZ세대는 스마트폰을 시간과 장소의 제약 없이 자유자재로 활용하며 새로운 소비문화를 만들어내고 있다. 이들이 가는 곳이 핫 플레이스가 되고, 이들이 소비하는 것이 트렌드가 되고 있다. MZ세대들의 소비 행태를 나타내는 플렉스, 가심비, 돈쭐, 미닝아웃, 오픈런 등의 새로운 용어조차 생기고 있다.

MZ세대의 소비 트렌드를 나타내는 신조어 중 하나인 미코노미는 'Me(나)'와 'Economy(경제)'를 뜻하는 것으로, 자신의 신념이나 가치관에 따른 소비에 돈을 아끼지 않는 현상을 말한다. 기존 세대들의 소비가 가성비 위주였다면 MZ세대는 스스로를 보상하는 소비에 중점을 둔다.

예를 들어 SNS를 통해 자신의 소비를 과시하는 방향으로 전환되고 있다. 음식의 경우에는 가성비를 떠나 오마카세, 파인다이닝과 같은 고가의 음식 소비가 늘어나고 있다. 여행은 고급 호텔로의 호캉스, 스포츠는 골프, 테니스 등 고가 장비를 가져야 하는 분야가 인기다. 이들 중 일부는 타인에게 일상이나 취향을 SNS에 공유하고 부가소득까지 얻는 경제활동을 하고 있다. MZ세대에 적합한 상품을 제공하는 것이 최근 기업의 핵심 화두가 되고 있으며 사모펀드 투자에서도 중점적인 관심 영역으로 빠르게 진입했다.

아이웨어 패션의 선두주자 오렌즈

스타비젼은 2007년 박상진 대표가 개인 사업으로 시작한 콘택트렌즈 브랜드 운영사이다. 2010년 오렌즈 1호점을 오픈하며 본격적으로 성장했고, 2014년에는 패션 선글라스 브랜드인 카린도 론칭하였다. 현재 오렌즈는 전국적으로 330여 개 가맹점을 운영하고 있는 국내 최대 콘택트렌즈 브랜드사로 자리매김했다.

2018년 VIG파트너스는 젊은 층을 중심으로 콘택트렌즈의 수요가 시력 교정용을 넘어 미용 목적으로 변화하고 있다는 점에 주목해 지분 51%를 인수했다. VIG파트너스는 인수 후 먼저 콘택트렌즈 주문자위탁생산OEM 업체인 지오메디칼 지분 61%를 인수해 밸류체인 강화에 나섰다. 상품 기획 및 디자인부터 제조, 유통까지 가능해지면서 기업의 가치는 한층 높아졌다. 이후 해외 시장 진출을 목적으로 투자를 다층적으로 진행했다. 현재 오렌즈는 중국, 일본, 대만, 홍콩에 온라인몰을 확보하고 있으며 이곳의 매출은 큰 폭으로 증가하고 있다.

PS얼라이언스와 펄인베스트먼트는 MZ세대에 적합한 사업 구조를 가진 스타비젼의 성장성을 눈여겨보고 바이아웃 투자를 추진했다. 2022년 초 최초 창업자인 박상진 대표와 함께 VIG파트너스의 지분 51%를 약 2,000억 원에 인수하고자 했다. 문제는 급격한 금리 상승으로 인해 자금조달이 어려워졌다는 점이다. 이들은 MZ세대 내에 확고한 브랜드 입지를 확보한 오렌즈의 성장성을 강조하면서 새마을금고중앙회를 비롯해 다수 기관투자자의 투자 심리를 이끌어냈다.

특히 글로벌 시장의 성장성이 눈길을 끌었다. 동양인의 눈 크기 보완 및 홍채 색 차별화 욕구로 아시아-태평양APAC 지역에서의 컬러렌즈 성장이 전체 시장의 성장을 견인하고 있다. 이 중 한·중·일 3국의 비중이 90%를 넘어가고 있으며 오렌즈의 경우 자체 역직구몰과 중국, 일본 등 아시아 시장의 온라인몰 및 현지 판매법인을 확보해 빠르게 매출이 성장하고 있다.

MZ세대의 콘택트렌즈 사용 목적이 시력 교정에서 미용으로 다변화되고 있는 현시점에서 블랙핑크, 청하, 솔빈 등 다양한 K-POP 스타들을 모델로 발탁하며 성공적인 마케팅을 진행했다. 이러한 K-POP 스타들의 영향을 받은 2010년대 MZ세대들의 연령이 증가하며 고객군이 소득이 높은 30~40대로 확장되면서 원데이 및 프리미엄 상품에 대한 수요 증가로 수익성이 향상되고 있다. 최근에는 중·고등학생 사이에서 도수가 없는 컬러렌즈 착용률이 증가하며 소비 연령대의 상·하향화를 이루며 고객군 확장에 성공했다.

가심비 소비자의 수입 소고기 유통채널 오케이미트

이지스투자파트너스는 2022년 국내 수입육 유통 업체인 오케이미트를 1,400억 원에 인수했다. 전략적 투자자SI인 이마트와 다수의 재무적 투자자가 인수에 힘을 보탰다. 수입 소고기 시장은 2008년 미국 광우병 사태로 부정적 인식이 각인돼 오랜 기간 크게 위축되었으나, 최근 점차 매출이 회복되고 있다.

이런 흐름의 기반엔 MZ세대의 가심비 소비 및 셀프쿡이 자리 잡고 있다. 기존 정육점이나 마트가 아닌 온라인 채널을 통한 수요 증가로 수입 소고기 시장이 다시 성장하고 있다. 업계에서는 앞으로도 연평균 6% 수준으로 성장할 것으로 전망하고 있다.

과거 광우병 사태로 호주산 와규 중심으로 기성세대의 소비가 증가하였으며 호주산 와규 수입 1위 업체인 오케이미트는 이에 따른 성장을 이루었다. 현재는 이마트와 함께 미국산 소고기로 영역을 확대하며 미래를 대비하고 있다. 기성세대와 달리 MZ세대는 광우병 사태에 대한 부정적 인식이 크지 않으며, 가심비를 중요시하는 세대의 소비 습관으로 수입 소고기 시장 성장의 주요한 동력이 되고 있다. 가격이 비싼 한우 대비 비교적 저렴하지만 등급이 높아 맛이 비슷한 고급 호주산 와규 및 미국산 프라임급 소고기에 대한 MZ세대들의 수요가 증가하고 있다. 오케이미트는 고급 수입 소고기 유통으로 MZ세대들의 가심비 수요를 충족하고 있다.

MZ세대의 또 다른 식생활 특징은 '스스로 요리한다'는 것이다. 오케이미트는 이러한 MZ세대의 생활 특징을 눈여겨보고 자회사인 쉐프파트너를 통해 오프라인 유통채널 없이 쿠팡, 마켓컬리 등의 채널로 소비자들에게 직접 고기를 공급해 큰 성장을 이루고 있다. MZ세대들의 이러한 성향은 홈파티족, 홈쿡족이라는 신규 소비층을 형성했으며, 최근 대형마트들은 이들을 겨냥해 '미국산 소고기', '호주산 와규' 등의 대규모 할인을 통한 MZ세대를 잡기 위한 마케팅 전략도 선보이고 있다.

이지스투자파트너스는 온라인 채널 확장을 위해 B2B 고기 유통 플랫폼 업체인 미트박스의 추가 인수를 추진하고 있다. 미트박스는 식당 및 정육점과 고기 유통사들을 연결하는 B2B 고기 유통 플랫폼사다. 쿠팡, 마켓컬리 등 대형 오픈마켓의 등장과 함께 B2C 온라인 마켓이 성장했으나, B2C의 온라인 전환 대비 B2B 시장은 온라인 전환이 현저히 낮다. 다양한 정보에 대한 접근이 쉽고, 편리하고 간편하다는 인식을 기반으로 B2C 온라인 시장은 크게 성장했지만 B2B 온라인 시장은 대량 구매, 안정적인 조달, 기존 거래처와의 관계 등으로 현상 유지적 성격이 짙다. 그러나 온라인 문화에 익숙한 MZ세대들의 창업 비중이 지속적으로 늘어나면서 B2B 시장의 온라인 채널 비중이 증가하고 있다.

미트박스는 약 5만 개의 식당, 약 7,000개의 정육점을 구매회원으로 확보해 2021년 3,040억 원의 매출을 올리며 3년 만에 2배 넘는 성장을 기록했다. MZ세대의 유입으로 온라인 채널에서의 구매 현상이 짙어지면서 이들의 수혜를 입는 업체의 성장성이 두드러지고 있다. 기관투자자들 역시 자연스럽게 통 큰 투자에 나서고 있다.

MZ세대 헤어스타일링을 책임질 보다나

릴슨프라이빗에쿼티는 2022년 국내 고데기 제조 및 판매 회사인 보다나의 지분 약 70%를 창업자인 최수정 대표로부터 480억 원에 인수하고 회사 성장을 위해 추가로 약 200억 원 투자를 진행했다. 보다나는 2021년 기준 국내 1위 고데기 제조사다. 지난 3년간 매출과 영업이익 연평균성장률CAGR이 각각 35%, 46%를 기록하며 매우 빠르게 성장했다. 25년 이상의 고데기 제조 역량과 노하우를 기반으로 시장 트렌드에 맞는 제품 디자인과 기획으로 차별화된 경쟁력을 확보하였으며, 무엇보다 MZ세대를 성공적으로 공략해 시장을 선도할 수 있었다. 보다나는 네이버쇼핑 고데기 카테고리에서 다이슨과 더불어 브랜드 선호도 1~2위를 다툴 정도로 브랜드 인지도 역시 높다.

미국이나 유럽에 비해 규모가 작은 아시아 헤어스타일링 시장은 소득 및 1인 가구의 증가로 전 세계 시장의 성장을 주도하기 시작했으며, 2019년 다이슨의 진입으로 판매량이 큰 폭으로 성장했다. 보다나는 국내 브랜드 파워를 기반으로 해외 시장에 진출하며 강소기업으로 도약했다. 중국에서 선풍적인 인기를 끌며 티몰글로벌에서 2019년부터 2021년까지 매출이 252.7% 성장했다. 일본과 미국에서도 세 자릿수 성장률을 기록하며 빠르게 매출 다각화를 이뤘다.

보다나는 후발주자 브랜드이지만 MZ세대를 타깃으로 한 영업 전략으로 시장을 장악하는 데 성공했다. 보다나는 MZ세대가 자주 찾고 즐기는 채널에서 마케팅을 진행했다. MZ세대 여성들이 하고 싶어 하는 헤어스타일링 방법을 중심으로 콘텐츠를 제작했고, 오가닉한 바이럴 마케팅이 적중했다. 보다나의 글램웨이브 봉고데기 제품이 중국의 판매여왕 웨이야를 통해 생방송으로 소개되며 티몰글로벌에 성공적으로 진출했다. 판매 채널 역시 한정적으로 MZ세대가 주로 찾는 온라인 채널, 올리브영, 면세점으로 진출했다. 마케팅 채널은 페이스북, 인스타그램, 유튜브 계정 중심으로 확대했으며 MZ세대가 모여 의견을 공유하는 커뮤니티 플랫폼인 파우더룸 등에서 공동구매 및 콘텐츠 바이럴을 진행하였다. 이를 통해 보다나를 구매하는 행위가 단순히 전자제품을 구매하는 것이 아닌, 원하는 뷰티 스타일링에 대한 MZ세대의 니즈를 충족시켜주는 뷰티템으로 자리매김했다. 철저히 MZ세대를 공략한 전략으로 국내뿐 아니라 세계 시장에서도 인정받는 브랜드로 인식되면서 기관투자자들의 투자 심리를 이끌어냈다.

K-콘텐츠를 글로벌로!

〈오징어 게임〉, 〈이상한 변호사 우영우〉 등 국내 드라마가 글로벌 온라인동영상서비스OTT 시장을 강타하고 있다. 국내 시청자뿐 아니라 전 세계 사람들의 눈과 귀를 완전히 사로잡았다. 시간이 갈수록 TV보다는 모바일을 통한 OTT 시청이 보편화하고 있다. MZ세대의 시청 형태 변화는 미디어·콘텐츠 생태계 전반을 완전히 바꿔놓았다.

이런 변화 지점을 포착한 플루토스파트너스는 2022년 하반기에 M캐피탈과 옐로씨인베트스먼트와 컨소시엄을 구성해 300억 원 규모의 콘텐츠 투자 펀드 결성을 계획하고 있다. 해당 펀드에는 엠스토리허브와 엠스토리허브의 자회사인 드라마제작사 GNG프로덕션이 전략적 투자자로 출자 예정이며, MG새마을금고를 포함한 재무적 투자자가 투자를 검토 중에 있다. 엠스토리허브가 펀드에 참여한 것은 드라마 제작 시장이 빠르게 확대된 것을 몸소 체험했기 때문이다. 드라마 제작 시장은 최근 3년간 연평균 27% 수준으로 빠르게 성장하며 2020년 약 4조 원 규모로 커졌다. 베트남과 일본에서 2021년 넷플릭스 기준으로 상위 10편 중 7편이 한국 드라마가 차지할 정도로 위상도 매년 높아지고 있다. 글로벌 OTT의 확산으로 과거 인기가 있던 콘텐츠가 해외에서도 인기를 끌며 제작사의 제작비 회수율 역시 높아지고 있다. 콘텐츠 확보가 곧 경쟁력인 것을 잘 알고 있는 제작사는 후순위 투자자로 참여해 시상을 빠르게 선점하겠다는 복안을 가지고 있다.

엠스토리허브는 웹소설 및 웹툰 IP 제작 및 배급기업으로 2022년 웹툰 IP 253개, 웹소설 IP 705개를 보유하고 있다. GNG프로덕션은 과거 17년간 총 24편의 드라마를 제작했으며 〈신사와 아가씨〉, 〈붉은 단심〉, 〈삼남매가 용감하게〉 등 세 편의 흥행 드라마를 제작했다.

이들은 시장의 확대 국면에서 적극적인 사업 확장을 위해 재무적 투자자와 손을 잡았다. 실제 국내외 OTT 기업들이 앞다퉈 콘텐츠 제작 규모를 확대하고 있다. 넷플릭스는 2016~2020년 7,700억 원을 투자했으며 2021년에만 5,500억 원의 투자 계획을 발표했다. SK텔레콤은 2025년까지 1조 원을 투자해 독자 콘텐츠를 제작할 계획이며 KT, CJ ENM도 오리지널 콘텐츠를 제작할 계획이다. 엠스토리는 원천 IP 등에 집중투자를 진행할 예정이다. 특히 드라마 방영 후 유튜브 등 트랜스미디어 내 OST, 짤방, 메이커 영상 등 다양한 형태의 숏폼 영상을 제작하고 MZ세대의 성향에 맞는 PPL 커머스 상품 판매, 브랜드·캐릭터 굿즈 및 게임 출시 등 전 과정을 염두에 두고 IP를 기획해 수익 모델 다변화에 나선다는 복안이다.

MZ세대는 현재 국내 인구의 약 40%를 차지한다. MZ세대의 사회적 영향력이 점차 커지고 있는 상황에서 이들의 라이프 스타일과 소비 성향은 기업의 투자, 마케팅 전략에 큰 영향을 미치고 있는 현실이다. 앞서 투자 사례를 통해 우리가 알 수 있는 점은 오렌즈, 보다나, 오케이미트 등은 개성 있는 다양한 상품들을 효과적인 마케팅을 통해 MZ세대에 소구해 성공했다. 사모펀드 시장도 이제는 소비 트렌드를 선도하는 기업들을 집중 발굴해 투자 기회를 창출하고 국내 기업이 글로벌 시장에 진출하는 데 동반자 역할을 해야 할 시기다.

10

해외로 영토를 넓히는 기관투자자

2021년 코로나19를 극복하기 위해 글로벌 국가들은 지속하여 돈을 풀었고 넘치는 유동성은 부동산, 주식 같은 자산의 가격을 높여왔다. 개인들은 이러한 상승장에 더욱 관심을 가지며 시장을 부양시키는 데 일조했다. 그 가운데 국내 시장의 상승뿐만 아니라 글로벌 자산시장의 상승에도 눈을 넓혔고, 해외 주식시장에 대한 접근 또한 크게 증가하여 '서학개미'라는 신조어까지 등장했다. 개인에게 해외 시장은 돈을 벌 수 있는 새로운 투자처가 되었다.

기관투자자에게도 해외 시장은 좋은 투자처이다. 큰 자금을 운용하는 기관투자자는 더 좋은 투자처를 발굴하기 위해서라도 국내를 넘어 해외로 넓혀가는 것이 중요한 과제다. 지정학적 리스크, 통화 정책과 산업 규제 등은 주요 리스크로 부각되는데, 세계적인 포트폴리오 구축은 이런 위험을 낮출 수 있게 한다. 기관투자자들이 지속적으로 해외 시장에 대한 수요를 늘려온 배경이다.

하지만 해외 시장에 대한 접근은 결코 녹록지 않다. 언어적 장벽을 떠나 해외의 좋은 투자 건은 이미 그 시장 내에서 소화되기 때문에 국내 기관이 기회를 잡기는 쉽지 않다. 따라서 국내에 해외 투자 기회가 온다면 '이 투자 건이 왜 해외에서 소화되지 못하고 국내까지 자금을 조달하기 위해 왔을까'라는 선입견과 의심을 거두기 쉽지 않고 더욱 보수적으로 접근하게 된다.

따라서 개별 투자 건에 대한 투자는 국내 투자자들이 접근하기 어려운 게 현실이다. 기관투자자들이 해외 시장을 좀 더 수월하게 접근할 수 있는 방법은 블라인드 펀드 투자이다. 대규모 운용 규모와 우수한 트랙레코드를 보유한 글로벌 운용사들의 펀드에 투자를 약정하고 그들이 투자를 실행할 때 자금을 집행하는 게 안정적이다. 글로벌 운용사는 우수한 운영인력을 보유하고 있으며 여러 투자 기업을 한 펀드에 담기 때문에 포트폴리오 분산 효과를 누릴 수 있게 된다. 그렇다고 블라인드 펀드가 만병통치약은 아니다. 상대적으로 높은 수수료 구조, 운용사와 투자자 간의 정보 비대칭성, 일정금액 약정에 따른 투자 현금흐름 관리의 어려움 등이 단점으로 지적된다.

따라서 안정성과 수익성이 좋은 개별 투자 건에 투자할 수 있다면 더 구체적인 분석과 좋은 성과를 실현할 수 있다는 점에서 차별화된 성과를 낼 수 있다. MG새마을금고는 해외 개별 투자 건을 발굴하고 투자하기 위해 노력해왔고, 에쿼티 쿠션equity cushion이 있어 상대적으로 안정적으로 인수금융 해외 대출부터 시작했다. 국내에서도 해외 인수금융을 의미 있는 금액으로 검토하고 투자할 수 있다는 것을 보여줘 후속 투자를 지속적으로 발굴해 투자 영역을 넓히는 전략을 취했다. 해외 인수금융 시장은 기업의 사이즈에 따라 시장이 분류되어 있고, 금리 역시 다양하다. 이에 따라 상대적으로 좋은 투자 기회를 발굴할 수 있다.

그러나 해외 인수금융 시장의 속도를 국내 기관투자자들의 투자 절차로 따라가는 것이 쉽지 않았다. 반복되는 투자 집행으로 신뢰가 쌓이자 점차 일정에 대한 상호 논의가 가능해졌고, 국내 기관투자자들의 수요를 인지한 증권사들이 총액인수를 결정하면서 해외 인수금융시장 접근이 한층 수월해졌다. 해외 인수금융 투자가 확대되고 안정적인 이자수익 창출과 상환이 이루어지면서 해외 인수금융 투자에 대한 장벽이 다소 낮아졌다. 그리고 국내 기관들의 해외 인수금융 투자 역시 점진적으로 확대됐다.

그러나 코로나19 발발은 해외 시장 접근을 매우 어렵게 했다. 코로나19로 시장 불확실성에 대한 우려가 커지고, 국경 간 이동 제한으로 투자 검토를 위한 실사가 어려워졌다. 여기에 세계 각국 정부가 막대한 유동성을 공급하면서 2021년 인수금융시장의 금리가 한층 낮아져 기업들의 리파이낸싱이 크게 증가했다. 그 결과 그동안 투자했던 많은 인수금융 투자 건을 상환받으며 해외 투자 익스포저가 점차 감소했다.

2021년 해외 투자는 상당히 제한되었고, 신규 투자는 난이도가 한층 높아졌다. 이런 환경에서 기관투자자에게 세계 3대 골프용품 업체 테일러메이드 투자 건은 어려운 도전일 수밖에 없었다. 국내 운용사가 테일러메이드 같은 대규모 매출을 가진 글로벌 기업을 바이아웃한다는 것에 대한 시장의 우려는 상당했다. 일부 기관투자자들은 테일러메이드 인수를 추진한 센트로이드인베스트먼트의 과거 투자 이력으로만 보았을 때 '과연 첫 단추인 자금조달을 잘 해낼 수 있을까'라는 의구심을 가졌던 것도 사실이다. 하지만 테일러메이드의 기술력과 글로벌 브랜드 입지, 한국 골프 산업 활성화에 따른 성장 모멘텀 확보 기회 등 우호적인 공감대를 형성하며 투자 우군을 확보해나간 것이 국내 운용사의 조 단위 해외 바이아웃을 이뤄내는 성과로 이어졌다.

빅딜을 해낸 센트로이드인베스트먼트는 2022년 9월 콘서트골프에 투자하며 골프 산업의 외연을 확장했다. 콘서트골프파트너스는 미국 내 프리미엄 프라이빗 골프클럽을 다수 소유하고 운영하고 있다. 미국 프라이빗 골프클럽은 골프코스뿐만 아니라 테니스코트, 수영장, 연회시설을 운영하며 지역사회의 커뮤니티 공간으로서의 의미를 가진다. 국내와 달리 멤버십 수수료에 기반한 구독형 비즈니스 모델을 가지고 있다. 빅딜로 주목을 받은 센트로이드인베스트먼트는 매각 주간사가 먼저 투자 제안을 하며 해외 투자 기회를 잡게 됐다. 해외 골프 산업에 있어 주요한 인수 후보가 되는 선순환 효과가 발생한 것이다.

센트로이드인베스트먼트는 바이아웃 투자를 계획하여 글로벌 입찰에 참여했으나, 북미 사모펀드인 클리어레이크가 최종적으로 인수 대상자로 선정됐다. 센트로이드인베스트먼트는 최종 입찰에서 고배를 마시며 투자 건을 놓치는가 싶었지만 포기하지 않았고, 클리어레이크에 역으로 공동투자 제안을 했다. 콘서트골프파트너스와 테이러메이드와의 시너지 창출이 가능함을 강조하면서 클리어레이크를 설득하는데 성공했다. 골프장 밸류크리에이션Value Creation에 강점이 있는 클리어레이크의 역량과 높은 브랜드 입지를 가지고 있는 테일러메이드와의 파트너십을 통한 시너지 창출은 콘서트골프파트너스의 성장 가능성을 안정적으로 높였고, 다시금 해외 골프 자산을 포트폴리오에 담게 됐다.

골프 산업이 활성화되면서 국내 투자 자금이 이 섹터로 몰리고 있다. 다올프라이빗에쿼티(구 KTB PE)는 세계 퍼터그립 1위 업체인 슈퍼스트로크를 1,800억 원에 인수했다. 슈퍼스트로크 창업자이자 최대주주인 딩 딘먼 대표와 EG캐피탈, 파이브포인트캐피탈 등 재무적 투자자FI들이 보유한 지분을 다올PE가 인수하고 딩 딘먼 대표가 일부 지분을 재참여하는 형태로 딜 구조가 짜여졌다. 국내 전략적 투자자로 골프 거리 측정기 사업을 영위하는 보이스캐디가 참여했다.

슈퍼스트로크는 1998년 미국 미시건주 소재 골프채 그립 제조사다. 초기에는 퍼터 그립을 주로 생산했지만 현재는 드라이버, 아이언 등 14개 클럽에 부착하는 그립을 모두 만들고 있다. 2007년 당시 미국프로골프PGA 투어에 참가했던 최경주 선수가 슈퍼스트로크의 그립을 사용하고 우승하면서 국내에서도 유명세를 얻었다. 현재 PGA 투어프로의 절반에 가까운 선수가 프리미엄 퍼터 그립 브랜드를 사용해 꾸준한 수요를 창출하고 있다. 이번 딜로 슈퍼스트로크는 아시아 시장으로 확장이 가능하고, 보이스캐디는 글로벌 브랜드 확보와 골프 보조장비 유통망 공유를 통한 시너지 효과가 기대된다. 특히 전략적 투자자가 참여해 딜의 구조적 안정성이 보강되면서 기관투자자의 투자 심의에 부담감을 덜어주었다.

또 다른 해외 투자 건으로 북미 물류 중개 업체 투자 건이 있다. 코로나19로 물류대란이 일어나면서 운송 업체에 대한 중요성이 크게 부각되었다. 국내 사모펀드도 발 빠르게 투자 기회를 찾아 나섰다. 이런 그들의 레이더에 포착된 기업이 3자 물류3PL 중개역할을 하는 미주지역 전문 물류 업체 트래픽스이다. 3자 물류 중개는 화주와 운송 업체를 연결하여 약속된 장소와 시간에 물류가 제공될 수 있도록 한다. 캐다나에 위치한 트래픽스는 미국으로 영역을 확대해 높은 성장률을 보이고 있다. 캐나다와 미국의 국경 간 물류는 캐나다의 주별 통관 신고 문서의 양식과 언어가 상이하고 취급 물품에 따라 통관 신고 절차가 달라 난이도가 높다. 트래픽스는 이러한 국경 간 물류 중개를 능숙하게 처리하면서 실적이 고공성장하고 있다.

문제는 북미의 3자 물류 산업 생태계를 이해한 경영진 없이 국내 운용사만으로 사업을 영위하기 어렵다는 점이다. 결국 기존 경영진과의 신뢰와 소통이 기반이 되어야 바이아웃 딜이 가능하다. 이번 딜에서는 국유진 블랙스톤 한국 PE 대표가 기존 경영진과 한국 투자자 사이의 가교 역할을 하면서 투자가 이뤄질 수 있었다. 그는 캐나다에서 태어나 학업생활을 하며 기존 경영진과 친분관계를 가지고 있어 이 투자를 국내 운용사에게 소개해 딜을 할 수 있도록 도와줬다. 공동 운용사인 포레스트파트너스와 UTC인베스트먼트는 딜 클로징을 위한 각 운용사가 가진 역량을 십분 발휘하며 투자금 모집이라는 난관을 넘어섰다.

UTC인베스트먼트는 대상그룹의 계열사로 대상그룹과 기관투자자의 투자금 모집에서 중요한 역할을 했다. 벤처캐피탈 투자에 강점이 있는 포레스트파트너스는 기존 기업 투자자들과의 폭넓은 네트워크를 바탕으로 펀딩을 이끌어냈다. 특히 LX그룹의 물류 사업을 담당하는 LX판토스가 이번 딜에 합류했다. 포레스트파트너스가 초기 투자자로 참여해 유니콘 기업으로 도약한 글로벌 농산물 중개 플랫폼 트릿지도 투자했다. 트릿지는 북미 물류 네트워크 확보라는 전략적 포석으로 딜에 참여했다. 트래픽스는 LX판토스를 신규 고객으로 유치하고 트릿지와의 협업을 통해 플랫폼 기술력 적용을 늘이는 시너지 효과가 창출됐다.

마지막으로 진단키트 업체 랩지노믹스 바이아웃 딜이 있다. 랩지노믹스는 코로나19 시기를 거치며 진단키트 성장의 수혜를 입었다. 그러나 포스트코로나 이후 새로운 성장동력을 찾아 나서야 하는 과제가 눈앞에 놓였다. 성장 전략을 함께 논의한 루하PE의 이종훈 대표는 깊은 신뢰 관계를 바탕으로 사모펀드 업계에서는 찾아보기 어려운 제약바이오사 경영권 인수를 추진했다. 이 대표는 약사 출신으로 바이오 분야 애널리스트, SV인베스트먼트 바이오 심사역을 거치며 이 분야 최고 전문성을 갖추고 있다. 랩지노믹스 구주주와 신성장동력을 논의하던 중 경영권 매각으로 결론을 내렸다. 루하PE는 경영권 인수와 신주 발행으로 랩지노믹스의 '실탄'을 마련하고, 미국 CLIA 랩을 인수하는 해외 볼트온 Volt-on(동종업계 기업을 인수해 시장 지배력을 확대하거나 연관 업종의 사업체를 인수해 회사의 가치를 끌어올리는 전략)을 실행하는 전략을 세웠다.

CLIA는 미국 내 진단, 치료를 목적으로 임상검사를 하는 실험실을 검증하는 표준인증제도이다. CLIA 랩은 표준인증제도 수탁기관으로 해당 실험실에서 진행하는 진단 영역에 랩지노믹스의 진단 기술을 접목해 자체 개발 진단 검사 서비스를 제공한다는 전략이다. 분명한 성장 밑그림이 그려지면서 코로나19 특수를 넘어서는 잠재력을 인정받아 딜 클로징을 앞두고 있다.

국내 투자기관의 해외 프로젝트 펀드 투자는 이제 낯선 영역은 아니지만 여전히 진입장벽이 높다. 때문에 투자 회사의 사업성과 수익성 등

회계적 분석을 넘어 소싱 배경과 인수 후 운영, 성장 전략 방안, 파트너십의 신뢰까지 정성적인 부분에서 기관투자자의 공감을 이끌어내야 한다. 앞선 기업들은 우수한 수익성과 성장률을 보이는 펀더멘털과 시너지를 낼 수 있는 전략이 존재한다는 공통점이 있다. 명확한 인수 추진 배경 설명이 가능하고 국내 운용사만으로는 해외 산업과 문화에 대한 이해에 한계가 있어 이를 보완할 파트너십이 구축되어야 한다. 향후 해외 투자를 진행하려면 이런 부분을 충족하는 것이 매우 중요하다.

11

글로벌 사모펀드의 주요 M&A 톺아보기

지난 2년간 자본시장의 이목은 코로나19 이후 경제 회복이 어떤 방향으로 이뤄질지에 쏠렸다. 그 가운데 유례없는 인플레이션과 금리인상 등이 맞물리면서 다소 혼란스러운 모습이다. 2021년까지는 실질GDP 성장률 예상치를 유지하는 모습을 보였지만 2022년부터 모든 국면에서 하향 조정되고 있다. 전 세계 물가상승률은 2021년 1분기 5.9%에서 7%대 수준으로 상향 조정되며 스태그플레이션 우려마저 나타나고 있다. 연착륙을 바랐던 시장의 기대와 달리 경착륙이 이뤄지고 있는 셈이다. 미국을 포함한 주요 정부들은 통화긴축을 시행하면서 빅스텝, 자이언트스텝 등 시장에 충격을 주는 금리 정책들을 계속 발표하고 있다.

글로벌 시장은 위축되고 있지만 사모투자 시장만큼은 꿋꿋이 성장하고 있다. 2021년 말 사모투자 누적약정액AUM은 약 8조 3,160억 달러로 2020년 말 6조 4,530억 달러 대비 큰 폭으로 증가했다. 약정액 증가로 글로벌 사모펀드는 역대 최고 수준의 운용 규모 및 미소진물량(드라이파우더)이 존재하고 있는 것으로 파악된다. 2022년 상반기까지 사모펀드 투자금 모집 현황은 4,530억 달러이며 모집펀드 수는 약 960여 개를 기록했다. 2021년과 비교해 금액은 증가한 반면 펀드 수는 감소해 자금이 우수한 트랙 레코드를 보유한 중대형 사모펀드에 집중되고 있는 것으로 해석된다. 유례없는 드라이파우더를 확보한 글로벌 대형 사모펀드는 인플레이션을 포함한 시장 변동성 확대에도 2021년 바이아웃 투자금액은 8,120억 달러로 지난 10년 새 최고 수준을 기록했다. 같은 기간 평균 투자 규모도 약 6억 달러 수준으로 역대 최고 수준을 유지했다. 주요 투자 섹터는 IT(21.2%), 자동차/레저용품 등 경기소비재(18.2%), 헬스케어(16.4%) 순으로 나타났다.

이를 종합해볼 때, 글로벌 시장 변동성 확대에도 사모투자 시장은 투자집행 및 회수 시점이 중·장기적 전략에 부합한 곳에 지속적으로 투자했다. 투자집행기간이 정해져 있는 블라인드 펀드 특성상 글로벌 시장의 불확실성으로 거래절벽이 이뤄지고 있는 상황에서도 소방수 역할을 톡톡히 하고 있는 셈이다.

글로벌 시장에서 주요 빅딜 바이아웃 투자로 헬스케어 산업이 각광받고 있다. 2021년 글로벌 사모펀드인 블랙스톤, 칼라일, 헬만 앤드 프리드먼은 1967년에 설립된 미국 의료용품 시장의 1위 업체인 메드라인을 약 34조 원에 인수했다. 메드라인은 멸균 시술 트레이, 라텍스 장갑 등 의료용품 관련 약 30개 분야의 제품을 전 세계 110개 국가에서 약 50여 개의 유통센터를 통하여 제조·유통하고 있다. 헬스케어 산업 내 필수적인 제품 포트폴리오를 보유하여 글로벌 금융위기나 코로나 사태 등 시장 침체기에도 50년간 꾸준하고 안정적인 매출 성장을 보이고 있다. 사모펀드들은 메드라인의 안정적인 사업 구조를 바탕으로 자체 제품 비중 확대, 전략적 인수합병 진행 및 디지털 역량을 강화해 추가적인 가치창출을 계획하고 있는 것으로 알려졌다. 인상 깊었던 점은 억만장자로 알려진 기존 대주주 밀스 가문이 인수 후 블랙스톤 등 3개 운용사와 동일한 지분인 21%를 여전히 보유하는 구조로 딜이 이뤄졌다는 것이다. 메드라인의 핵심 요소로 평가되던 가족 경영 문화를 보존한 것이다. 글로벌 투자자들은 포스트 코로나19 이후 헬스케어 섹터의 성장성을 눈여겨보고 과감한 투자를 한 것으로 판단된다.

이런 흐름은 올해에도 지속되고 있다. 헬만 앤드 프리드먼과 베인캐피탈은 공동으로 웹 기반 의료 서비스 제공 업체인 아테나헬스를 약 23조 원에 인수했다. 아테나헬스는 클라우드 기반의 의료기록 관리 등 업무 솔루션을 제공하는 업체다. 고객 의료기관은 이 업무 솔루션을 적용해 효율성을 높일 수 있어 높은 성장성을 기록했다. 이번 바이아웃은 미국의 빠른 노령화 추세를 기반으로 기존의 전통 의료 시스템이 디지털 플랫폼으로 전환하는 것을 상징적으로 보여주었다. 이런 성장성으로 2019년 5조 7,000억 원에 아테나헬스를 인수한 사모펀드가 3년 만에 3배 이상에 세컨더리 딜로 매각한 만큼 향후에도 뭉칫돈이 이런 기업들로 향할 것으로 보인다.

스포츠 시장이 큰 북미·유럽은 바이아웃 대상으로 축구, 야구 등의 구단이 거래되기도 한다. 실제 북미 바이아웃 운용사 클리어레이크캐피탈은 야구구단 LA다저스, 농구구단 LA레이커스의 지분을 보유하고 있다. 클리어레이크는 해당 투자 전문성을 기반으로 컨소시움을 구성해 영국 프리미어리그의 명문 구단인 첼시 FC를 약 6조 달러에 인수했다. 첼시FC 딜은 자금난을 겪거나 기업 구조조정 이슈가 있는 곳에 투자하는 스페셜시추에이션 투자에 가깝다.

첼시 FC의 기존 구단주인 아브라모비치가 러시아·우크라이나 전쟁 발발로 금융제재 명단에 오르자 2022년 3월 구단 매각을 발표했다. 하나은행과 영국 부동산 재벌 닉 캔디 컨소시엄을 포함해 여러 원매자와의 경합에서 승리한 클리어레이크 컨소시엄은 축구장 재개발, 유소년·여성 팀 추가 투자 등을 통해 경쟁력을 확보할 계획으로 알려졌다. 변수가 많은 스포츠구단 운영에서 미국 LA다저스의 구단주로 성공적인 커리어를 보유한 토드 볼리와 수익을 추구해야 하는 사모펀드 운용사 클리어레이크의 동행이 어떠한 방향으로 전개될지 기대되는 부분이다.

마지막으로 2022년 초 글로벌 테크 전문 바이아웃 하우스인 토마브라보는 소프트웨어 회사인 아나플랜을 약 13조 원에 인수했다. 아나플랜은 클라우드 기반 연결 계획 플랫폼으로 재무, 영업, 공급, 마케팅 등 다양한 비즈니스 영역에 사용되는 소프트웨어 제공 업체다. 토마브라보는 아나플랜이 최근 고싱장을 기록하며 관련 시장에서 선두적인 지위와 높은 진입장벽을 구축한 점을 높이 평가해 인수한 것으로 전해진다. 주목할 점은 토마브라보가 신규 직원에게 스톡옵션을 제공했다는 사유로 계약 위반을 주장해 최초 거래대금인 약 14조 4,000억 원에서 인수가격을 1억 4,000억 원가량 낮췄다. 표면적인 사유는 계약 위반이지만 자본시장에서는 2022년에 발생한 글로벌 증시 하락 영향이 일정 부분 영향을 미친 것으로 추측하고 있다. 해당 딜뿐만 아니라 최근 국내외 사모펀드들의 M&A 거래에 주가 하락 등 시장 상황이 직·간접적으로 영향을 미치고 있는 상황으로 향후 투자 의사결정에 주요하게 고려되어야 할 부분이다.

인터뷰

조영민의 승부수, '숨은 보석' 컬러렌즈 1위 스타비젼 인수

국내 사모펀드 운용사 PS얼라이언스의 조영민 대표는 2022년 초 큰 고민에 빠졌다. 컬러렌즈 시장이라는 '숨은 보석'을 발견하고 그 시장을 이끌어가는 스타비젼을 바이아웃하기로 했을 당시만 해도 흥분에 휩싸여 있었다. 문제는 2022년 상반기 국내외 자본시장이 급격히 침체로 빠져들었다는 점이다. 미국이 역사적으로 유례없는 금리인상을 연달아 결정하는 데도 인플레이션은 잡힐 기미를 보이지 않았다. 여기에 러시아의 우크라이나 침공이 일어나면서 국제 관계도 악화일로로 치닫고 있었다. 자본시장이 가장 꺼리는 불확실성의 확대가 정치·경

제 분야에서 동시에 일어난 것이다. 자금 모집을 앞두고 있는 PS얼라이언스로는 그야말로 절망적인 환경에 직면했다. 연기금, 공제회를 비롯해 은행, 상호금융, 캐피탈사까지 신규 투자의 문을 닫고 상황을 지켜보자는 기류가 강했다. 숨은 보석을 놓칠 수 있는 위기였지만 컬러렌즈 시장의 매력만 잘 전달한다면 반전을 이룰 수 있을 것이라는 기대감도 있었다. 투자 논거를 더 탄탄히 하기 위해 전 직원이 원팀이 되어 보고서를 작성했다.

그는 첫 프레젠테이션PT 기관으로 MG새마을금고중앙회를 택했다. 국내 시장에서 '숨은 딜 메이커'로 정평이 난 새마을금고의 마음을 얻어내면 딜 클로징이 가능할 것이라는 판단에서였다. 사실 조영민 대표는 기관투자자로 잔뼈가 굵은 투자 전문가다. 국내 자본시장의 큰손 중 하나인 교직원공제회에서 10년 넘게 일하며 수많은 투자 건을 발굴하고 투자하는 데 앞장서왔다. 기관투자자의 생리를 누구보다 잘 알고 있기에 이번 투자금 모집이 결코 녹록지 않다는 것을 동물적으로 직감했다. 침체기에 잘 알려지지 않은 산업군에 투자하는 것은 기관투자자가 가장 꺼리는 일이라는 것을 알고 있었기 때문이다.

"스타비젼을 왜 주목해야 하는지 말씀드리겠습니다." 화상회의를 통해 이뤄진 PT는 총 130페이지로 구성된 투자설명서IM를 일목요연하게 전달하는 데 방점을 뒀다. 모든 발표가 끝난 뒤 새마을금고에서는 내부에서 논의한 뒤 조만간 연락하겠다는 원론적인 답변을 했다. 조영민 대표의 손에는 땀이 맺혀 있었다. 투자 베테랑인 그조차 딜의 향방을 예측하지 못할 만큼 시장은 빙하기로 접어들었다. 딱 일주일 뒤 새마을금고에서는 본격적으로 투자심의를 하겠다는 답변을 해왔다. MZ 세대를 필두로 한 새로운 소비주체가 컬러렌즈 매력에 빠져들고 있고, 글로벌 시장에서도 새롭게 주목받고 있다는 점이 전달됐던 것이다. 이후 투자금 모집이 순항하면서 국내 사모펀드 역사상 최악의 펀드레이징 시기에 굵직한 바이아웃 딜이 프로젝트 펀드로 마무리됐다.

스타비젼은 사모펀드 시장이 일찍부터 주목한 기업이다. 토종 사모펀드의 맏형 VIG파트너스는 2018년 컬러렌즈 판매 업체 스타비젼을 바이아웃했다. 스타비젼 지분 51%를 1,375억 원에 인수했다. 창업자인 박상진 대표 역시 지분 49%를 보유하면서 기업을 글로벌 회사로 키우기로 의기투합했다.

사모펀드는 왜 컬러렌즈에 빠져들었을까? 컬러렌즈는 1990년대 후반 일본에서 처음으로 등장했다. 미용과 패션에 민감한 일본은 소비자의 개성을 드러내는 데 높은 관심을 보였다. 눈 크기를 보완하거나 홍채 색을 차별화하고 싶은 요구가 산업으로 발전했다. 안경사였던 박상진 대표는 시장 변화를 빠르게 포착했다. 밀레니엄이 접어들 무렵 일본 컬러렌즈 시장의 정보를 소비자에게 꾸준히 전달하고, 직수입을 통해 판매 채널을 구축했다. 국내에 컬러렌즈를 소개한 대표적 인물이었다.

그는 컬러렌즈의 국산화에 관심을 갖고 직접 사업에 뛰어들었다. 콘택트렌즈 브랜드 오렌즈를 만들어 전국에 판매 네트워크를 구축했다. 전국 330여 개 매장을 운영하며 국내 1위 컬러렌즈 업체로 우뚝 섰다.

중소기업이지만 박상진 대표의 눈은 이미 글로벌 시장으로 향해 있었다. 글로벌 스타인 블랙핑크를 모델로 쓰면서 '걸어다니는 글로벌 광고판'을 얻는 데 성공했던 터였다. 이제 본격적으로 해외 진출을 타진할 수 있는 여건이 마련됐다. VIG파트너스로부터 외부 투자자금을 유치하면서 콘택트렌즈 주문자상표부착생산OEM 업계 2위인 지오메티컬을 인수하고 생산설비를 확장했다. 2019년에는 홍콩 1위 콘택트렌즈 판매 체인인 핑크아이콘을 인수했다. 일본에선 현지 의료기기 업체와 합작사를 설립해 시장에 뛰어들었다.

그런데 렌즈 시장은 이미 성숙기 산업이다. 세계 1위 렌즈 업체인 프랑스 에실로, 미국 존슨앤드존슨 등 글로벌 기업이 시장을 완전히 장악했다. 글로벌 콘택트렌즈 시장 역시 향후 5년간 연평균 6.4%의 성장률을 기록할 것으로 예측된다. 이르면 3년, 늦어도 5년 내 투자금을 회수해야 하는 사모펀드 업계 입장에서는 그리 매력적이지 않은 섹터다. 렌즈 시장하면 꾸준한 현금 창출이 가능하지만 매력적인 투자처는 아니라는 인식이 투자 업계에서 공감대를 얻고 있는 이유다. 여기에 스타비젼은 코로나19 시기에 매출 1,005억 원, 영업이익 225억 원을 올렸다. 창사 이래 최고 실적이었다. 그러나 마스크를 써야 하는 시기에 패션을 드러낼 수 있는 컬러렌즈가 주목을 받았다는 인식이 팽배했다. 당장 코로나19 특수로 피크아웃peak out을 찍은 시점에 신규 투자를 하는 것은 무리라는 우려가 나왔다.

조영민 대표는 성장기에 진입한 컬러렌즈 시장의 잠재력을 눈여겨봤다. 2017년 3조 3,000억 원이던 컬러렌즈 시장은 2021년 4조 7,000억 원으로 42% 커졌다. 컬러렌즈의 대중화가 점차 이뤄지면서 시장 성장률은 더욱 높아지고 있다. 업계에 따르면 2026년까지 8조 9,000억 원으로 90%가량 확대될 전망이다. 동양인의 특성상 눈 크기 보완과 홍채 색 차별화가 하나의 패션으로 급부상한 덕분이다. 최근에는 이슬람에서조차 인기를 끌고 있다. 눈을 빼고 얼굴을 가리는 히잡문화의 특성으로 컬러렌즈가 패션 아이템으로 각광받고 있다. 시장 규모는 크지 않지만 글로벌 경쟁력이 있음을 입증한 것이다.

MZ세대의 니즈와도 맞아떨어진다. MZ세대는 가성비보다는 가심비에 무게를 두는 소비성향을 지녔다. 명품 소비의 신흥 주체로 떠오를 만큼 지갑 열기를 두려워하지 않는다. 미용, 패션에 차별화를 둘 수 있는 컬러렌즈는 이들의 가심비를 충족하는 상품으로 떠오르고 있다. 조영민 대표는 "컬러렌즈는 안 쓴 사람은 있어도 한 번 쓴 사람은 계속 쓴다"며 "패션의 완성이 컬러렌즈로 정착되면서 구조적 성장기에 돌입했다"고 말했다.

시장 형성의 시기를 지나 성장 초입으로 접근하는 시장은 사모펀드가 가장 선호하는 섹터다. 이런 조건을 스타비젼은 완전히 갖추고 있다. 여기에 상품 차별화 경쟁력은 진입장벽을 형성하게 만들어줬다. 스타비젼은 생산, 판매, 유통을 연결한 밸류체인을 완전히 구축했다. 자체 PB 상품을 만들어 소비자에게 판매하고 다시 피드백을 통해 탄력적으로 주력 상품을 만들어낸다. 선순환 삼각형이 구축되면서 압도적인 상품 경쟁력을 확보했다. 특히 렌즈는 의료기기로 분류된다. 이

때문에 콘택트렌즈는 안경사가 상주한 오프라인 매장에서만 판매가 가능하다. 전자상거래 거래가 불가능하다. PB 상품을 통한 시장 장악은 밸류체인을 구축한 기업만이 가능하다. 스타비젼이 이 시장의 공룡이 되는 것은 결국 시간문제다.

조영민 대표의 선구안은 이미 숫자로 증명되고 있다. 2022년 9월 말 스타비젼의 상각전영업이익은 2021년 한해 실적(270억 원)을 넘어선 약 280억 원에 달한다. 컬러렌즈 특성상 연말에 소비가 몰린다는 점에서 실적은 최대치를 훌쩍 넘길 것으로 기대된다. 경기 침체가 본격화된 시점에서 이룬 성과라 더욱 가치 있다. 2023년은 어떨까. 해외 수출 물량은 이미 쇼티지(부족 현상)가 이어지고 있다. 이것만으로도 구조적 성장기가 지속적으로 이뤄질 것임을 암시한다. 그는 생산설비 투자를 확대해 스타비젼의 글로벌 시장 공략에 더욱 힘을 싣겠다는 복안이다. 니치마켓(틈새시장)의 강소기업은 언제나 그렇듯 가장 매력적인 투자처다. MZ세대가 주목한 시장을 빠르게 관찰하고 과감하게 인수한 PS얼라이언스는 올해 가장 의미 있는 바이아웃 딜을 한 하우스로 거듭났다. PS얼라이언스와 스타비젼이 그려나갈 성장 스토리가 어떨지 벌써부터 기대된다.

3장

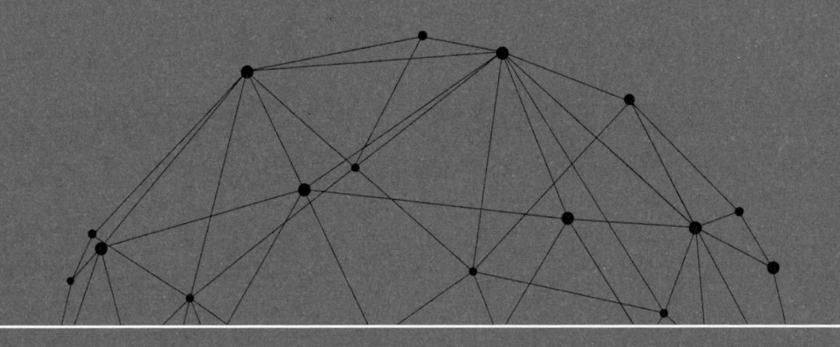

2022년 기업들이 주목한 M&A 대상

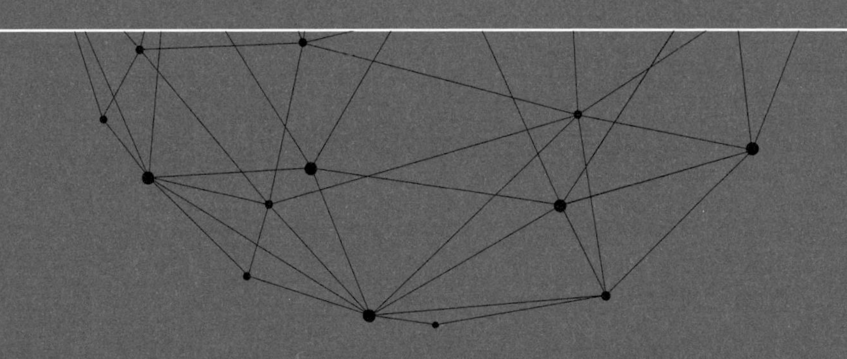

12

사모펀드 육성 기업으로 성장동력 찾는 기업들

흔히 기업은 살아있는 생물이라고 얘기한다. 내부적인 환경 변화에서 오는 의사결정뿐만 아니라 외부환경 변화의 적응 정도에 따라 성장과 퇴보의 갈림길에 선다. 성장하는 기업은 일반적으로 안정적인 사업에서 창출하는 이익을 수익 다변화를 위해 투자에 사용한다. 산업 트렌드 변화 속도가 점점 빨라지고 잦아지는 4차 산업혁명 시대에는 이런 기업의 생존 우위가 확고하게 나타난다. 그리고 이런 기업이 M&A를 영리하게 활용할 줄 안다.

최근 그룹사들은 M&A를 통해 기업의 체질을 바꾸고 신성장동력을 발굴하고 있다. 최근 몇 년 '선택과 집중'으로 비핵심 계열사를 정리한 LG그룹은 미래투자팀을 신설하여 전문인력을 보강했다. 현대차는 자율주행, 로봇 등 미래차 분야의 글로벌 투자를 검토하고 있으며, 삼성전자는 ARM 인수 검토로 자본시장에 다시금 복귀할 것이라는 이야기가 들리고 있다. 롯데그룹은 신성장 먹거리를 찾기 위해 이차전지 관련 사업에 대한 관심을 드러내며 스카이레이크PE가 솔루스첨단소재(구 두산솔루스)를 인수하는 펀드에 투자한 데다 최근에는 일진머티리즈를 2조 7,000억 원에 인수했다. GS그룹은 2021년 메쉬코리아, 요기요, 휴젤에 투자하며 적극적인 M&A 행보를 이어가고 있다.

그룹사의 체질 개선 열망에도 시장 환경은 점차 악화되고 있다. 매일경제 2022년 3분기 리그테이블 결산에 따르면 2021년 3분기 M&A 시장 규모는 21조 4,700억 원에서 2022년 3분기 7조 1,199억 원으로 3분의 1 수준으로 축소됐다. 불안한 거시경제로 투자기관들은 자금 인출을 줄이고 주식시장의 침체는 매도자와 매수자 간 밸류에이션 괴리 폭을 넓히고 있다.

2021년은 넘치는 유동성과 주식시장의 활황으로 많은 사모펀드가 IPO를 통해 투자금을 회수할 수 있었다. 그러나 인플레이션과 고환율, 저성장 국면에서 IPO를 통한 회수 전략은 쉽지 않은 선택지가 되고 있다. 이러한 시장환경에서 M&A 시장은 기업의 비중이 점차 확대되고 있다. 사모펀드 투자를 할 때 투자 가격, 투자 구조, 운영 전략 등 못지않게 중요하게 판단하는 부분이 투자금 회수 전략이다.

대상 회사가 IPO를 통해 자금을 회수할 수 있는 사업을 영위하는지 또는 해당 회사의 사업에 시너지를 구축할 수 있는 기업군이 있는지, 우수한 현금 창출력을 매력으로 또다시 펀드에 매각할 만한 역량이 있는지를 두루 살펴본다. 이 중 IPO 선택지는 향후 몇 년간 유의미한 답안이 되기 어렵다는 게 중론이다. 따라서 투자 대상 회사를 매력적인 매물로 볼 만한 기업들의 M&A가 사모펀드 시장의 유의미한 투자금 회수 선택지일 수밖에 없다.

불확실성 낮은 매물에 '눈독'

그럼 기업의 입장에서는 어떨까. 기업의 입장에서는 사업 다각화나 시너지 효과를 위해 기업을 인수하지만 여전히 불확실성을 최소화는 데 많은 노력을 한다. 과거 무리한 문어발식 확장으로 그룹이 도미노로 무너진 뼈아픈 경험을 공유하고 있기 때문이다. 불확실성은 사업적인 불확실성과 함께 법률적·회계적 리스크 같은 내부통제 리스크까지 포함한다. 이러한 리스크들이 어느 정도 검증되고 관리되어온 회사를 인수할 수 있다는 것은 인수자 입장에서는 상당한 매력 지점이다. 사모펀드가 투자하고 운용한 회사들은 이러한 측면에서 검증 기준을 통과했다.

기관투자자들이 투자하는 프로세스를 간략히 살펴보면 더 와닿을 수 있다. 운용사에서 딜 소싱 후 실사 및 투자 제안에 이르기까지 다양한 자료를 준비하고 자체적으로 검토·보완하는 작업을 반복한다. 실사는 회계·법률실사가 이뤄지고 추가적으로 전략실사, 가치평가실사가 수반되기도 한다. 이러한 자료들은 투자금 모집 과정에서 기관투자자에게 검토되고 투자심사위원회에서 여러 단계 절차를 결쳐 다양한 의사결정을 거치게 된다. 이 과정에서 중차대한 문제가 발견된다면 검토가 중단되기도 하지만, 보완 가능하고 개선할 수 있다면 인수가격 조정 또는 구조적 보완을 통해 해결한다. 운용사는 인수 이후 안정적인 시스템을 구축하고 리스크를 최소화하는 방향으로 포트폴리오 기업을 운영해 안정적인 기업으로 탈바꿈해낸다.

이런 장점 때문에 지난 몇 년간 사모펀드가 보유한 기업을 그룹사에서 인수하는 사례가 늘어나고 있다. 초고속 전기차 충전기를 생산하는

SK시그넷(구 시그넷이브이)은 리오인베스트먼트에 의해 투자된 후 ㈜SK에 구주 일부 매각 및 신주 투자를 받아 SK그룹의 계열사가 되었다. 투자 당시 제품의 하자 문제로 우발채무 등 재무적 어려움이 있었지만 리오인베스트먼트의 투자를 받은 후 우량기업으로 거듭났다. IMM PE가 투자했던 대한전선, W컨셉, 할리스커피는 각각 호반그룹, 신세계그룹, KG그룹에 매각됐다. 대한전선은 초고압케이블을 생산하는 우량기업이었지만 사업 다각화를 위한 무리한 확장으로 재무 부담이 과중되면서 채권단 관리하의 구조조정에 착수했다. IMM PE는 대한전선을 인수해 우발채무 해소와 초고압케이블 사업에 집중하며 안정적 관리에 나섰다. 아울러 성숙기에 접어든 국내 시장을 벗어나 해외 진출을 통해 위한 수주를 통해 성장성을 확보했다. 호반그룹은 사업 다각화 측면에서 이미 검증이 끝난 대한전선을 인수했다.

IMM PE는 플랫폼 비즈니스로 전환하는 시대에 접어들었다고 판단해 적자 기업이던 W컨셉을 사들였다. 20대 중반부터 30대 후반 여성들의 패션 플랫폼으로 독보적인 입지를 구축하였으며 신진 디자이너 브랜드와 여성 수요자의 연결고리 역할을 수행해 경쟁력이 있다고 판단했다. 신세계그룹은 온오프라인 유통사업 확대를 위한 플랫폼 업체의 M&A에 큰 관심을 보였다. 신세계그룹은 매출이 급성장하고 패션 플랫폼의 입지를 다진 W컨셉을 2,650억 원에 사들였다.

IMM PE의 또 다른 포트폴리오 기업인 할리스커피는 KG그룹에 매각됐다. KG그룹은 다양한 M&A로 성장한 기업이다. 화학비료 사업을 하는 KG케미칼(구 경기화학)을 모태로 KG ETS, 이데일리, KG이니시스,

KFC, KG스틸 등 다양한 산업의 기업들을 인수해 '투자의 귀재'로 정평이 나 있다. 최근에는 쌍용차를 인수하며 공시대상기업집단으로 지정돼 명실상부 대기업으로 도약했다. KG그룹은 햄버거 프랜차이즈 기업 KFC를 인수해 흑자 기업으로 턴어라운드한 노하우를 가지고 있다. 매장 효율화가 이뤄진 할리스커피를 자체 운영 노하우를 접목해 성장시킬 수 있다는 자신감이 인수까지 이어진 것으로 보인다.

KG그룹은 오랜 기간 M&A를 수행해오며 특유의 경쟁력을 주요 인수 전략으로 내세우고 있다. 과거 KG스틸(구 동부제철) 딜을 검토할 당시 KG그룹과 만나 논의를 진행한 적이 있다. KG 측에서는 비용 효율화만큼은 정말 자신 있다는 점을 여러 차례 강조했다. 그런 역량이 KFC를 턴어라운드로 이끌었고, 향후 KG스틸을 캐시 카우 기업으로 바꿔놓을 것이라고 자신했다. 실제 동부제철은 KG그룹 인수 후 적자 기업에서 3,000억 원의 영업이익을 내는 기업으로 변모했다. 이런 역량을 지닌 그룹도 사모펀드의 포트폴리오 기업이 매력적으로 비춰진 것이다.

그룹 미래 선점을 위한 바이아웃 추진

사모펀드가 투자한 기업에 대한 그룹사의 M&A 흐름은 2022년에도 지속되고 있다. 정유 및 에너지, 유통 사업 중심의 GS그룹은 사업 다각화를 추진하고 있는데 핵심 분야로 바이오 사업을 낙점했다. 첫 행보로 다국적 재무적 투자자와 컨소시엄을 구성해 보톡스 기업 휴젤을 1조 5,887억 원에 인수했다. 컨소시엄에는 국내 사모펀드 운용사 IMM인베스트먼트와 싱가포르의 헬스케어 투자 펀드 CBC그룹, 중국의 국부펀드인 무바달라인베스트먼트이 참여했다. CBC그룹과 GS그룹 임원들은 휴젤의 사내이사로 선임되었으며 경영은 GS그룹이 이끌고 있다. 휴젤은 보톨리눔 톡신이라는 성형시술용 주사제를 생산하는 국내 시장점유 1위 회사로 베인캐피탈이 대주주였다. 시장의 유력 잠재 매물로 이름을 올리고 있었는데, GS그룹의 높은 인수 의지로 주인이 바뀌었다. 대어급 매물을 잡은 GS 측은 3D 구강스캐너 업체인 메디트로 눈을 돌렸다.

국내 사모펀드인 유니슨캐피탈이 인수한 메디트는 치과 보형물을 대체하는 3D 스캐너를 개발해 세계 시장을 선점한 국내 강소기업이다. 3D 스캐너 장비의 신속, 정확, 위생적 측면뿐만 아니라 3D 스캐닝을 통해 축적된 데이터까지 활용할 수 있어 사업 확장이 용이하다. 사모펀드가 글로벌 네트워크를 활용해 성장성을 극대화하면서 국내외 원매자들이 치열한 인수 경쟁을 펼쳤다. GS그룹은 글로벌 사모펀드 칼라일과 손잡고 3조 원을 베팅해 우선협상대상자로 선정됐지만 다시 경쟁입찰로 선회했다.

마지막까지 향방은 오리무중이지만 적어도 GS그룹은 향후 헬스케어 산업의 신흥 강자로 떠오를 수 있는 발판을 마련했다. 사모펀드가 키운 알짜 기업들을 통해 안정적으로 신사업 진출을 이룬 셈이다. 한편 유니슨캐피탈은 기업가치 6,400억 원에 경영권을 인수한 지 3년 만에 5배 가까운 금액에 매도할 가능성이 한층 커졌다.

LX그룹은 2021년 LG그룹으로부터 독립해 홀로서기에 나섰다. 고 구본무 회장의 동생 구본준 LX 회장이 LG그룹 장자 승계 및 계열 분리 전통에 따라 계열사들과 함께 독립한 것이다. 현재 LX인터내셔널, LX하우시스, LX세미콘, LX판토스 등의 계열사를 보유하고 있다. 새로운 출발을 한 LX그룹은 LG그룹과의 높은 거래비중을 낮추면서 새로운 성장 동력 확보의 필요성이 대두되었다. 그룹 계열사가 전방위적으로 M&A 시장에 뛰어든 이유다.

LX판토스는 앞서 언급한 북미 3PL 물류 기업 트래픽스 인수에 투자자로 참여했다. LX인터내셔널은 DL에너지가 보유하고 있던 바이오매스 발전소를 운영하는 포승그린파워를 인수했다. 아울러 글랜우드PE가 보유하고 있던 한국유리공업을 인수하여 공정위로부터 기업결합 심사를 받고 있다. 한국유리공업은 KCC글라스와 국내 판유리 시장을 과점하고 있는 기업이다. LX하우시스는 한국유리공업의 판유리를 공급받아 즉각 시너지를 낼 수 있다. 안정적인 현금흐름 창출이 가능하고 계열사 간 시너지 창출이 가능하다는 측면에서 글랜우드PE가 잘 성장시킨 한국유리공업을 매력적인 매물로 판단한 것이다. LX그룹은 한국유리공업을 인수하면서 KCC글라스와 경쟁 업체가 됐다.

재미있는 건 LX그룹과 KCC그룹이 같은 산업 내 M&A를 통한 경쟁 강화가 있었다는 점이다. KCC그룹은 2022년 초 사모펀드로부터 신한벽지를 인수했다. 카무르PE의 포트폴리오 기업으로 LX하우시스, 개나리벽지와 시장을 과점하고 있었다. KCC는 한샘, LX하우시스를 상대로 국내 인테리어 시장에서 경쟁하고 있어 인테리어 사업 역량 강화 측면에서 신한벽지를 인수했다. LX와 KCC는 신규 시장 진출을 위해 사모펀드로부터 기업을 인수했는데, 판유리와 벽지 시장의 경쟁 업체를 매수하면서 묘한 라이벌 관계가 만들어졌다는 평가다.

최근 M&A 시장에서 언급되는 기업 중 그동안 잘 거론되지 않았던 농심이 급격히 부각되고 있다. 농심은 카무르PE가 매각을 추진 중인 천호엔케어 인수전에 뛰어들었다. 천호엔케어는 카무르PE에게는 애증의 포트폴리오 기업이다. 건강기능식품을 생산하고 판매하는 천호엔케어는 카무르파트너스에서 분사하기 전에 2015년 지분 49%를 매입하여 투자한 이후 창업주의 촛불시위 비하 논란, 가짜 백수오 사태, 가짜 홍삼 파동으로 진통을 겪었다. 오너 리스크가 사모펀드의 발목을 잡은 것이다. 하지만 카무르PE는 2018년 추가 지분을 매입하며 최대주주가 되고 사업 안정화를 이끌었다.

2022년 초 김영식 전 천호식품 회장의 장남인 김지안 전 사장이 보유하던 지분을 추가 매입해 기존 오너와의 리스크를 절연시킨 모양새다. 많은 우여곡절 끝에 안정화시킨 회사에 다시 오너 리스크가 언급되는 것은 카무르PE 입장에서는 부담이기에 깔끔한 정리가 필요했을 것이다. 천호엔케어 매각이 진행되면서 적격예비인수후보(숏트리스트)를 추리는 과정에 농심이 등장해 시장의 관심을 받았다.

농심은 그동안 M&A 시장에서 잘 거론되지 않던 기업이다. 그러나 농심을 잘 들여다보면 그 사정이 이해가 간다. 농심은 식품사업 중 스낵과 라면이 매출의 대부분을 차지하고 있다. 그중 국내 라면시장의 1위 지위를 바탕으로 항상 풍부한 현금을 보유한 회사다. 그러나 라면 매출이 차지하는 비중이 압도적이고 경쟁 업체와의 경쟁 강화, 원자재 가격 인상 변동성에 노출되어 있다. 농심 입장에서는 사업 다각화에 대한 고민이 있을 수밖에 없다. 건기식은 그러한 사업 다각화 중 하나이다. 그동안 농심은 건기식 진출을 위해 도전해왔지만 의미 있는 성과를 도출하지 못했다.

2021년 7월부터 농심을 이끌고 있는 신동원 회장의 사업 다각화 목표가 천호엔케어에 대한 관심으로 이어진 것으로 보인다. 여러 부침이 있었지만 사모펀드PE의 안정화 노력을 통한 체질 개선 그리고 천호엔케어가 보유하고 있는 생산설비, 점차 확대되고 있는 해외 매출 등이 농심의 첫 대규모 M&A로 이어질지 시장의 관심이 컸다. 하지만 최근 보도에 따르면 매각가격에 대한 이견으로 농심의 대규모 M&A는 이뤄지지 못한 것으로 보인다. 비록 M&A가 성사되지는 않았지만 사업 다각화라는 목적을 지닌 농심이 M&A 시장에 출현한 만큼 향후 사모펀드가 가진 알짜 기업들과 어떤 인연으로 맺어질지도 기대된다.

국내 자본시장에서 사모펀드 규모가 점차 커지면서 그들의 역할은 점점 중요해지고 있으며 좋은 순환구조를 형성해가고 있다. 기술력과 사업성을 가진 강소, 중견기업들을 발굴하고 때로는 그들의 재무 치료사 역할을 하거나, 엄격한 관리자 역할을 하여 기업을 더 강하게 진화시킨다. 급격하게 성장하는 회사의 안내자 역할을 하기도 하고, 사업 전략의 구상자가 되어 기업을 키워나간다. 이러한 사모펀드의 역할은 사업 다각화, 외연 확대, 안정적인 현금흐름 창출 사업에 대한 수요 등 기업들의 M&A 수요와 맞물려 자금의 흐름과 산업 발전에 좋은 순환을 일으킨다.

2022년 소용돌이치는 거시적 환경에서도 사모펀드가 보유한 알짜 기업에 대한 M&A는 지속되고 있다. 사모펀드는 기업을 인수한 후 높은 가격으로 매각하여 수익을 수취한다는 단순한 목적으로 움직이는 것이 아니다. 오히려 기업을 인수한 후 성장시키고 단련시키는 역할을 하여 그 기업의 가치를 높인다. 그리고 이를 알아주고 더 성장시킬 수 있는 인수자에게 매각하는 과정에서 자연히 수익도 따라오는 것이 사모펀드가 추구하는 섭리이다. 이러한 과정이 내년에도 내후년에도 계속되어 사모펀드와 투자되는 기업 그리고 이를 인수하는 기업 간의 선순환이 국내 산업의 발전으로 계속 이어져나가길 기대한다.

13

"국내는 좁다" 해외로 눈 돌린 기업들

4차 산업혁명과 앤데믹(감염병의 풍토병화) 시대가 맞물리면서 산업 전환의 속도가 한층 빨라지고 있다. 글로벌 거버넌스 측면에서는 환경 위기 등 인류의 생존을 위협하는 복합위기가 찾아오면서 ESG(환경·사회·지배구조)로의 체질 변화를 주문하는 목소리가 커지고 있다. 전기차 시대의 도래로 내연기관의 시대가 조만간 종말을 고할 수 있다는 진단이 나올 만큼 산업 생태계의 변화는 숨 가쁘게 진행되고 있다.

국내 주요 기업들은 생존의 위기를 느끼며 오랜 침묵을 깨고 기업가의 야성적 충동animal spirit을 되살리고 있다. M&A 본능을 되살려 전략적으로 새로운 그룹의 먹거리를 찾는 데 열중하고 있다. 삼성, 현대자동차그룹, SK그룹, LG그룹, 롯데그룹 등 10대 대기업 그룹이 발표한 향후 투자금액만 500조 원을 넘어선다.

이를 반도체·배터리·바이오·자율주행·인공지능·항공우주 등 미래 먹거리 분야에 집중투자한다는 밑그림을 그렸다. 그리고 그 중심엔 해외 우량기업들을 사들이는 크로스보더(국경 간 거래) 딜이 있다.

지배력·시너지 확대를 위한 기업들의 크로스보더

국내 1위 기업 삼성은 M&A 시장에서 다소 소극적인 모습을 보여왔다. 현금 100조 원이 넘는 실탄이 마련되어 있지만 2016년 오디오 전문기업 하만을 80억 달러(약 9조 4,000억 원)에 인수한 뒤 한동안 전략적 행보는 보이지 않았다. 그러나 최근 바이오 분야에서 굵직한 행보를 보여줬다. 삼성바이오로직스는 미국 바이오젠이 보유하고 있는 삼성바이오에피스 지분 50%를 약 2조 8,000억 원에 사들이며 완전 자회사로 전환했다. 삼성은 앞으로 바이오 분야에 10조 원 이상을 투입할 예정이다. 이런 움직임은 글로벌 팹리스 기업 ARM 인수설로 확대되면서 삼성전자가 M&A 시장에 복귀할 것이라는 기대감을 키우고 있다. '국내는 좁다'고 느끼는 삼성전자는 세계 유수 업체를 잠재 인수 대상으로 삼고, 향후 크로스보더 딜을 통한 미래 전략 산업 육성을 한층 가시화할 것이다.

중견 그룹도 적극 움직이고 있다. LS그룹은 일본 합작법인 JKJS(한일공동제련)가 절반가량의 지분을 보유한 동제련 업체 LS니꼬동제련을 완전 자회사로 편입했다. 일본 합작회사인 JK금속(니꼬) 컨소시엄이 보유한 LS니꼬동제련 지분 49.9%를 9,331억 원에 전량 인수했다. 그룹 크기에 비해 자금 소요가 커 국내 사모펀드 운용사 JKL파트너스의 도움을 받았다. 지주사인 LS가 발행하는 교환사채EB 4,706억 원을 JKL파트너스가 인수하면서 실탄을 제공했다. LS니꼬동제련은 한해 매출이 10조 원이 넘을 만큼 알짜 회사로 꼽힌다.

협력사의 지분을 인수하는 것을 넘어 기존 산업과의 시너지 확대를 위한 크로스보더 딜도 2022년 활발했다. DL그룹은 미국 대형 화학사인 크레이튼을 약 2조 원에 인수했다. DL은 2020년 약 6,200억 원에 카리플렉스(합성수지고무 사업부)를 인수한데 이어 그 모회사까지 삼켰다. DL케미칼이 영위하는 석유화학 분야를 글로벌 수준까지 끌어올리기 위해 새우가 고래를 삼키는 M&A를 결정했다. 네이버 역시 북미 최대 패션 소비자대소비자C2C 커뮤니티 포쉬마크를 약 2조 3,000억 원에 인수했다.

네이버는 물론이고 국내 IT 업계를 통틀어서도 역대 최고 금액의 거래다. 특히 환율이 급등하면서 크로스보더 딜에 부담이 커진 2022년 하반기에 딜을 성사시키면서 인수가격이 높아졌지만, 글로벌 시장 개척을 위해 최대 승부수를 띄었다. 미국판 당근마켓으로 불리는 포쉬마크 인수는 버티컬 플랫폼으로의 진화가 빨라지고 있는 글로벌 C2C 시장에 선제적으로 대응하기 위한 포석이다.

CJ는 콘텐츠 분야 강화를 위해 미국 제작사 엔데버 콘텐트를 9,200억 원에 인수했다. 이 회사는 우리에게 익숙한 아카데미 수장작 〈라라랜드〉를 제작한 곳이다. 이번 인수는 북미, 남미, 유럽 등 글로벌 콘텐츠를 확보할 수 있는 거점 마련을 위한 포석이었다. 특히 국내 방송 산업 매출(22조 원)보다 10배가량 큰 미국 방송영상시장(221조 원) 진출이 가능하다는 점에서 큰 성장성을 이룰 수 있는 기회를 잡게 될 것이다.

대기업의 프리미엄 브랜드 강화를 위한 크로스보더 딜도 눈에 띄었다. 신세계그룹은 부동산 종합 개발사 신세계프라퍼티를 통해 미국 와이너리 쉐이퍼 빈야드를 약 3,000억 원에 인수했다. 신세계는 향후 쉐이퍼 빈야드를 활용해 신세계엘앤비의 자체 주류 브랜드 와인앤모어 강화에 나선다는 복안이다. 자체 브랜드 강화와 부동산 투자라는 두 마리 토끼를 잡겠다는 속내도 있다.

국내 기업들이 크로스보더 딜에 적극적인 것은 새로운 먹거리를 창출하지 않으면 낙오될 수 있다는 두려움이 자리 잡고 있다. 4차 산업혁명과 엔데믹은 기존 경제·사회·문화 질서를 완전히 바꿔놓았다. 르네상스 이후 '태양이 지지 않는 제국'이라 불린 스페인과 영국은 패권의 전환 속에서 그 위상이 크게 달라졌다. 기존 산업 영역에 안주해서는 몰락할 것이라는 공감대가 국내 기업에 퍼져 있다. 전략적 M&A는 다음 한 세대의 기업 운명을 결정짓는 행보다. 끓는 물속에서 서서히 죽어가는 개구리에서 벗어난 것은 고무적인 일이다. 결국 얼마나 유의미한 M&A를 했는지가 향후 결과를 가늠할 것이다.

ESG의 해답은 해외에 있다

'착한 기업'은 기업 이미지를 개선하는 광고적 의미 이상이 아니었다. 기업의 존재 의의가 선악이라는 도덕적 명제가 아닌, 이윤 창출이라는 목적론에 기반하기 때문이었다. 석탄·석유·가스 등 기후변화의 주범인 화석연료 사업, 담배나 술, 무기 등 사회적으로 부정적인 영향을 미칠 수 있는 이른바 '죄악주'로 분류되는 상장기업은 온갖 불명예에도 막대한 수익을 창출해왔고, 사회적으로 성공한 기업으로 평가받았다.

그러나 밀레니엄 시대가 지나가던 길목에 전혀 다른 상황에 직면하게 되었다. 더 이상 사회적 책임을 지지 않는 기업은 자본시장에서 살아남기 어렵다는 경고가 유럽을 넘어 전 세계적으로 확산됐다. 환경·사회·지배구조ESG 경영을 따져 지속 가능한 비즈니스 모델을 구축한 기업에만 투자하는 펀드들이 몸집을 키웠다. 그리고 세계적 연기금, 투자은행 등이 ESG에 부합하지 않은 기업에 투자하지 않는 기조가 강화되고 있다. 국내에서도 국민연금을 시작으로 공제회, 은행 등이 이런 흐름에 동참하고 있다. MG새마을금고 역시 ESG 기준을 매년 강화하는 추세다.

그렇다고 기업의 존재가치인 이윤 창출 없이 ESG를 추구할 수는 없는 노릇이다. 과거 한 고위 로펌 관계자로부터 이런 이야기를 들었다. 10년 전부터 사회적 기업 활동을 강화하는 모 그룹 회장에게 "이렇게 착한 기업에 몰두하는 이유가 무엇이냐"라고 묻자 "기업인의 목적은 단 한 가지, 돈을 벌기 위해서죠"라는 답이 돌아왔다. 선견지명을 가진 이 그룹은 ESG에 앞서게 되었고, 경쟁력은 계속 강화되고 있다. 그런데 다수의 국내 기업은 ESG 시대에 걸맞지 않은 옷을 입고 있다. 빠르게 변화하는 시대에 조응하기 위해서는 옷을 수선하거나 새로 재봉하는 것이 아니라 사들이는 게 정답이다. 최근 M&A 시장에서 ESG 기업들의 몸값이 치솟고 있는 이유다.

2년 전 M&A 시장의 핫 섹터가 된 폐기물 시장이 대표적이다. SK그룹을 비롯해 태영그룹, 아이에스동서 등이 국내 폐기물 업체를 경쟁적으로 사들이며 분할 점유되어 있던 시장이 3강 체제로 재편됐다. 다른 환경업 분야도 크게 다르지 않다. 국내에서 더 이상 ESG 기업을 사들이기 어렵게 되자 국내 기업들이 해외로 눈을 돌리고 있다. SK에코플랜트는 싱가포르 1위 전기·전자 폐기물 기업인 테스를 1조 2,000억 원에 인수했다. 동남아 시장 공략을 위해 싱가포르와 맞닿아 있는 말레이시아의 폐기물 업체 센비로를 1,270억 원에 인수하며 크로스보더 딜에 적극 뛰어들었다.

SK에코플랜트는 2020년부터 친환경 업체로 거듭나기 위한 M&A를 적극 수행했다. 국내 폐기물 업체 EMC홀딩스를 1조 500억 원에 인수했으며 클렌코(2,115억 원), 대원그린에너지·새한환경(1,554억 원), 도시환경·이메디원·그린환경기술(2,100억 원), 제이에이그린(1,925억 원) 등 국내 폐기물 업체를 공격적으로 사들였다. 사업 다각화 측면에서 풍력발전 장비 제조 업체 삼강엠엔티(4,594억 원)를 인수하고 태양광 업체 탑선(1,035억 원)에 전략적 투자를 하기도 하는 등 친환경 사업에 박차를 가하고 있다.

한화솔루션도 친환경 재생에너지 사업을 확장하기 위해 약 9,640억 원을 들여 영국 RES그룹으로부터 자회사 RES프랑스를 인수했다. 태양광 사업을 위해 노르웨이에 있는 저탄소 폴리실리콘 업체 REC실리콘을 약 1,900억 원에 인수했다. 대신 한화솔루션 폴리염화비닐PVC 사업부, 첨단소재 부문을 분할해 투자 유치를 진행하며 1조 2,000억 원을 확보했다. 한화그룹처럼 친환경 드라이브를 걸기 위해 국내 대기업은 사업적 재편을 가속화하고, 우량 친환경 업체를 사들이는 과정이 반복될 것으로 보인다.

14

늦으면 침몰? 대기업 사업 재편 '사활'

국내 대기업이 변하고 있다. 비핵심 사업은 과감히 접고 주력 사업을 선정해 공격적인 M&A에 나서고 있다. 그렇다고 '묻지마 투자'를 진행하는 것은 아니다. 1990년대 문어발식 확장을 한 재계의 모습과 딴판이다. 미래 계획을 확고히 세우고 전략적으로 그룹 트랜스포머에 착수한다. 앞으로 한 세대를 이끌어나갈 주력 사업을 재구축하겠다는 포부다.

국내 재계 7위 한화그룹은 2022년 가장 선 굵은 사업 구조 재편을 진행했다. 그룹 내 주요 계열사를 붙이고, 떼는 작업을 한데 이어 조 단위 빅딜을 하며 미래 먹거리 산업을 찾는 데 주력했다. 김승연 회장의 세 아들에게 승계를 위해 계열사를 정리한 게 표면적 이유지만, 그룹의 경쟁력 확보를 위한 개편 작업으로 보는 게 보다 타당할 것이다. 한화는 2020년 한화케미칼과 한화큐셀앤드첨단소재를 합병한 한화솔루션을 출범시킨 후 개편 밑그림을 하나씩 채워나갔다. 2022년에는 한화에어로스페이스 아래로 그동안 흩어져 있던 방산 계열사를 모았다. 한국형

발사체 누리호의 엔진과 추진체를 만드는 에어로스페이스와 수출 효자로 떠오른 K9 자주포 생산 업체 한화디펜스를 하나로 합쳤다. ㈜한화는 100% 자회사인 한화건설을 흡수합병했으며, 한화에어로스페이스의 자회사인 한화정밀기계를 인수했다. 한화솔루션은 과거 흡수합병했던 갤러리아 부문을 인적분할하며 어느 정도 계열사 교통정리를 완성했다.

마지막 퍼즐은 미래 먹거리 확보를 위해 대우조선해양을 인수하는 일이었다. 한화그룹 7개 계열사가 나서 대우조선해양을 2조 원에 인수하기로 했다. 2008년 6조 원대에 대우조선해양을 인수하려고 했던 한화는 14년 만에 숙원을 풀었다. 이번 인수는 방위 산업과의 시너지 효과를 고려한 행보다. 한화는 국내 대표 방산 기업이지만 육군, 공군에 비해 해군 분야가 취약하다. 대우조선해양은 잠수함, 구축함 등을 만드는 국내 1위 함정 건조 업체다. 한화는 해상 방산 역량을 확보해 '육해공 통합 방산 시스템'을 갖춰 '2030년 글로벌 방산 톱 10'이라는 목표를 실현하겠다는 복안이다.

SK그룹은 ESG 기업으로의 재편과 성장동력인 배터리·바이오·반도체 등 이른바 'BBC' 산업의 경쟁력을 키우기 위한 사업 재편을 꾸준히 해오고 있다. 지난 몇 년간 SK는 그룹의 포트폴리오 교체를 순조롭게 수행했다. SK해운, SK증권, SK엔카 등 비주력 계열사를 잇달아 매각했다. ESG 차원에서 진행한 탄소 다이어트 프로젝트도 발 빠르게 진행했다. 도시가스, 액화천연가스LNG 등 에너지 사업을 펼치는 SK E&S는 2조 4,000억 원의 외부 투자금을 유치했다. 대신 BBC 분야를 중심으로 5년간 179조 원을 투자해 그룹의 미래를 설계하겠다는 계획을 내놨다.

그룹 사업 재편 실패로 채권단 중심의 구조조정이라는 엄혹한 시기를 보낸 두산 그룹은 '두 번의 실패는 없다'라는 각오로 새로운 전략을 구상하고 있다. 1896년 포목점 '박승직상점'으로 출발한 두산그룹은 창업 100주년인 1996년부터 그룹 사업 포트폴리오를 전면 개편했다. 캐시 카우를 맡은 오비맥주를 비롯해 코카콜라, 버거킹, KFC, 네슬레, 코닥, 3M 등 전 세계 소비재 기업의 국내 합작 파트너로 소비재 분야에서 왕국을 세웠다. 하지만 국내 굴지의 기업으로 도약하기 위해서는 중후장대 산업(무겁고, 두껍고, 길고, 큰 것을 다루는 산업이라는 뜻으로, 중화학 공업을 이르는 말)이 필요하다고 봤다.

외환위기와 2009년 글로벌 금융위기를 거치는 동안 소비재 기업 대부분을 매각하고 두산중공업, 두산인프라코어, 두산밥캣 등을 잇달아 인수하며 '중후장대 산업' 중심 그룹으로 변신했다. 너무 비싸게 산 것 아니냐는 시선에도 변신을 위한 과감한 투자라고 강변했다. 그러나 2010년대에 접어들자 집중했던 해외 사업이 중국의 경기 부진으로 그룹 전체가 어려움에 빠졌다.

지속된 침체에 코로나19라는 외풍이 불어오자 2020년 6월, 산업은행 등 채권단으로부터 긴급자금으로 3조 원을 지원받으면서 뼈를 깎는 구조조정 체제에 진입하게 됐다. 앞서 두산DST, 두산공작기계 등을 매각했지만 본격적인 다이어트에 착수해야 했다. 클럽모우CC(1,850억 원), 사옥 두산타워(8,000억 원) 등 부동산을 빠르게 정리했으며 두산의 미래라 불린 두산솔루스(현 솔루스첨단소재)를 약 7,000억 원에 팔았다. 또 ㈜두산 유압기 사업부인 모트롤BG(4,530억 원), 두산인프라코어(8,500억 원), 두산건설(2,580억 원), 네오플러스(730억 원) 등을 정리했다.

빠른 자산 매각으로 2022년 2월 채권단 관리 체제에서 졸업한 두산그룹은 신규 먹거리 창출에 나서고 있다. 기존 주력사가 매각되는 와중에도 두산퓨얼셀, 두산로보틱스 등 신사업 진출에 나섰다. 채권단 졸업이 끝나자마자 반도체 후공정 웨이퍼 테스트 국내 1위 기업 테스나를 4,600억 원에 인수하며 반도체 사업에도 진출했다. 그룹 재편의 실패를 몸소 경험한 두산그룹은 신중하지만 선명하게 넥스트 두산을 그려나가고 있다.

유통 중심의 사업 구조를 지닌 롯데그룹은 차세대 육성 분야로 바이오, 이차전지를 낙점하고 공격적 투자에 나서고 있다. 롯데지주는 2022년 3월 700억 원을 출자해 롯데헬스케어를 설립하고 바이오·헬스케어을 육성하기로 했다. 두 달 뒤에는 미국 뉴욕 동부 시러큐스 지역에 있는 글로벌 제약사 브리스톨마이어스스큅BMS의 바이오의약품 공장을 2,000억 원에 인수했다. 그리고 '2030 비전'을 제시하며 수소에너지와 배터리 소재, 친환경 사업 확장 등에 11조 원을 집행하겠다고 했다. 이런 비전은 곧바로 M&A 시장에서의 움직임으로 나타났다.

2022년 하반기 빅딜인 일진머티리얼즈를 롯데케미칼이 2조 7,000억 원에 품기로 했다. 일진머티리얼즈는 글로벌 동박 시장에서 4위를 기록하는 국내 강소기업이다. SK넥실리스, 중국의 왓슨, 대만의 창춘이 1~3위를 차지하고 있지만, 막강한 현금을 보유한 롯데그룹의 의지에 따라 시장이 요동칠 가능성이 크다.

그룹의 변신은 무죄다. 한치 앞도 내다보기 어려운 경영 현실에서 생존을 위해서는 현실 안주가 아닌 도전이 필요조건이다. 하지만 잘못된 도전은 그룹 전체를 위기에 빠뜨릴 수 있다. 앞서 살펴본 두산그룹 외에도 대우, 진로, 웅진 등이 신사업을 진행하다 위기에 직면했었다. 촘촘한 로드맵과 재무조달 역량, 인력 구성 등이 맞물려야 성공적으로 사업 재편을 이뤄낼 수 있다. 대기업들이 일제히 변화에 나서고 있는 요즘, 어떤 그룹이 성공할 수 있을지 지켜보는 것도 중요 관전 포인트다.

15

변화하는 글로벌 문법에 적응하라

원론적으로 기업은 품질 및 원가 경쟁력을 갖추기 위해서 지속적으로 밸류체인 조정 및 생산시설 효율화를 해나간다. 일반적으로 제조업 중심인 글로벌 회사의 경우 본사가 있는 국가에서 좀 더 저렴한 생산 환경을 갖춘 개발도상국으로 진출하는 경우가 많다. 특히 글로벌화가 가속되어 지리적인 이점 등을 이용한 생산의 효율화가 극대화될 수 있어 2000년 초반부터 기업별 공급망 개편은 지속되어왔다. 그런데 2014년을 지나면서 중국과 미국의 통상 갈등, 정치적으로는 국가 중심주의가 강화되고 있다. 이로 인해 글로벌화를 통한 품질 및 원가 경쟁력 강화뿐만 아니라 노골적으로 가해지고 있는 정치적 상황 등을 극복하기 위한 새로운 공급망 변경이 진행 중이다.

특히 중국의 경제력 및 군사력이 급격하게 부상하면서 이에 위기를 느낀 미국이 자국 경제 및 산업 안보를 강화하려는 움직임을 극대화하고 있다. 미국은 중국과의 신냉전 시대가 이미 기정사실화되었다는 인식을 가지고 있는 것으로 보이며, 2022년에는 이런 미국의 움직임이 정치적으로 명확히 드러난 한해였다.

산업적으로 봤을 때는 거대 장치 산업인 자동차 산업이 주요 선진국별로 전기차 도입이 더욱 빠르게 가시화되었다. 이에 따라 공급 능력 확대뿐만 아니라 각 국가별 시장에 효율적 접근을 위한 완성차 업체들의 노력이 빠르게 전개되고 있다. 자동차 산업은 특히 밸류체인상 1·2차 부품사들도 함께 진출하고 있어 지각변동은 중장기에 걸쳐 광범위한 영역에서 발생할 것으로 보인다. 그리고 청정에너지의 도입이 국가 시책으로 가속화되면서 관련 관련한 산업이 급격히 성장하고 있는 모양새이다.

'생산은 미국'을 선언한 미국

눈여겨볼 점은 글로벌 전반에 영향을 줄 대표적인 법안이 빠르게 등장하고 있다는 것이다. 대표적으로 인플레이션 감축이 있다. 2022년 8월 16일 미국의 바이든 대통령에 의해서 발효된 미국의 '인플레이션 감축법IRA'은 당초 3조 5,000억 달러 규모로 계획된 '국가재건법안BBBA, Build Back Better Act'의 축소판이다. 최초에 이 법안은 과다한 지출 규모에 대한 반대로 의회 통과가 어려웠지만, 합의 끝에 인플레이션 감축법의 재원 규모를 총 7,400억 달러로 축소하여 시행하였다. 이 법안은 궁극적으로 전 세계적 인플레이션 상황에서 미국 국민 생활 안정화라는 대의명분을 추구하고 있고, 미국 내 설비 부족으로 인한 공급난과 가격 급등에 대비하기 위해 자국 중심의 공급망 재편까지 도모하고 있다.

법안의 취지를 조금 더 살펴보면, 궁극적으로는 해외로 내보냈던 제조업을 자국 내로 다시금 유치하려는 목적을 가지고 있다. 미국은 그동안 집중해온 금융 등 고부가가치 서비스업을 적극 육성하는 데 집중하면서 제조업은 해외로 밀려나는 모양새였다. 이러한 상황을 반전시키는 방안 중 하나로 인플레이션 감축법이 실행된 것이다.

이 법은 크게 보건, 청정에너지, 조세로 나누어볼 수 있다. 여기에서는 국내 기업과 직접적으로 연관성이 있는 청정에너지에 집중하여 살펴보겠다.

청정에너지 부문에서는 에너지 비용 감소, 청정에너지 경제 구축, 환경오염의 감소 등이 주요 목표로 설정되었다. 특히 에너지 안보 및 미국 내 생산 지원을 위해서 태양광 패널, 풍력터빈, 배터리, 중요 광물 가공의 리쇼어링reshoring에 대한 세액공제, 전기차·풍력터빈·태양전지판 등 청정기술 제조 건설에 대한 세액공제, 신규 청정에너지 차량 제조시설 건설 대출 및 기존 시설 재정비 보조금이 규정되었다. 나아가 탈탄소화 경제를 위하여 청정에너지 전환에 대한 보조금 및 대출 지원, 지역사회 청정기술 지원, 청정 전력원, 에너지 저장, 청정에너지 연료 차량에 대한 세액공제, 전기 냉난방공조시스템HVAC 등 소비자 세액공제와 미국산 전기, 대체에너지 차량 구매 시 세액공제 정책이 명시되었다.

인플레이션 감축법은 총 7,400억 달러 규모의 재원을 규정하고 있는데, 이 중 80%에 달하는 3,690억 달러가 에너지 안보 및 기후변화에 지출된다. 이에 따라 향후 인플레이션 감축법 집행에 미국의 청정에너지 산업 관련 정책이 상당한 비중을 차지할 것으로 전망된다.

국내 기업이 인플레이션 감축법의 수혜자가 될지, 아니면 피해자가 될지 여부는 주로 미국 내 생산 여부에 달려 있다. 일부 청정에너지와 관련한 태양광 패널, 풍력, 배터리 등 에너지 산업에 대한 세액공제는 미국 내 생산 공장을 보유한 우리 기업도 여러 지원 혜택을 받을 수 있다. 예를 들어 인플레이션 감축법 조항(섹션) 13502(제조 생산 세액공제)의 경우 청정에너지 부품의 생산에 있어 상품 단위당 세액공제를 명시하고 있어 가격 인하를 통한 미국 시장 내 경쟁력 확보가 가능하다. 미국 내 가스 액화 및 저장 설비, 해상 운송을 위한 터미널 건설 등 인프라가 확대되는 경우, 이러한 인프라 건설 수요로 국내 철강 업체의 수혜 가능성도 존재한다.

다음으로 국가 생명공학 및 바이오 제조 이니셔티브도 눈여겨봐야 한다. 인플레이션 감축법과 별로도 2022년 9월 12일 바이든 대통령은 미국에서 생산된 바이오 제품에만 각종 인센티브를 제공한다는 행정명령에 서명했다. 이니셔티브 출범은 2030년까지 30조 달러 규모의 바이오 시장이 해외 공급망에 과도하게 의존하고 있다며 '미국에서 발명된 것은 미국에서 생산되도록 하겠다'는 방침을 밝혔다. 이를 통해 미국 내 바이오 제조 역량을 강화하고 일자리를 창출하겠다는 복안이다. 백악관 누리집에 따르면 미국은 앞으로 5년 동안 바이오 생산시설 구축에 10억 달러 규모의 인센티브를 제공하는 등 총 20억 달러를 투자해 생명공학·바이오 제조업을 육성하기로 했다. 이외에 세부적인 내용은 180일 이내에 제출될 각 부처별 행정명령 이행 평가보고서, 그리고 1년 이내에 발표될 보고서 등을 통해 추가로 제시할 것이다.

아직 구체적인 시행 내용이 확정되지 않아 국내 기업들은 구체적인 대응 전략까지 세우지는 않고 있다. 다만 향후 미국 내 바이오 제조 인프라 구축 및 활성화를 지원하기 위한 세제 혜택이나 인센티브 수준 등에 따라 미국에 직간접적으로 진출해 있는 국내 제약바이오 기업은 큰 폭으로 영향을 받을 것으로 보인다. 또한 주요 시장 중 하나인 미국을 목표로 하는 국내 바이오 기업들은 경쟁력 확보를 위한 원재료 공급망 및 생산시설 마련을 고민할 것으로 전망된다.

미국 진출 서두르는 대기업의 생존법

국내 경제에 가장 큰 영향을 미치는 반도체 관련 법안도 초미의 관심사다. 미국은 2022년 7월 29일 반도체 산업의 기술경쟁 우위를 지키기 위해 미국 내 반도체 생산을 늘리는 내용을 골자로 한 '반도체와 과학육성법The Chips and Science Act'을 제정하였다. 반도체와 과학육성법은 미국 상원 안인 미국혁신경쟁법USICA와 하원 미국경쟁법America COPETES Acts의 조율로 탄생하였고, 미국 양원과 양당이 1년 여간 논의 끝에 마련된 법이다. 반도체와 과학육성법은 인공지능과 반도체를 포함한 첨단산업 및 에너지, 바이오, 우주항공 등을 위해 약 2,000억 달러 규모의 연방 재정 투입을 핵심으로 한다. 이 법은 자국 내 첨단 반도체 제조 역량 제고를 위해 반도체지원법 예산 527억 달러를 확보하고 '반도체촉진법'을 통해 시설 및 장비 투자에 25% 세액공제를 도입했다. 법안에는 요주의 국가Foreign Country of Concern(중화인민공화국(중국), 조선민주주의인민공화국(북한), 이란 이슬람 공화국, 러시아 연방)에 파운드리(위탁생산) 28나노급 이하 반도체 장비가 들어가는 것을 막는 조항도 포함되어 있다. 반도체지원법 보조금과 반도체촉진법 세액공제 혜택을 받은 기업들은 향후 10년간 중국을 포함한 요주의 국가에 제조 역량을 확대하거나 신설 투자가 금지된다.

아울러 미국이 구상한 반도체 공급망인 칩4 동맹도 구체화되고 있다. 미국이 원천기술, 한국이 메모리 반도체, 대만은 파운드리(반도체 위탁생산), 일본은 소재와 장비 분야를 맡아 전략 공동체를 이루는 것이 목표다. 업계에서는 전기차와 AI 같은 미래 산업은 물론 첨단 무기, 우주항공 등 안보와도 직결되는 반도체 산업에서 중국을 견제하겠다는 미국의 의도가 기저에 깔린 것으로 보고 있다. 물론 글로벌 IT 생산의 약 40%를 차지하고 핵심 부품과 자재의 필수 공급원인 중국이 극렬하게 반대하고 경직적인 한일관계, 중국과 대만의 정치적 긴장관계 등이 맞물려 있어 칩4 동맹이 가야 할 길은 험준해 보인다.

한국은 아직까지 칩4 동맹에 대한 참여에 대해 명확하게 확정하지 않았다. 중국과의 관계가 상당히 까다롭기 때문에 원론 수준에서 참여 정도를 고려하고 있을 뿐이다. 실무적으로도 칩4 동맹은 아직까지는 구상 단계 수준이며 구체적인 실행 방안에 대해서 이제 논의가 시작되고 있다. 다만 앞선 법안과 구상들이 국내 경제 생태계에 미치는 영향이 복합적인 만큼 국내 대표 기업들은 즉각적으로 대응에 나서고 있다.

1위 그룹인 삼성은 미국 텍사스주 테일러시에 2021년 11월 170억 달러 규모의 투자를 결정했다. 건설될 신규 라인은 첨단 파운드리 공정이 적용될 예정이며 이곳에서 5G, 하이퍼포먼스 컴퓨팅HPC, High Perfomance

Computing, AI 등 첨단 시스템 반도체 생산이 가능할 전망이다. 삼성전자는 향후 20년간 미국에 약 250조 원을 투자해 반도체 공장 11개 신설 계획을 공개한 적이 있을 정도로 미국에 대한 대대적인 투자 기조를 가지고 있다. 삼성전자의 투자는 주요 팹리스를 보유한 미국 내 투자이자, 최대 시장 중 하나인 미국에 안정적으로 접근하기 위한 투자로 볼 수 있다. 장기적으로는 미국 시장 내 생산을 통해 정치적인 이슈에서 벗어나려는 목표를 가진 것으로 보인다.

SK하이닉스는 미국 반도체 첨단 패키징 공정 투자를 검토 중이다. 2025~2026년 가동을 목표로 150억 달러를 투자할 것으로 보인다. 최근 반도체 기업들은 회로 미세화를 구현하는 것이 어렵게 되자 여러 개의 칩을 한 개의 칩처럼 동작하게 하는 후공정 기술에 힘을 쏟고 있다. SK하이닉스는 후공정 산업 역량이 뛰어난 미국을 선택해 경쟁력을 끌어올리려는 계획이다. 삼성전자와 SK하이닉스 투자는 시스템반도체, 파운드리의 고도화라는 공통점이 있다. 미국의 공급망 강화 기조로 미국 내에 반도체 공장을 설립하는 것도 맞지만, 실질적으로 시스템반도체의 첨단 기술을 확보하기 용이한 곳이 미국이다. 향후 중요성과 그 규모가 더 커질 시스템반도체 산업에서 살아남기 위한 노력인 것이다.

SK그룹은 미국의 첨단 기술력과 인프라를 활용하고, 한미 경제동맹과 글로벌 기업으로서의 입지 강화를 위해 미국 투자를 전사적으로 늘리고 있다. SK팜테코는 미국 세포·유전자 치료제 CDMO인 CBM에 3억 5,000만 달러를 투자했다. SK온은 미국 조지아주에 위치한 11.7GWh 규모 배터리 2공장을 2023년 중 상업 가동할 예정이다. 포드와는 합작

법인 블루오벌SK를 세우고, 테네시와 켄터키주에서 총 129GWh 규모 생산 공장을 2025년경 가동할 예정이다.

현대자동차그룹 역시 전기차 시장 공략을 위해 미국으로 생산설비를 늘리고 있다. 미국 조지아 주에 2025년까지 55억 달러를 투자하여 전기차 전용공장 및 배터리셀 공장을 건설할 예정이다. 이외에도 로보틱스 등 미래 성장동력 육성을 위해 50억 달러를 추가 투자할 예정임을 발표했다. 구체적으로 미국 자율주행 업체 앱티브와 손잡고 모셔널을 합작 설립해 자율주행 상용화를 추진하기로 했다. 현대자동차그룹은 중국을 제외하고 가장 큰 전기자동차 시장인 미국을 공략하고 자율주행 등 첨단 기술을 확보하고자 통 큰 투자를 결정한 것이다. 다만 미국 정부의 인플레이션 감축법 시행에 따른 전기차 보조금 중단이라는 악재가 있어 향후 전략적 대응이 불가피하다.

LG그룹은 LG에너지솔루션의 공급 능력을 강화하고 위해 글로벌 완성차 기업들과 손잡고 생산시설을 확장하고 있다. 우선 1조 7,000억 원을 투자해 미국 애리조나에 원통형 배터리 단독 공장을 건설할 예정이다. 2022년 3월에는 애리조나주 퀸크릭에 11GWh 규모의 전기차 배터리 공장 건설 계획을 발표했으며, 2024년 하반기에 루시드, 리비안 등 미국 전기차 스타트업에 원통형 배터리를 공급하기로 했다. 아울러 혼다와 협력해 40GWh 규모로 배터리 공장을 만들고 2025년 말 생산을 시작한다. 미국 GM과는 3조 원 규모의 전기차 배터리 제3합작 공장을 미시건주 랜싱 지역에 건설할 계획이다. 특히 미국 인플레이션 감축법으로 글로벌 완성차 업체들이 미국으로의 진출을 신속하게 결정하고 있어 LG에너지솔루션의 미국 현지 투자는 더욱 늘어날 전망이다.

한화 그룹의 경우 한화솔루션이 미국 내 최대 2조 원 규모의 태양광 셀 모듈 공장을 건설하고 있다. 한화솔루션은 이번 투자를 계기로 향후 태양광 수요가 급증할 것으로 예상되는 미국 시장에 선제적인 투자를 늘려나갈 계획이다. 투자는 인플레이션 감축법으로 더욱 탄력이 붙고 있다. 인플레이션 감축법이 적용되면 태양광 제조 업체들은 미국 내에서 생산된 품목에 2023년부터 10년간 법인세 세액공제를 받고 현지 투자금액의 일정 부분을 돌려받을 수 있게 된다.

한화는 2023년 기준 모듈 생산량이 3GWh라는 점을 감안하면 매년 2,000억 원 안팎의 세액공제 혜택이 예상되며 현지 투자를 늘리면 지원액은 더욱 늘어날 전망이다. 아울러 사업 경쟁력 강화를 위하여 미국산 저탄소 폴리실리콘 확보에 나서고 있다. 또 2022년 3월 미국에서 폴리실리콘 공장 두 곳을 운영 중인 노르웨이 상장사 REC실리콘 지분 16.67%를 1억 6,000만 달러에 인수했다. REC실리콘은 중국의 관세 보복 조치로 2019년 생산을 중단했지만 인플레이션 감축법 통과에 따라 사업을 재개할 예정이다.

마지막으로 롯데그룹은 롯데케미칼과 롯데알미늄의 현지 합작사 롯데알미늄머티리얼즈USA를 통해 2억 4,000만 달러를 투입해 미국 켄터키주에 양극박 생산공장을 2025년까지 건설한다. 동박 기업 일진머티리얼즈를 새롭게 인수한 만큼 미국에 대한 생산설비 투자는 한층 늘어날 전망이다.

16

규제 풀린 CVC, 시장의 태풍 되나?

CVCCorporate Venture Capital(기업주도형 벤처캐피탈)는 일반적으로 법인이 대주주인 벤처캐피탈을 의미한다. 기업가치 제고를 통한 차익 실현을 목적으로 하는 재무적 투자자의 역할뿐만 아니라, 대주주 법인과 시너지 효과를 발생시킬 수 있는 유관 사업에 전략적 투자를 실행하는 투자기관 역할을 한다. 해외에서는 구글, 인텔, 퀄컴 등 글로벌 테크 및 반도체 기업을 중심으로 CVC 투자를 활발하게 진행하고 있다. 그러나 국내는 금산분리 원칙에 따라 기존 지주회사가 아닌 삼성, 포스코 등이 각각 삼성벤처투자, 포스코기술투자를 통해 CVC를 운용해 규모와 역할이 제한적이었다.

국내 자본시장 규모가 선진국 대비 크지 않은 상황에서 대기업의 자본이 금융시장에 투입되지 못했던 점은 시장 변동성 확대로 투자 심리가 위축된 상황에서 아쉬운 부분으로 평가받는다. 물론 CVC의 여러 장점에도 대기업이 투자 초반 벤처기업의 기술을 헐값에 사들여 대기업만 배불리는 것이 아니냐는 부정적인 측면도 존재한다. 대기업 중심의 경제성장이 이루어진 우리나라 입장에서 당국의 조심스러운 접근은 어쩌면 당연한다.

다만, 코로나19와 국제 분쟁 등에 따라 경기 침체의 장기화 조짐이 사회적 우려로 대두되면서 CVC의 필요성에 대한 공감대가 이뤄졌고, 2021년 말 '공정거래법' 개정안을 통해 일반기업의 CVC 설립이 가능해졌다. 특히 현 정부는 국정 과제에 '지주회사 CVC 제도의 빠른 시장 안착 지원'을 포함하는 등 높은 관심을 보이고 있어 국내 CVC 시장의 성장 가능성이 한층 커졌다.

동원그룹이 2021년 일반지주회사로는 최초로 동원기술투자를 설립한 것을 시작으로 GS, LG, SK 등 대기업이 잇따라 CVC를 설립하거나 검토하고 있다. 이런 상황에서 CVC가 어떤 시장이며 글로벌 시장이 어떻게 발전해왔는지를 살펴보는 것은 잠재적인 투자처이자 양질의 기업을 소싱하는 부분에서 경쟁관계가 될 수 있는 기관투자자의 입장에서 살펴보는 것은 중요한 부분이라 생각된다.

자본시장연구원의 보고서에 따르면 글로벌 벤처캐피탈 투자 시장에서 CVC 투자는 매년 폭발적인 성장세를 보이고 있다. 2021년 상반기 글로벌 CVC 투자 규모는 전년 대비 133% 급증한 790억 달러로, 2020년 한해 투자 규모인 740억 달러를 넘어섰다. 전 세계 벤처캐피탈 시장 1위인 미국은 2006년부터 2012년까지 전체 벤처캐피탈 투자 중 CVC가 차지하는 비중이 30%에 미달했지만, 최근 5년 사이에는 절반에 근접한 수준으로 급성장했다.

이런 성장은 구글 벤처스Google Ventures, 세일즈포스 벤처스Salesforce

Ventures, 인텔캐피탈Intel Capital 등 글로벌 기업의 CVC가 주도했다. 이처럼 미국을 중심으로 한 글로벌 CVC 시장은 사모투자 시장의 중요한 플레이어로 자리매김했지만 국내는 지분 편법 승계, 지배구조 확장 등의 우려로 금산분리 원칙이 오랜 기간 적용돼 성장이 더뎠다. 2020년 기준 대기업 집단 64개 중 15개 집단이 17개의 CVC를 보유했으며, 국내 전체 벤처캐피탈 시장 중 CVC가 차지하는 비중은 약 23%에 그쳤다. 다만 일반지주회사의 CVC 보유를 제한적이나마 허용하는 법안이 2021년 말 시행된 만큼 국내 CVC 시장 역시 큰 폭의 성장이 가능할 것으로 전망된다.

기관투자자들은 CVC 시장의 확대가 기관의 투자 결정에 미칠 영향이 제한적일 것이라고 예상한다. CVC는 일반적으로 모기업으로부터 투자금을 모집하며 모기업과 연관된 섹터에 우선적으로 투자하는 섹터 펀드 전략을 펼친다. 투자 단계 역시 원천기술을 보유하고 있는 기업에 대한 시드투자나 얼리 스테이지로 모집 금액이나 투자 금액 손실 가능성이 기관투자자가 수용할 수 있는 리스크 범위에 부합하지 않는다. CVC는 물론 재무적 투자자 관점에서 수익성을 추구하지만 모기업의 사업 강화 및 확장의 관점에서 전략적 투자자 관점으로 딜을 바라본다. 언론 등에 따르면, 삼성벤처투자는 2000년대 중반부터 휴대전화 사업의 강화를 위해 해외 투자를 지속적으로 발굴해 소음 제거 기술 업체인 미국 포르테미디어에 대한 지분 투자를 단행했다. 그리고 2005년부터 삼성전자와 파트너십을 맺었다. 이후 삼성전자는 소음 제거 칩이 적용된 휴대전화를 2008년에 출시하는 데 성공했다.

이런 사례는 또 있다. 세계 최초로 LTE 핵심 칩을 개발한 GCT세미

컨덕터Semiconductor도 2005년 현지 벤처캐피탈 8곳과 함께 총 2,000만 달러를 투자하며 기술력을 확보했다. 이후 LTE 시장에서 삼성 갤럭시 시리즈 성공에 일조한 것으로 알려졌다. 이런 투자 건은 그 자체만으로 높은 투자수익률을 거둘 수 있었지만, 갤럭시 시리즈가 10여 년간 삼성전자에게 가져다준 이익과 비교 불가능하다.

이처럼 모기업의 입장에서 CVC의 역할은 더욱 중요해지고 있지만, 기관투자자들의 관점은 조금 다르다. CVC 펀드 조성 시 40% 이내로 외부자금 출자가 허용된다 하더라도 순수하게 재무적 투자를 최우선으로 고려하는 기관투자자들은 해당 펀드에 투자할지는 불확실하다. 일례로 블라인드 펀드 출자를 검토할 때 기관투자자가 중요하게 고려하는 부분 중 하나인 과거 트랙 레코드의 관점에서, CVC 펀드들의 과거 실적이 일반적으로 수익성 추구에 집중하는 일반적인 사모펀드들 대비 차별적 강점이 존재하느냐 등 여러 가지 고민할 부분이 존재한다.

딜 소싱 관점에서 CVC와 일반 벤처캐피탈의 경쟁이 치열해지며 거래가격 등 투자 대상 기업의 가치에 영향을 미칠 가능성이 존재하는데, 거래 금액과 상관없이 원천기술 보유를 목적으로 과감하게 베팅하는 CVC의 공격적인 투자 행보가 주요 관전 포인트로 떠오를 것이다. 국내 CVC 시장이 본격적으로 개화되고 있는 단계에서 성과에 대해 섣불리 결론을 내리기 어렵지만 기관투자자 입장에서 관심을 가질 섹터임은 분명하다.

17

글로벌 기업의 주요 인수합병 톺아보기

2021년 M&A 시장은 그야말로 거침없는 한해였다. M&A 거래 규모와 거래 수 모두 사상 최고를 기록하였다. 코로나로 묶였던 유동성이 대거 쏟아졌고, 리오프닝을 준비하는 산업들의 호황에 대한 기대감이 커지면서 급격한 성장 추세를 보였다. 그야말로 천선지전天旋地轉이다.

그러나 2022년에는 상황이 정반대가 되었다. 글로벌 M&A 시장은 대내외 거시경제 환경의 급변 속에서 위축되는 모양새다. 고공행진 중인 인플레이션에 대응하기 위해 미국 연준의 주도하에 각국의 중앙은행은 유례없는 속도로 금리인상에 나서고 있으며, 이는 자본조달 비용의 증가를 초래하여 투자자들의 투자 심리를 위축시키고 있다. 러시아-우크라이나 전쟁으로 인한 지정학적 갈등 및 중국의 도시 봉쇄가 지속되며 글로벌 공급망 불안이 이어지고 있으며, 국제 유가를 비롯한 원자재 가격의 상승으로 경제 불확실성이 확대되고 있다. 미·중 패권 경쟁을 계기로 자국 우선주의가 더욱더 확산되며 세계화와 멀어지고 있는 추세다. 이 모든 상황이 M&A 시장에 어려움을 가중시키고 있다.

거시경제적 환경의 불확실성이 커지면서 2022년 상반기 M&A 시장은 반년 만에 급속히 냉각되는 추세를 보였다. 금융정보 업체 레피니티브에 따르면 2022년 상반기 M&A 규모는 2조 1,700억 달러로 2021년 상반기 대비 21%나 감소했다. 2021년 하반기부터 2022년 상반기 사이 50억 달러를 초과하는 거래인 메가딜 역시 약 40% 감소하며 녹록지 않은 M&A 시장환경을 보여주고 있다.

현재 M&A 시장은 불확실한 거시경제 상황과 궤를 같이하고 있다. 그러나 비우호적인 환경 변화에도 기업 전략에 있어 M&A는 더욱 핵심적인 수단으로 활용되고 있으며, 기업들은 전략적 우선순위를 재설정하고 M&A 성사를 위해 과감하게 움직이고 있다. 과거 경험을 돌아보면 기초체력(펀더멘털)에 관계없이 주가가 하락한 시점은 언제나 장기투자자에게 매력적인 투자 기회로 작용했다.

이 상황을 적정한 가격에 좋은 기업을 인수할 수 있는 기회로 삼을 수 있고 장기적으로 더 큰 수익을 기대할 수 있기 때문이다. 따라서 현 시점은 펀더멘털이 탄탄한 기업의 매력적인 밸류에이션에 투자할 수 있는 기회라고 판단할 수 있다. 경기침체의 그림자가 드리운 불확실성이 높은 상황 속에서도 글로벌 기업들은 M&A를 과감하게 실행하여 경쟁자와 격차를 벌리려고 하고 있다.

기업들이 M&A를 추진하는 이유는 다양하지만 궁극적인 목적은 기업가치의 증대이다. M&A를 통해 적절한 투자로 신속한 시장 진입이 가능하거나, 규모 및 범위의 경제를 활용할 수 있거나, 조직 구성 재편을 통한 비효율 제거 등의 시너지 효과를 얻을 수 있다. 시장이 침체되는 시기에도 기업들의 기업가치 증대 필요성은 예외가 아니다. 침체된 시장 상황에도 불구하고 기업 간 M&A는 꾸준히 진행되고 있으며, IT·테크, 헬스케어·바이오 섹터 위주로 M&A가 활발하게 이뤄지고 있다.

빅테크의 '통 큰' 바이아웃 경쟁

2022년 1월 18일 미국 대표 IT 기업인 마이크로소프트가 687억 달러에 미국 3대 게임사인 액티비전 블리자드(이하 '블리자드')를 전액 현금으로 인수하기로 했다. 인수가는 주당 95달러로 언론 발표 전 종가 65.39달러에 약 45%의 프리미엄을 붙여 책정되었다. 이는 마이크로소프트 사상 최대 규모 거래이며, IT 업계 및 게임 업계로 확대해도 역대 최대 규모 거래다.

마이크로소프트의 이전 최고 인수대금은 2016년 링크드인LinkedIn으로 281억 달러를 투자했다. 블라자드 인수대금은 이전의 2.4배를 초과할 만큼 빅딜이었다. 역사상 최대 규모의 지출을 단행할 만큼 마이크로소프트는 블리자드 인수전에 진지하게 임했다. 게임 업계 이전 최고 인수 사례는 2022년 1월 콘솔·PC게임 회사인 테이크투인터랙티브Take-Two Interactive(이하 '테이크투')의 모바일 게임회사 징가Zynga 인수 건으로 거래 규모는 127억 달러였다. 당시 테이크투는 징가 주식을 9.86달러에 인수하는 데 경영권 프리미엄을 64% 인정했다. 약점으로 거론된 모바일 게임 분야 강화를 위한 통 큰 베팅이었다.

마이크로소프트 역시 블리자드에 대한 프리미엄을 높게 책정했다.

상대적으로 부족한 콘텐츠 지식재산권(이하 'IP')에 사활을 걸고 높은 프리미엄을 지불하며 블리자드를 인수하는 결정을 내린 것이다. 블리자드의 인기 콘텐츠 IP, 개발인력 및 킬러 콘텐츠 개발 능력 확보를 통해 단숨에 세계 3대 게임회사 등극했다. 마이크로소프트는 콘솔 서비스 '엑스박스Xbox'와 시너지 확보 및 통합 게임 플랫폼 구축, 궁극적으로 메타버스 부문 경쟁력 강화를 기대하고 있다.

최근 게임 산업에서는 자체 개발보다 성공 확률이 높은 M&A를 선호하는 추세다. 매년 게임 회사의 규모가 커지고 자금력이 갖춰지면서 소규모 게임 회사를 인수하여 시장점유율을 확대하는 추세가 뚜렷하게 나타나고 있다. 2021년 말 매출액 기준 게임 상장사 순위에서 마이크로소프트는 4위, 블리자드는 7위를 기록하였다. 블리자드 인수를 통하여 마이크로소프트는 텐센트, 소니에 이어 세계 3위 게임사로 등극하게 되었으며, 북미에서는 압도적인 1위로 올라서게 됐다.

블리자드 인수로 마이크로소프트는 모바일과 PC, 콘솔 게임 시장을 통합하는 게임 플랫폼을 구축하게 되어 시장 내 강력한 경쟁력을 확보했다. 현재 마이크로소프트는 클라우드 게임 구독서비스인 엑스박스 '게임패스Game Pass'를 운영하고 있으며, 게임 유저들은 여러 가지 게임을 한 플랫폼 내에서 '스트리밍'하듯이 즐길 수 있다. 마이크로소프트에 인수 후에는 게임패스 내 블리자드가 보유한 수많은 히트작 IP가 탑재될 예정이어서 향후 마이크로소프트의 게임패스 라인업은 크게 강화될 전망이다.

블리자드의 대표 게임 IP는 '스타크래프트', '워크래프트', '디아블로', '오버워치', '월드 오브 워크래프트WoW', '콜오브듀티', '캔디크러시'

등이 있다. 블리자드 회사명은 몰라도 게임명을 들어본 적이 없는 사람은 드물 정도로 유명한 IP를 보유하고 있다. 하드웨어 콘솔인 엑스박스만 운영해온 마이크로소프트는 블리자드의 인기 콘텐츠 IP를 통해 시너지 효과를 기대하고 있다. 경쟁력 있는 콘텐츠를 확보해 더 많은 구독자가 마이크로소프트 통합 게임 플랫폼에 유입되고, 늘어난 구독자 규모를 통해 더 많은 게임 IP를 확보하는 선순환 구조 구축이 그것이다. 마이크로소프트는 이를 통해 중장기 성장동력을 확보하려는 계산이다.

마이크로소프트는 장기적 시각으로 온라인 가상공간을 활용한 메타버스 플랫폼에서 게임이 확장성이 가장 크다고 판단한 것으로 보인다. 사티아 나델라 마이크로소프트 최고경영자CEO는 "게임은 오늘날 모든 플랫폼에 걸쳐 가장 역동적이고 신나는 엔터테인먼트 분야로 메타버스 플랫폼 개발에서 핵심 역할을 할 것"이라며 게임과 메타버스 연관성을 강조했다. 게임 유저들은 이미 가상 공간의 세계인 블리자드의 인기 게임 '디아블로', '월드 오브 워크래프트'에 접속해 교류하고 있다. 애플, 구글, 메타 등 빅테크 진영의 메타버스 경쟁이 심화되는 가운데 블리자드 인수는 마이크로소프트가 최고 역량을 가진 메타버스 기업으로 도약하는 원동력이 된다. 블리자드가 보유한 게임 이용자 행동 분석, 시스템 구축 데이터 등 핵심적인 정보들을 제공하여 마이크로소프트의 메타버스 서비스 구축에 기여할 것으로 예측된다.

싱가포르계 통신용 반도체 제조 기업이자 인프라 소프트웨어 기업인 브로드컴은 2022년 5월 26일 데이터 기반 클라우드 소프트웨어 분야 리더인 VM웨어를 610억 달러에 M&A한다고 밝히면서 세계를 놀라게 했다. 이는 마이크로소프트의 블리자드 인수에 이어 IT 업계 역대 3

위 규모의 거래다. 브로드컴은 VM웨어의 모든 발행 주식을 현금 및 주식 교환 방식을 통해 인수하기로 했다. 인수가는 주당 142.50달러로 발표 전날 보통주 종가 기준으로 약 44%의 프리미엄을 붙여 책정되었다. 규제 당국의 승인에 문제가 없을 경우 2023년 10월 말 거래가 종결될 예정이다.

브로드컴의 매출은 크게 반도체 솔루션과 인프라 소프트웨어 두 부분으로 구분되지만, 매출 비중은 반도체가 74%로 압도적으로 높다. 브로드컴과 같은 칩 제조 업체는 팬데믹 기간 재택근무 기술의 필요성으로 수요가 폭증하여 최근 몇 년간 유례없는 호황을 누렸다. 그러나 팬데믹이 끝나가는 현시점에 브로드컴은 주 매출원인 하드웨어 성장만으로 지속적인 성장을 하기 어렵다고 판단해 유망한 소프트웨어 사업을 포트폴리오에 추가하는 전략을 취했다. 브로드컴은 컴퓨터와 네트워크 산업에서 이뤄지고 있는 근본적인 변화인 하드웨어와 소프트웨어의 경계가 희미해지는 점에 주목하고, 전통 하드웨어 기업 입장에서 소프트웨어 역량을 강화하는 데 집중하고 있다.

2018년 초 도널드 트럼프 전 미국 대통령의 행정명령에 따라 반도체 기업 퀄컴 인수가 무산된 이후, 브로드컴은 2018년에 기업용 소프트웨어 개발사 CA테크놀로지CA Technologies를 189억 달러, 2019년에는 시만텍Symantec의 보안사업부를 107억 달러에 연달아 인수했다. 소프트웨어 영역 진출을 전략적으로 삼고 공격적인 M&A 행보를 보였다. 2022년에는 클라우드 소프트웨어 선두주자인 VM웨어를 인수해 소프트웨어 역량을 한층 강화하며 반도체 설계부터 클라우드, 엔터프라이즈 등 기업용 소프트웨어 사업을 아우르는 통합 IT 솔루션을 구축한 종합 IT 기업으로 도약하게 되었다. 브로드컴은 통합 솔루션을 바탕으로 하드웨어·소프트웨어의 원스톱 패키지를 제공할 계획이다.

VM웨어 인수로 브로드컴은 반도체 칩 부문과 소프트웨어 부문 매출 비중이 비슷해져 한층 안정적인 비즈니스 포트폴리오를 확보하게 되었다. 2021년 기준 반도체 부문에서 240억 달러(74%), 소프트웨어 부문에서 71억 달러(26%)의 매출을 기록한 브로드컴은 합병 후 단순 합산 기준으로 소프트웨어 부문 매출 비중은 26%에서 49%까지 확대된다. 즉 브로드컴은 M&A를 통해 하드웨어와 소프트웨어 사업을 아우르는 종합 기술기업으로 도약하게 된 것이다.

거래가 종결되면 CA테크놀러지와 시만텍 사업이 포함된 브로드컴 소프트웨어Broadcom Software 사업부는 VM웨어로 통합될 예정이다. VM웨어 제품은 기업용 가상화 소프트웨어 시장에서 독점적 지위를 보유하고 있다. 고객의 상당수는 다국적 기업형 고객으로 클라우드 사업이 이미 규모의 경제를 이뤄 수익성과 가격 경쟁력을 갖추고 있기도 하다. 브로드컴이 선점하고 있는 AI옵스AIOps, 사이버보안, 기업용 자동화 솔루션의 우위가 VM웨어의 제품 포트폴리오와 결합하면 제품이 다양해지고 영업 채널이 통합돼 기술적으로 큰 시너지 효과를 낼 수 있다. 중복된 인적 자원, 재무, 법률, 시설 및 정보기술 사업 전반에 걸쳐 불필요한 행정 비용을 제거하여 효율성을 제고할 수도 있다.

아마존은 미국을 넘어 세계의 소비 패턴을 변화시켰다. 우리는 필요한 상품이 있을 때 아마존 온라인 사이트에 접속하여 몇 번 클릭을 거쳐 간단하고 편하게 상품을 구매한다. 상품에 대한 상담이 필요할 경우 판매자에게 문의하고 답변을 얻음으로써 상품에 대한 정보를 더 파악할 수 있고, 구매 의사에 따라 구매 여부를 결정한다. 필요에 따라서 오프라인 매장을 방문하여 상품을 확인하고 그 자리에서 구매하기도 한다. 처방약도 소매 상품 구매 방식과 비슷한 방식으로 온라인과 오프라인 구매가 동시에 가능하게 된다면 어떨까. 아마존은 이커머스 리테일에서의 성공 경험을 토대로 헬스케어 비즈니스 혁신에 도전하고 있다.

세계 최대 이커머스 리테일 공룡이자 클라우드 서비스의 강자 아마존이 1차 의료기관 및 원격진료 서비스를 운영하는 원메디컬을 39억 달러에 인수했다. 이는 아마존이 진행한 역대 M&A 중 세 번째로 큰 규모다. 이보다 큰 M&A는 유기농 식료품점 체인 홀푸드마켓(137억 달러)과 영화사 MGM(85억 달러)이 있다. 이 거래에서 아마존은 77%의 경영권 프리미엄을 지불하기로 했다. 새로운 성장동력을 모색해온 아마존은 헬스케어 시장 사업을 신성장동력으로 선정하고 미국 헬스케어 시장 공략을 최우선적으로 진행하고 있다. 원메디컬 인수는 신규 CEO 취임 이후 첫 대규모 M&A 거래로, 헬스케어 비즈니스를 확대하려는 아마존의 선포로 해석된다. 이는 최근 빅테크들이 속속 헬스케어 시장에 진출하는 것과 일맥상통하다.

미국 헬스케어 산업은 큰 시장 규모와 높은 성장률이 특징이다. 2020년 기준 미국의 헬스케어 시장은 4조 달러 규모로 미국 GDP의 20%에 달한다. 시장 성장률은 2028년까지 연평균 5.4%로 꾸준히 확대될 것으로 예측된다. 팬데믹 이후 미국인들은 가상 진료에 익숙해지며 디지털 기업의 1차 진료 및 긴급 진료 분야 입지가 확장되고 있다. 아마존을 비롯해 알파벳, 애플, 마이크로소프트, 메타 등 다수의 빅테크 기업들이 시장 잠재력을 인식하고 헬스케어 사업에 앞다퉈 뛰어들고 있다. 이들은 각자의 고유 플랫폼 기술과 기기, 외부와의 협력을 통해 헬스케어의 디지털 혁신을 추진하고 있다.

아마존의 원메디컬 인수는 독자적으로 성장시키기 쉽지 않은 헬스케어 시장의 특성을 고려한 행보다. 아마존은 팬데믹을 거치며 아마존 헬스케어 생태계를 조성하려고 노력하였다. 2018년 10억 달러에 의약품 정기 배송 업체 필팩PillPack을 인수하며 의료시장 진출에 첫발을 내디뎠고, 2019년에는 원격의료 서비스 아마존케어Amazon Care를 출시했다. 재무적 투자자인 버크셔 해서웨이, J.P. 모건 등과 함께 '합리적인 가격에 투명하고 질 높은 의료 서비스를 제공한다'는 목표로 헬스케어 업체 헤이븐Haven을 설립하기도 했다.

2020년에는 필팩의 풀필먼트 센터와 의약품 공급 업체 네트워크를 기반으로 처방약 딜리버리 서비스인 아마존 파마시Amazon Pharmacy를 론칭해 처방약 온라인 판매를 개시했다. 그러나 헤이븐은 보험사와의 협상력 부족, 병원 인센티브 구조의 더딘 변화 등 다양한 장애물에 부딪혀 3년 만에 폐업하며 아마존은 큰 실패를 겪었다. 헬스케어 사업의 진입장벽과 난이도를 체감한 아마존은 독자적으로 헬스케어 사업을 성장시키는 방향 대신 외부에서 헬스케어 업체를 인수하는 방식으로 선회했다.

그 결과물이 원메디컬 인수다. 원메디컬은 미국 내 25개 지역에서 180개 이상의 1차 의료소를 운영하고 있으며, 대면 진료와 24시간 원격진료를 연 199달러의 멤버십 구독서비스로 제공하고 있다. 회원 수는 약 76만 7,000명에 달한다. 의료 서비스에 디지털 기술을 적극적으로 도입해 고객들이 앱을 통해 병원진료 예약, 연중무휴 원격진료, 처방

전 수령 등을 손쉽게 할 수 있도록 했다. 기업고객을 대상으로 하는 헬스플랜 서비스도 제공하고 있으며, 현재 8,000개 이상 회사들이 서비스를 이용하고 있다. 아마존은 원메디컬을 인수해 대면진료와 원격진료가 결합된 새로운 헬스케어 모델을 확보하게 되었다.

아마존은 온라인 쇼핑을 혁신한 것과 마찬가지로 헬스케어 서비스의 혁신을 통한 토털 헬스케어 비즈니스 사업 구축하는 것을 목표로 하고 있다. 헬스케어의 소비자화consumerization, 방대한 헬스케어 데이터를 기반으로 한 헬스케어 서비스의 분산화decentralization 등 아마존의 테크 역량을 활용할 수 있는 사업 모델을 구상해 기존 헬스케어 기업보다 우위를 점할 수 있다는 판단이다. 아마존은 원메디컬 인수를 통해 토털 헬스케어 비즈니스를 구축하게 됐다. 향후 앱을 통해 채팅으로 증상을 설명하고 진단을 받으며 더 나아가 이 앱에 연결하면 1시간 이내에 의료진이 집으로 방문하고, 처방전에 적힌 약을 집까지 배송하는 서비스를 제공하는 목표를 가지고 있다.

아마존은 온라인 쇼핑을 혁신하며 시장의 구도를 송두리째 변화시키고 소비자에게 편의를 제공해주었다. 아마존은 그동안의 성공 경험을 바탕으로 자사의 헬스케어 서비스를 통해 고객들이 진료를 받는 방식, 약을 처방받는 방식을 뿌리부터 혁신시키려고 한다. 업계에서는 차별화된 기술을 보유한 아마존이 수년 내 미국, 그리고 전 세계 헬스케어 서비스에 어떠한 변화를 일으킬지 벌써부터 기대하고 있다.

담배 회사의 변신, M&A로 적응력 확보

사양 산업은 '끓는 물의 개구리'처럼 안주할 수 없다. 예정된 미래가 불가피하다면 가보지 않은 길을 열어내야 한다. 담배 시장이 처한 현실이 이와 다르지 않다. 특히 2021년 7월 글로벌 담배 시장 1위 업체인 필립모리스 인터내셔널(이하 '필립모리스')은 영국에서 자사 베스트셀러 제품인 '말보로Malboro'의 판매를 10년 내로 중단하겠다고 선언했다. 그러나 회사 주력 제품을 더 이상 팔지 않겠다는 소식에도 주가는 오히려 상승했다. 담배 산업에 대한 리스크를 줄이고 사업을 다각화하며 잃어버린 성장성을 회복할 것이라는 기대 심리가 반영됐기 때문이다.

담배 산업은 건강상 위험과 흡연에 대한 부정적 인식으로 수요가 꾸준히 감소하면서 사양길로 접어들고 있다. 기존 담배 매출 감소를 상쇄하기 위해 필립모리스를 비롯한 기존 담배 회사들은 '담배 대체품'에 대한 투자를 꾸준히 늘리고 있다. 담배 관련 대기업들은 나날이 심해지는 담배 관련 규제와 흡연 인구 감소에 대응하고, 흡연에 대해 좀 더 안전한 대안을 제공할 수 있는 '위험 감소 제품Reduced Risk Products(이하 'RRP')'으로 사업 모델을 전환하고 있다. RRP는 기존 담배를 대체하며 매출을 다변화하는 핵심 사업부인 셈이다. 특히 필립모리스는 담배 업체들 가운데서도 가장 공격적인 투자를 하고 있으며, 2025년까지 매출액의 50% 이상을 RRP 제품군에서 창출할 것이라는 목표를 설정하고 이를 위한 투자를 진행하고 있다.

RRP에는 다양한 제품군이 있으나, 가장 대표적인 제품은 궐련형 전자담배이다. 세계적으로 흡연 인구는 감소하는 추세지만 수익성이 높은 궐련형 전자담배가 그 자리를 빠르게 대체하고 있다. 필립모리스의 주요 수입원도 전자담배인 '아이코스IQOS'로 변경되고 있으며, 아이코스의 글로벌 총 사용자 수는 2022년 상반기 기준 2,170만 명 이상으로 이는 전년 대비 약 19% 증가한 수치이다. 또한, 궐련형 전자담배 전체 출하량 역시 2022년 920억 유닛Unit으로 추정되어 2021년 735억 유닛 대비 22.4% 증가한 것으로 예상된다. 이처럼 초기 시장을 선점하면서 필립모리스는 새로운 성장동력을 만들어낼 수 있었다.

필립모리스의 2022년 상반기 기준 RRP 매출액 비중은 29% 수준이다. 목표인 50%에는 아직 미달한 수치이다. 이에 따라 필립모리스는 전자담배 외 RRP 사업 강화 목적으로 2022년 5월 스웨덴 담배 회사 '스웨디시 매치' 인수 계획을 발표했다. 필립모리스는 1,612억 스웨덴 크로나(약 160억 달러)에 다국적 담배 회사 스웨디시 매치를 인수하기로 했다. 이는 1주당 106크로나의 가치를 제시함으로써, 발표 전날 스웨디시 매치 종가(76.50 크로나) 대비 39.4%의 프리미엄을 책정했다.

스웨디시 매치는 담배의 대체품인 무연담배, 니코틴 파우치, 츄잉담배, 시가 등을 판매 중인 기업이다. 스칸디나비아 무연담배 시장의 50%, 미국 니코틴 파우치 및 츄잉담배 시장에서 독보적 1위를 차지하고 있는 선두 제조 업체이다. 2021년 기준 최근 2년간 매출액은 연평균 17.9%로 성장하였으며, 무연담배 시장 성장 수혜를 받아 빠른 성장률을 기록하고 있다. 스웨디시 매치는 2019년 미국 FDA로부터 대표제품인 무연담배 '제너럴 스누스General Snus'가 저감담배 제품으로 인정받으며 판매 인가를 받았다. 스누스는 입술과 잇몸 사이에 담배를 끼워 모세혈관을 통해 니코틴을 공급하는 형태의 담배로, 액상형 전자담배, 궐련형 전자담배와 더불어 일반 담배의 대체재로 꼽힌다.

FDA에 따르면 일반 담배보다 구강암과 심장병, 폐암 위험도가 낮으며 연기와 냄새가 거의 없고 보통 담배에 비해 유해 물질이 덜하다. 스웨디시 매치 인수를 통하여 필립모리스는 일반 궐련에 대한 규제 강화에 따라 장기간 소요되는 FDA 판매허가 과정을 거치지 않고도 RRP 포트폴리오를 확장하게 되었다. 미국 내 아이코스 판매를 위해 필립모리스가 FDA에 제출한 신청서가 230만 페이지가 넘었고, 개발에만 수백만 달러가 투하되었다. 그러나 미국 내 아이코스 판매를 허가받은 점을 감안하면 이번 딜로 필립모리스는 상대적으로 손쉽게 FDA 인증을 받은 RRP 포트폴리오를 확보한 셈이다.

필립모리스는 RRP 시장으로의 확장뿐만 아니라 장기적으로 담배와 니코틴 이외의 분야로도 사업을 확장하려는 목적을 두고 금연 제품 파이프라인인 헬스케어나 웰니스 분야 M&A도 진행했다. 2021년 9월 영국에 본사를 둔 흡입형 약물 개발회사 벡투라Vectura를 12억 달러에 인수 인수했다. 그리고 니코틴 껌, 파우치, 액화 정제 등 경구 제제에 대한 수탁 개발 및 제조 업체CDMO인 퍼틴 파르마Fertin Pharma A/S도 8억 1,300만 달러에 사들이며 지속 가능한 사업 확장에 집중하고 있다.

필립모리스는 기존 담배 사업이 위기 상황에 직면했지만 신제품 출시, 신규 사업 진출, M&A를 통해 성장동력을 확보하고 있다. 변화하는 사회 트렌드와 수요에 따라 전통적인 사업 부문을 개혁하면서까지 장기적인 주주가치를 창출하기 위해 노력하고 있다. 필립모리스는 강력한 현금 창출력을 기반으로 적극적인 배당을 실시하고 있으며, 배당수익률은 일반적으로 4~5% 수준이다. 이는 평균 1% 수준인 S&P 500 기업들의 평균 배당수익률보다 훨씬 높다. 필립모리스는 분기 배당 정책을 시행하고 있으며, 2009년 이후 지속적으로 배당금을 늘려왔다. 향후 3년간 50억~70억 달러 규모의 자사주 매입 계획까지 내놨다. RRP 역량 확보, 헬스케어 신사업 M&A를 통한 사업 확장으로 지속 가능한 성장동력을 확보하게 됨으로써 향후에도 꾸준한 배당 기업으로 자리매김할 것으로 보인다.

인터뷰

태양광 신세계를 열어젖힌 한화솔루션, 자본시장 앞세워 한발 앞으로

신재생에너지는 오랜 기간 희망 고문의 상징이었다. 석탄·석유 등 에너지 고갈과 친환경 분위기에 힘입어 '예고된 미래'라는 평가를 받지만 오랜 기간 우량 산업과는 거리가 멀었다. 반짝 인기를 끌며 시장이 성장했다가도 자립이 어려운 고비용 구조에 외면을 받았다. 신드롬이 휩쓸고 간 자리에는 계륵이 된 산업만 남겨졌다. 2010년 이후엔 중국의 저가 공세와 과잉 공급이란 파고에 휩쓸리며 국내 태양광 부품 사업은 전멸하다시피 했다. LG실트론, 현대중공업은 일찍이 태양광 시장에서 발을 뺐으며 마지막까지 버틴 웅진에너지는 파산하기에 이르렀다. 미래 먹거리 산업이 분명하지만 당장의 실익을 생각하면 손에 쥐기 어려운 영역이었다.

한화솔루션은 역발상으로 접근했다. 인류문명의 윤활유인 에너지는 결코 포기할 수 없는 영역이므로 값비싼 비용을 지불하더라도 세계 시장의 선두주자가 돼야 한다는 것이었다. 첫 타깃은 태양광 시장이었다. 과감한 투자를 하며 M&A 시장에서 굵직한 행보를 보였다. 2010년 8월엔 나스닥 상장사인 태양광 업체 솔라펀파워홀딩스를 4,300억 원에 인수하고, 2년 뒤에는 유럽 최대 태양전지·모듈 업체인 독일 큐셀을 인수했다. 2011년 3월 후쿠시마 원전사고를 겪은 일본이 태양광 발전에 집중하면서 반짝 호황을 겪었다. 그러나 중국의 저가 공세와 에너지 가격 변동에 따라 수익성이 출렁이면서 안정적인 사업으로 안착하지 못했다.

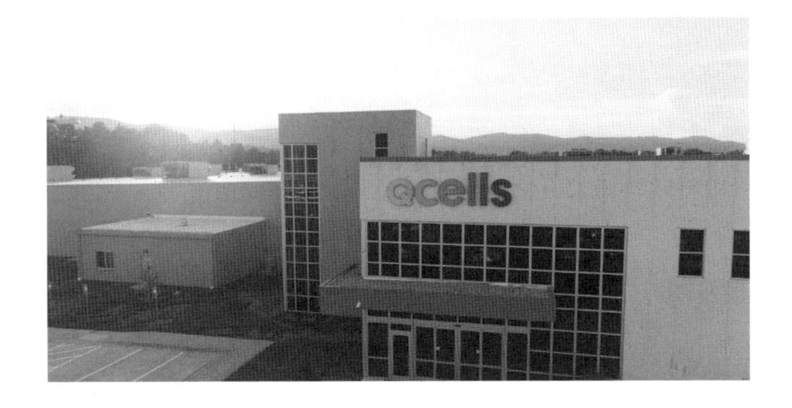

외부에서는 태양광 산업엔 미래가 없다며 부정적 인식이 확산됐다. 사업을 축소하고 캐시 카우 분야인 케미컬, 첨단소재에 집중해야 한다는 볼멘소리도 나왔다. 그러나 한화는 인고의 세월을 견디며 차별화된 역량을 쌓는 '축적의 시간'으로 삼았다. 이런 경영진의 확고한 철학은 그룹의 30년 먹거리를 만드는 마중물을 만든다. 한국 특유의 기업가 정신이 빛을 발한다. 이차전지 산업이 딱 그렇다.

LG는 1999년 반도체 빅딜로 청주공장(현 SK하이닉스를)을 잃었다. 배터리 산업을 미래 먹거리로 선정하고 투자를 아끼지 않았다. 2005년 배터리 사업에서만 2,000억 원의 적자가 났지만 흔들리지 않았다. 그 힘이 100조 원이 넘는 LG에너지솔루션을 만들었고 수주잔고 370

조 원이라는 신화를 만들었다.

반도체에 이어 한국 경제의 '쌀'로 이차전지가 떠오른 것은 결코 우연이 아니다. 그런 면에서 한화솔루션의 도전은 닮은꼴이다. 2020년 세계적으로 ESG 열풍이 불면서 세계적으로 신재생에너지 산업이 부각됐다. 미국 시장 부동의 1위 태양광 모델업체인 한화솔루션은 단연 주목을 받는 기업으로 발돋움했다. 태양광 시장을 넘어 풍력, 수소까지 확대하며 신재생에너지가 또 다른 국내 핵심 산업으로 떠오르고 있다.

한화솔루션은 현실에 안주하지 않고 미래 시장 선점을 위해 자본시장을 영리하게 활용했다. 수년 전부터 기후 악당이라는 오명을 벗고 탄소 다이어트를 통해 투자 실탄을 마련하고자 하는 밑그림을 그렸다. ESG의 부각으로 신재생에너지가 부각되자 투자 적기라고 판단했다. 즉각 사모펀드 운용사와 접촉하며 자금 유동화에 나섰다. 폴리염화비닐(PVC)을 생산하는 중국 닝보 법인을 활용해 6,762억 원 실탄을 조달했다. 성장성이 먼저 부각되자 헤임달프라이빗에쿼티에게 지분 49%를 매각했다. 거래 이후 제품 쇼티지로 닝보 법인의 실적이 큰 폭으로 개선되었으며, 경기침체로 시황이 악화되었지만 하방 안정성을 지탱하며 자본시장에 인상을 남겼다. 특히 기관투자자들은 한화솔루션의 저력에 큰 믿음을 갖게 됐다.

이런 관심은 자연스럽게 다음 분야인 첨단소재사업부로 이동했다. 태양광 모듈용 소재와 자동차 경량화 소재가 주목받으며 지분 49%를 6,000억 원에 매각하기로 했다. 그러나 올 상반기 자본시장이 급격히 얼어붙으면서 거래 종결을 낙관하기 어려워졌다. 실제 많은 기업과 사모펀드는 거래를 포기했다. 최악의 펀딩 시장에서도 한화솔루션은 새마을금고를 비롯한 기관투자자에게 믿음을 주며 거래 종결을 이뤄냈다. 성숙기에 접어든 산업을 목표한 대로 유동화에 성공하며 재무 분야 최고 성과를 낸 기업이라는 평가를 받는다.

실탄을 넉넉히 마련한 한화솔루션은 성장동력 확보에 나섰다. 2021년 말 프랑스 재생에너지 전문 기업 RES프랑스 지분 100%를 7억 2,700만 유로(약 1조 원)에 인수했다. 같은 해 4월 시장 매물로 나온 뒤 다수 글로벌 기업이 눈독을 들인 기업으로 인수 경쟁이 치열했다. 뒤늦게 인수전에 뛰어든 한화솔루션은 과감한 베팅과 매각 측이 원하는 타임라인을 지킬 수 있다는 점을 강조하며 승기를 거머쥐었다. 자금 조달 시나리오를 선제적으로 그린 덕분이다. 이번 인수로 기존 태양광 산업에 풍력 산업까지 영역을 확대하며 친환경 사업 영토를 확장했다.

다음은 태양광 밸류체인 재구축이라는 숙제를 풀어야 했다. 그동안 셀 ⇨ 모듈 ⇨ 시스템만 구축하고 있던 한화솔루션은 2021년 난관에 직면했다. 전 세계 친환경 에너지 열풍이 불면서 태양광 관련 수요가 급증한 데다 중국 인권 문제로 글로벌 폴리실리콘 절반가량을 생산하는 신장 지역의 수출길이 막혔다. 미국·유럽이 중국산 수출을 제한하면서 폴리실리콘 몸값은 천정부지로 뛰어올랐다. 더 이상 폴리실리콘 ⇨ 잉곳 ⇨ 웨이퍼의 내재화를 미룰 수 없었다.

2021년 4월 미국에 폴리실리콘 공장 2곳을 보유한 노르웨이 기업 REC실리콘과 협력 논의를 진행했다. 다양한 사업 논의가 오고 가는 중 상호 협력 관계를 격상하는 차원에서 유상증자 논의가 나왔다. 한화솔루션은 2021년 11월 1,900억 원 규모의 유증에 참여해 REC실리콘 지분 16.67%를 취득했다. 2022년 초에는 REC실리콘 대주주의 구주를 인수하며 경영권을 확보했다. 상호 신뢰 관계가 형성된 양사는 서로의 니즈를 공유하며 거래에 속도가 붙었다. 이번 거래에는 한화솔루션뿐 아니라 (주)한화도 참여했다. 태양광뿐 아니라 반도체용 폴리실리콘을 생산하는 REC실리콘과 시너지 효과가 있다는 판단에서다.

한국 기업이 노르웨이 지역의 기업을 인수한 사례는 극히 드물어 거래 종결이 만만치 않았다. 2008년 STX가 노르웨이 크루즈선 전문 건조기업을 인수한 게 그나마 최근 사례다. 낯선 지역의 기업을 인수하면서 미국 IRA(인플레이션 감축법) 법안에 발맞춰 시장 공략을 위한 준비를 마쳤다.

한화솔루션은 앞으로 신중한 확장전략을 취한다. 경제의 불확실성 확대와 자금 조달의 어려움이 커진 만큼 확실한 투자 대상을 상대로 점진적 확대에 나선다는 복안이다. 재무적 근심이 큰 다른 기업과 달리 지분 유동화, 유상증자로 선제적 자금조달로 행동 보폭이 넓은 만큼 탄력적 행보가 얼마든지 가능하다. M&A와 사모펀드를 영리하게 활용한 한화솔루션은 종합 신재생에너지 업체로 발돋움하며 미래를 선점했다.

국내 업체가 미국 태양광 시장에서 1위를 차지한 것은 기적이다. 경영자의 선견지명과 인내, 위험을 감수하는 '야수적 본능'만큼 강력한 성장엔진은 없다. 미국의 강력한 태클에 멈춘 중국 태양광 업체의 위기는 곧 우리 기업의 성장 기회다. 어렵다는 경고음이 울리는 요즘, 이차전지에 이어 태양광에서의 선전 소식이 더욱 기쁘게 다가온다.

PART

2

2023년 M&A 시장과 사모펀드 트렌드

4장

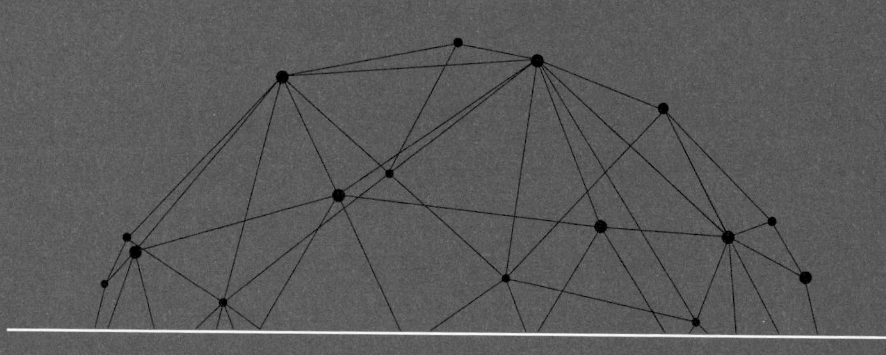

국내외 사모펀드 투자 트렌드

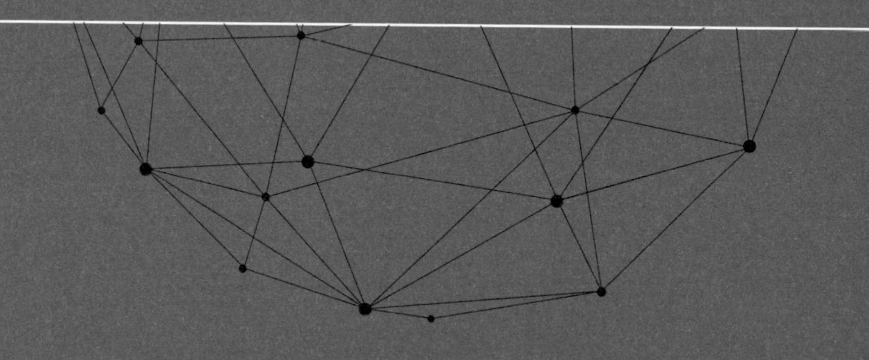

18

2023년 사모펀드와 M&A 시장 전망

2022년의 경제 환경은 변동성 시대로의 진입이라고 앞서 이야기한 바 있다. 이렇게 불확실성이 커져 돌발변수가 많은 시기에는 일관된 기조로 2023년의 자본시장과 산업을 전망하는 것이 쉽지 않다. 그래서 우리는 미래를 예측하기보다는 지금 현재 우리에게 주어진 상황에 대응하는 방법을 찾는 것이 더 현실적이라는 판단을 했다.

먼저 자본시장에서는 급격한 금리인상으로 인해 자금조달과 펀딩이 경색된 상황인데 그런 현상이 M&A와 사모펀드 시장에 어떻게 영향을 줄 것인지에 대해 기관투자가의 입장에서 검토해보았다. 또한 산업 전망 부분에서도 마찬가지로 전체 산업에 대한 전망보다는 기관과 사모펀드 그리고 성장동력을 찾으려는 기업 입장에서 관심을 가질 만한 산업 분야를 중심으로 해당 산업의 현주소와 향후 변화의 흐름을 살펴보면서 투자 전략을 수립하는 데 도움이 될 수 있도록 분석해보았다.

다만 다루는 내용과 용어가 전문적이어서 업계에 속하지 않은 독자 입장에서는 이해되지 않는 측면도 있겠지만 투자의 가장 앞단에서 이루어지는 고민과 주목할 점이라는 면으로 이해한다면 좋은 투자 아이디어를 얻을 수 있지 않을까 싶다.

금리인상기, 생존을 넘어 성장 전략은?

2022년 기관투자자들이 주목한 투자 대상 중 자산가치와 현금 창출 능력이 높은 기업이 있었는데, 이런 기조는 2023년에도 당분간 이어질 것으로 예상된다. 금융기관들의 조달금리가 높아지고 수익 변동성이 커진 상황이기에 최우선적으로 수익성 확보를 위한 투자 전략이 우선시될 것으로 보인다. 최근 인수금융 시장도 경색되어 불과 1년 전 선순위 인수금융이 4~5%로 조달되던 것이 최근에는 동일한 선순위 기준 인수금융이 8~9% 수준으로 높아진 것을 볼 수 있다. 기업인수를 인수금융을 차입하여 진행하는 LBO(차입매수) 방식으로 진행하기에는 비용이 많이 늘어난 것이다. 아주 안정적인 사업이나 자산을 보유한 기업이 인수하는 경우가 아니면 심지어 인수금융을 빌리기 어려운 상황에 처하기도 한다. 한편으로는 이런 높은 수준의 인수금융 금리라면 투자자 입장에서는 투자 건 중 기대수익률이 10% 내외의 애매한 수익률의 에쿼티 지분 투자보다는 담보를 갖춘 선순위 인수금융을 포트폴리오에 담는 것이 합리적인 선택으로 느껴지게 된다. 투자 대상 기업을 고를 때에도 현금흐름이 양호하고 높은 배당을 지급할 수 있는 기업을 선호하는 현상이 지속할 것으로 보인다.

자본시장에서 처한 환경을 기업과 그룹 입장에서 분석해보면 주식,

채권 등 자본시장에서 신규 자금을 조달하기 어려운 시장 상황의 여파가 있을 것으로 보인다. AA급 회사채 발행금리가 이미 5%를 상회하였는데 목표 조달금액에 미달하여 발행되는 사례들이 생기고 있다. 지난 1~2년 동안 바쁘게 움직이며 사업 포트폴리오와 디지털 전환을 위해 투자를 공격적으로 했던 기업과 그룹들은 당분간 자금난에 시달릴 수 있다. 그래서 비핵심 계열사를 매각하거나 자산의 일부를 유동화하는 형태로 자금을 조달하려는 시도가 있을 것으로 예상되며, 그런 와중에 외부 기관투자자들에게 투자 기회가 발생할 수 있을 것으로 보인다.

또한 고성장에도 불구하고 수익성이 뒷받침되지 못했던 플랫폼 기업들이 IPO나 자금조달에 실패하고 고육지책으로 경영권을 매각하는 사례들이 나올 것으로 보인다. 오프라인 기반의 사업에서 온라인으로의 디지털 전환을 시도하고 시장 장악력 확대를 추진하는 대기업과 사모펀드에게는 좋은 인수 기회일 수 있다.

지금까지는 금리인상기 생존의 방법에 대한 이야기였다. 이제부터는 성장 전략에 대해 이야기해보고자 한다. 인수금융 대출금리가 8~9%에 육박한다는 것은 기업을 인수한 후 성장률이 그 수준을 넘어서지 못하면 오히려 빚내서 이자 갚느라 살림이 쪼그라들 수 있다는 이야기이다. 지금 시대에는 높은 금리와 인플레이션을 극복할 수 있는 큰 성장 잠재력을 보유한 기업을 발굴하여 투자하는 것이 생존을 넘어서 성장으로 나아갈 수 있는 현실적인 방법이라고 생각한다. 과연 어떤 기업들이 이렇게 높은 금리와 인플레이션을 넘어설 수 있을 것인가. 크게 세 가지로 분류해 생각해봤다.

첫째, 수요층이 있는 곳에 진출하여 시장을 창조하는 사업을 잘하는 기업이 되어야 하고, 투자자들은 그런 기업을 발굴해야 한다. 대표적인 신규 수요층은 MZ세대이다. 확고한 소비 취향으로 남다른 구매력을 보이는 MZ세대의 소비를 이해하고 성장 전략을 짜야 한다. 관련해서는 드라마 콘텐츠 사업, 음원 IP 사업 등이 해당될 수 있다.

둘째, 메가 트렌드에 속하는 사업과 해당 시장에서 차별적인 역량을 보유한 기업이다. 세계적인 추세인 고령화 현상에서 수혜를 볼 수 있는 제약, 바이오 산업과 환경 이슈를 해결하기 위해 대전환을 하고 있는 자동차와 이차전지 산업, 디지털 전환과 차량 전장화 등 트렌드에 부합하는 반도체 산업이 해당한다.

셋째, 기존 산업에 속하지만 기술발전에 따라 고성장을 앞둔 전환기 산업과 기업이 있다. 모바일 분야의 주요 이슈인 폴더블폰, 에너지 산업에서 새로운 부가가치를 창출하고 있는 수소 산업과 제품에서 채택될 수 있는 기술을 보유하여 가파른 성장의 초입 국면에 위치한 기업을 발굴해서 투자가 이루어져야 한다.

사모펀드 시장 전망과 생존 전략

최근까지 풍부한 시장 유동성을 기반으로 사모펀드를 운용하는 운용사의 수가 기하급수로 늘어났다. 좋은 투자처를 발굴하여 독립한 사례가 가장 많았고 성장성이 유망하여 타 산업에서 신규로 진입하기도 하였다. 투자자인 기관들의 운용자금이 풍부할 때는 대형 사모펀드부터 신생 독립 펀드에 이르기까지 고르게 수혜를 볼 수 있었으나 최근처럼 기관들의 돈줄이 마른 어려운 시기에는 실적과 시스템이 검증된 대형 사모펀드에 자금이 몰려서 사모펀드 업계에도 빈익빈 부익부가 심화되는 것을 볼 수 있을 것이다.

또 한 가지 사모펀드 업계의 어려움은 펀딩 시장에서의 경쟁은 물론이거니와 기존 자산의 엑시트 환경이 악화되었다는 점이다. 펀드에서 투자하거나 인수한 시점이 초기일 경우 최근의 경색된 IPO, M&A 시장을 피해서 실적 개선에 집중하고 훗날을 도모할 수 있다. 그러나 엑시트를 적극적으로 고려하고 있거나 만기가 도래하여 불가피하게 엑시트를 추진해야 하는 펀드의 경우 난관에 봉착하게 된다.

신생 소형 사모펀드를 폭넓게 육성하는 것이 사본시장을 풍부하게 만드는 순기능을 할 수 있는 방향이자 숨어 있는 우량 자산을 발굴하여 투자할 수 있는 좋은 기회로 작용하기도 했다. 그러나 이제는 양적 팽창과 성장의 시기가 아니고 내실을 다지는 시기라고 생각된다. 1인 기업에 가까운 독립 사모펀드들은 딜 소싱과 펀딩 역량에 한계를 느낀다면 서로를 보완할 수 있는 펀드 간 합병을 통해 조직을 키우고 시스템을 갖출 수 있도록 해야 한다. 조직 간 이질감 때문에 합병이 어렵다면 펀드 공동운용의 형태인 코지피CO-GP라는 수단을 통해서라도 몸집과 역량을 키워서 시장에 나오는 것이 바람직하다고 본다. 이미 기존에도 블라인드 펀드 결성이나 프로젝트 펀드의 결성 가능성을 높이기 위해 코지피 형태로 펀드를 출시하였던 것이 좋은 교훈이 될 것이라고 본다.

펀드 엑시트 환경이 경색된 현 상황에 어떻게 대응해야 할 것인가. 사모펀드 역사가 오래된 선진 금융시장의 다양한 전략과 새로운 콘셉

트의 펀드를 시도해야 한다고 생각한다. 올해 본격적으로 논의되었던 컨티뉴에이션 펀드, LP 또는 GP 세컨더리 펀드, 펀드 오브 펀드 등 다양한 전략의 펀드 형태가 자연스럽게 논의될 것으로 예상한다. 선진 금융시장의 분화된 다양한 전략의 펀드 형태는 지금 우리가 겪는 자본시장 위기 속에서 생존을 위해 변화를 추구하는 과정에서 확대된 케이스일 것이기에 우리 자본시장에도 위기 뒤에 한층 더 성숙한 변화를 맞이할 것으로 기대한다.

우리 자본시장 내에서 한국 사모펀드 간에 자생적으로 그런 변화의 흐름이 생기면 좋겠지만 그게 쉽지 않다면 유럽과 미국의 펀드 중 한국 시장과 기업에 관심을 갖고 있는 글로벌 펀드와 협업하는 것도 좋은 방법일 것이라고 생각한다. 이미 한국 시장 진출을 위해 조인트벤처나 한국법인을 설립하는 해외 운용사가 있다. 앞으로는 그 흐름이 확대될 것으로 전망된다.

19

2023년 산업경제를 조망하다

산업에 대해 살펴볼 때 거시적인 흐름, 시대의 변화, 기술의 발전을 바탕으로 예측해볼 수 있는데, 코로나19 팬데믹이라는 전 세계적인 사건이 2년여가 지나서 막을 내렸다. 식당을 가도 북적이고, 여행지도 북적이는 걸 보니 사람들의 일상은 이전으로 조금씩 회복되고 있는 모양이지만, 산업계를 살펴보면 원래의 상태로 그냥 돌아가지 않는 듯하다. 코로나19를 거치면서 산업 전반에 변화가 시작되었고, 엔데믹 시기로 넘어온 뒤로는 세계의 정치, 경제 환경에 따른 또 다른 변화들이 감지되고 있다. 이러한 변화들을 살펴보는 것이 앞으로 산업이 어떻게 전개될지 조망해보는 데 의미가 있을 것 같다.

산업의 패러다임을 바꾸는 주요한 변화 요인은 크게 네 가지로, 디지털 전환, 탄소중립, 공급망의 변화, MZ세대를 통해 산업의 변화와 향후 전망을 살펴보고자 한다. 이러한 요인들은 모든 산업의 변화를 몰고 올 것으로 예상되고, 기업이나 투자에 있어 리스크도 커지겠지만 또 다른 기회가 될 것으로 보인다. 먼저, 디지털 전환의 가속화를 살펴보겠다.

가속 페달 밟는 '디지털 전환'

사실 디지털 전환은 과거부터 다양한 산업에서 시작되었지만, 코로나19 동안 가장 급속히 진행된 변화 중의 하나이다. 빅테크를 중심으로 한 디지털 플랫폼 기업들이 그 어느 때보다도 영역을 넓히며 일상을 파고들었고 엄청난 성장을 이루어냈다. 특히 한국은 중국을 제외하고 유일하게 로컬 플랫폼이 글로벌과 격전을 벌이는 사실상 유일한 국가로 디지털 전환이 더욱 활발한 국가이다. 한국의 플랫폼 기업들의 2022년 면면을 살펴보기만 해도, 그 성장을 멈추지 않음을 확인할 수 있다. 이커머스의 대표적 플랫폼 기업인 '쿠팡'의 2022년 상반기 실적 발표에 따르면, 총거래액GMV, Gross Merchandise Value은 전년 대비 10% 이상 성장하고 있으며, 영업손실 또한 80% 이상 줄였다. 비록 엔데믹에 접어들면서 그 속도는 다소 완화되었으나, 성장세는 여전함을 알 수 있다.

대형 포털사들도 글로벌 진출과 플랫폼 확장을 더욱 거세게 추진할 전망이다. 네이버는 콘텐츠를 통해 글로벌 진출을 주요 전략으로 추진하고 있는데, 2022년 상반기 웹툰 매출은 전년 대비 무려 69% 성장한 8,000억 원을 돌파하였다. 올해에도 '이북재팬' 등을 추가로 인수하였고, 콘텐츠 제작 기반을 늘리는 등 여전히 공격적인 행보를 보이고 있다. 카카오 역시 콘텐츠 분야에서 지속적으로 해외 IP 소싱력을 높이고 있는데, 올해에는 자회사 픽코마가 일본 암호화폐거래소 SEBC를 인수하여 NFT 기술까지 확보하고 있다.

기업들의 디지털 관련 투자 동향도 확대되고 있다. 한국 IDC(인터넷

데이터센터)에 따르면 2022~2024년 직접 디지털 투자는 연평균 18% 증가를 기록할 것으로 전망되고, 2023년까지 국내 기업 조직의 85%가 디지털 툴에 우선 투자한다는 조사 결과도 보인다.

각종 플랫폼 기업이나 테크 기업들이야 당연히 디지털에 기반한 사업이지만, 기존 산업에서도 디지털 전환의 움직임이 더욱 거세질 전망이다. 대표적인 분야가 바로 금융 산업이다. 금융위는 2022년 8월에 규제 완화를 통해 금융사들의 통합 플랫폼 운영이 허용되었고, 향후 본격적인 '생활금융 플랫폼' 서비스를 론칭할 것으로 관측되고 있다. 리테일 산업에서도 기존 유통 강자들의 발표에 따르면, 오프라인과 온라인이 결합한 형태의 '쇼핑 경험'을 끊임없이 시도하고 선보일 것이다.

정부 역시, 이러한 디지털 전환을 적극 활용하고 지원할 것으로 전망된다. 2022년 9월 정부는 '디지털 플랫폼 정부위원회'라는 대통령 직속기구를 출범시켰다. 디지털 플랫폼의 데이터를 통합 분석함으로써 국민, 기업, 정부가 함께 새로운 가치를 창출하려는 목적을 가지고 있고, 인공지능·데이터, 인프라, 서비스, 일하는 방식 혁신, 산업 생태계, 정보 보호 등 6개 분과별로 본격적인 디지털 전환을 고민해나갈 것으로 보인다.

디지털 전환은 이제 피할 수 없는 트렌드이다. 다만, 지금까지는 주로 눈에 보이는 산업에서 나타나고 있는 것처럼 보이지만, 앞으로는 모든 산업 전반에서 큰 변화가 일어날 것으로 보인다. 제조업에서도 스마트 공장, AI 기술을 이용한 공장 진단이나 품질 검사 등 다양한 형태로 사람의 역할을 대신하거나 할 수 없는 영역을 만들어가고 있다. 국내외 컨설팅사에서도 디지털 전환에 대한 의뢰가 최근 크게 증가하고 있다. 지금까지는 대기업 위주로 디지털 전환을 서두르고 있지만, 앞으로는 디지털 전환이 모든 기업의 경쟁력을 좌우하는 데 필수적인 요인이 될 것으로 보인다.

이러한 큰 변화를 대비하기 위해서는 기업의 모든 밸류체인을 총망라하여 디지털 전환 관점에서의 전략을 수립하고 실행해야 할 것이다. 지금까지는 '고객 경험' 중심으로 디지털 전환이 주로 진행되었다면, 앞으로는 제품 개발, 구매, 생산, 물류 등 '운영 효율성' 관점에서도 디지털 전환과 활용이 본격 진행될 것이 분명하기 때문이다. 디지털 전환에 대한 기초적인 마인드가 미흡하거나 역량이 매우 부족한 기업이라면 이제는 더 이상 준비를 늦출 수 없을 것이며, 투자 관점에서도 향후 발전 가능성 측면에서 필수 요소인 디지털 전환에 대한 마인드나 이행 노력 등을 심사숙고하여 검토할 필요가 있을 것이다.

'탄소중립' 시대가 본격적으로 가시화되고 있다

또 하나 크게 주목할 만한 변화는 '탄소중립' 시대의 가시화이다. '탄소중립'이 세계적 화두가 된 것은 주요 선진국을 중심으로 탄소 배출을 줄이고 온난화를 막자고 합의된 1997년 교토의정서로 거슬러 올라갈 수 있다. 이후 UN IPCC(기후변화에 관한 정부 간 협의체)가 2007년 4차, 2014년 5차 보고서를 통해 인간이 감내할 수 있는 한계상승 온도를 '2도'로 설정했으며, IPCC 보고서를 바탕으로 2015년 '파리협약'과 2021

년 'COP26'을 통해 국제적으로 2030년까지 탄소 배출량 45%, 2050년에는 0%를 만들어가는 것으로 합의가 이루어졌다. 이에 산업부, 환경부, 과기부, 교육부, 해양부 등 국내 정부 합동부처는 2020년에 '한국판 뉴딜'과 '2050 탄소중립 추진 전략'을 발표했다. 2021년에는 '국가 온실가스 감축 목표NDC'를 2030년까지 총 배출량을 40% 감축하는 것으로 구체적인 계획을 제시하였다. 2022년은 이러한 선언이 본격 실행되는 사실상 첫해였다. 정부 R&D 예산을 1조 9,274억 원으로 확대하고, 탄소중립 핵심 기술(수소환원제철, 바이오 원료 전환)을 위해 6조 7,000억 원을 배정하고, 이차전지 등에도 2조 원 규모의 예비 타당성 조사를 추진하는 등 과감한 예산을 쏟아붓고 있다.

그뿐만 아니라, 중소·중견 기업의 탄소중립 설비 지원을 위해 876억 원을 투입하여 2022년 내 클린 팩토리 보급 750개, 스마트 생태 공장 전환 100개를 목표로 하고 있다. 이러한 친환경 전략의 실현을 위한 다양한 지원 정책뿐만 아니라, 의무도 강화되고 있다. 환경정보를 의무적으로 공개해야 하는 기업의 범위가 자산 총액 2조 원 이상의 상장법인으로 대폭 확대되었고, 기업의 영업 목적으로 차량을 구매할 때 일정 비율 이상을 친환경차로 구매하도록 의무화되었으며, 일정 규모 이상으로 전력을 소비하는 기업은 분산에너지 설치를 의무화하고 있다.

이에 기업들도 친환경 전략에 적극적으로 대응에 나서고 있다. 삼성전자는 2022년부터 '지속가능경영협의회'를 대표이사 주관으로 격상하고, '탄소감축위원회'와 'AI윤리협의체'를 신설하였으며, 2022년 9월에는 RE100 가입을 공식 선언하기도 하였다. 현대자동차그룹은 2022

년에 RE100 지지 기업명단에 가입하고, 2045년까지 재생에너지 100% 전환과 탄소중립을 완성한다는 목표를 구체적으로 설정하기도 하였다. LG는 그룹사의 첫 기후변화 대응 리포트를 2022년 내에 발간할 예정이고, 롯데 역시 모든 상장사에 'ESG위원회'를 설치하고 2022년부터는 KPI 평가에 ESG 경영 항목을 반영하고 있다.

이러한 탄소중립 요구에 대응하기 위해서는 무엇보다 재생에너지 중심의 에너지 수급이 실현되어야 하며, 지역 편차가 크고 수요에 따라 발전량을 조절할 수 없는 재생에너지가 가진 지리적, 시간적 제약을 극복해야 한다. 탄소중립과 함께 수소경제가 언급되는 것은 수소가 에너지캐리어로서 재생에너지의 한계를 극복하는 유력한 수단이 되기 때문이다. 재생에너지로 생산된 전력을 활용하여 물을 전기분해하여 생산된 수소를 통해 에너지를 저장하고 다른 지역으로 옮길 수 있으며, 수소를 연소하거나 반응시켜 다시 전력을 생산할 수 있기 때문이다.

이처럼 수소 중심의 에너지 수급은 탄소중립의 실현을 위해 반드시 필요한 일이며, 현존하는 기술적 한계를 극복하기 위해 세계 각국과 유수의 기업이 수소의 생산, 운송, 공급, 활용에 이르는 전 과정에 대한 로드맵을 발표하고 적극적인 투자를 이어가고 있다. 수소경제로의 이행은 화석연료 기반의 탄소경제를 벗어나 재생에너지와 수소 중심의 패러다임으로의 전환을 전제하는 만큼, 국가 기반 인프라 전반의 구축을 위한 대량 투자가 요구되고, 극복해야 할 기술적 난제도 많은 것이 사실이다. 하지만 석유자원이 부족한 우리나라에는 이러한 대전환의 시기가 미래의 산업 기반을 구축하고 새로운 성장동력을 얻을 수 있는 기회가 된다는 점에서 지속적인 관심과 투자가 필요한 영역이다. 소재, 촉매, 화학 등 이차전지 유관 분야에서 다수의 기업이 유망 투자 기업으로 주목받고 있는 현재의 모습을 생각해보면, 수소경제 밸류체인 각 영역으로 사업 확대 계획을 내놓고 있는 기업들의 10년 뒤 크게 변화된 가치를 기대해봐도 좋을 것이라고 생각하며, 투자자 관점에서 유망 기업들을 눈여겨본다면 많은 기회가 있을 것이라고 본다.

미·중 신냉전으로 인한 '공급망 분리'

최근 큰 변화 요인으로 세계적인 공급망 분리는 놓칠 수 없다. 2018년 7월 미국이 340억 달러 규모의 중국산 제품에 25%의 관세를 부과하고 중국이 미국산 농산품, 수산물, 자동차에 동일 규모의 보복관세를 부과하면서 촉발된 미·중 무역분쟁은 현재까지 군사, 경제, 정치 등 여러 분야에서 양국 간의 날카로운 신경전과 대립으로 이어지고 있다. 코로나 팬데믹으로 드러난 글로벌 공급망의 취약점은 공급망 전반에 걸친 탈세계화와 디커플링를 더욱 가속화하고 있다. 미국은 중국과의 '공급망 분리'를 선언하고 반도체, 배터리, 핵심 광물, 의약품 등 4대 핵심 품목에 대한 공급망을 검토하고 동아시아 지역 동맹국과의 공급망 협력 강화에 초점을 맞추고 있다.

최근에는 유럽연합 또한 러시아 가스 공급 중단에 의한 에너지 부족 사태와 같은 실수를 되풀이하지 않겠다는 듯 리튬, 희토류 등의 중국 의존도를 낮추기 위한 '유럽핵심원자재법RMA' 제정 의사를 밝혔다.

반도체 산업의 경우, 한국(메모리, 파운드리), 대만(파운드리), 일본(소재, 장비), 미국(원천기술, 장비, 팹리스)이 주도하는 반도체 공급망, 이른바 '칩4' 동맹을 형성하고 있다. 일본과 대만은 가입을 확정, 한국도 이에 참여를 요청받았으나 아직 검토 중이다. 한국 기업들이 고민이 많은 것은 글로벌 반도체 시장에서 중국 의존도가 높고, 중국에 대규모 투자한 기업들이 많기 때문이다. 한국 반도체 수출액 중에서 중국이 차지하는 금액은 약 70조 원으로, 이는 40%에 육박하는 수치인데 홍콩까지 합치면 62% 수준이 된다. 삼성전자는 중국 시안 공장에서 낸드플래시 전체 출하량 중 약 40% 차지하고 있고, SK하이닉스도 D램 생산의 약 50%를 중국 우시 공장에서 생산 중이며, 2021년 인텔로부터 인수한 낸드프래시 공장도 중국 다롄에 위치하고 있다. 이러한 상황에서 공급망의 변화는 향후 반도체 산업의 변화와 국내 기업들의 대처, 그리고 관련된 수많은 기업과 산업에 큰 영향을 미칠 것으로 보인다. 이에 대한 기업들과 투자자들의 대처가 매우 중요해질 것으로 전망된다.

전기차, 이차전지 산업에서는 인플레이션감축법IRA에 따라 미국 또는 미 FTA를 체결한 국가에서 조달한 광물을 일정량 이상 사용해야 보조금을 획득(2022년 40% 이후 매년 10% 상승하여 2029년 100% 예정)할 수 있게 될 전망이다. 이로 인해 현대차의 경우, 조지아 공장이 2025년 완공되어서 그때까지 보조금을 받지 못하여 2년 동안 경쟁사 대비 약 1,000만 원 비싸게 판매하는 중이어서 2022년 10월 IRA 적용 유예를 요청하고 있다. 다행히 국내 배터리 업체들은 이미 미국에 선제적인 증설을 진행 중이고 완성차 주문자상표부착생산OEM과 합작법인JV을 통해 이런 움직임을 더욱 가속화되고 있다. 이에 LG에너지솔루션 등 한국 배터리 업체들이 IRA 요구 조건을 충족시키기 위한 노력을 기울인다면 수혜를 입을 수 있을 것으로 전망된다.

중국에 대한 경제 의존도가 높은 한국에는 공급망 분리의 영향이 이들 핵심 품목에만 국한되지 않을 전망이다. 미국은 2022년 5월 미국 주도로 출범한 인도태평양경제프레임워크IPEF를 통해 대중국 견제를 진영화하고 있다. 중국이 핵심 미래 산업으로 꼽은 반도체, 신에너지차, 이차전지 등에 대한 한·미·일 협력이 긴밀해지면서 중국이 느끼는 위기감은 더욱 고조되고 있다. 중국은 역내포괄적경제동반자협정RCEP, 남태평양 국가와의 협력 강화 등을 통해 중국 중심의 글로벌 공급망 구축을 시도하는 한편, 국내 공급망에 대한 안정적 공급을 우선하는 정책을 통해 국내 산업을 보호하면서 국제 시장에 중국발 원자재 공급 차질이 발생하고 있다.

지난 2021년 10월 발생한 요소수 파동은 이와 같은 독자적 공급망 구축 시도가 우리 경제에 미칠 수 있는 영향을 단적으로 보여주는 사례이다. 사드 배치 이후 중국의 경제 보복, 코로나 봉쇄에 따른 생산 차질과 그 이후의 정책적 수출 규제가 이어지며 현실화되는 중국발 리스크의 심각성을 직접적으로 경험한 한국 입장에서는 경제 전반에 대한 대응 체계 수립과 교역 다변화를 위한 다각적 노력이 요구되고 있다.

미국의 대중 보복관세를 피하고 중국의 불안정한 정책적 불확실성에 대비하기 위한 기업들의 탈중국화 노력은 이미 가시적으로 나타나고 있다. 한국 수출입은행이 조사한 국내 주요 투자 진출 대상국의 2021년 상반기 신규 법인 통계에 따르면 베트남 신규 법인은 121건으로 미국의 255건에 이어 2위를 기록했으며, 베트남을 포함한 아세안 지역 신규 법인은 274건에 달했다. 또한, 한국무역협회 상하이지부가 2022년 6월에 발표한 중국 진출 177개 한국 기업을 대상으로 한 설문 조사에서는 응답 기업의 55%가 향후 중국 내 사업에 대한 축소, 중단, 제3국 이전을 고려하고 있다는 결과가 나왔다.

주요 대기업 계획을 봐도 유사한 경향을 볼 수 있다. 우선, LG전자는 차량용 인포테인먼트 부품의 중국 생산 법인을 청산하여 베트남 법인으로 일원화할 계획이고, 미국 수출 냉장고는 한국 공장으로의 생산 기지 이전을 결정하였다. 또한, LG화학은 2023년 말까지 서산에 플라스틱바이오 공장 신설 계획을 발표하고 생산기지 국내 유턴을 발표했다. 그리고 현대자동차, 삼성SDI, 삼성디스플레이 등도 중국 생산라인 철수·매각 방침을 밝히고 있다. 2000년대 말 공격적으로 중국에 진출했던 롯데쇼핑이 2022년 롯데백화점 청두점 지분 매각을 결정하며 중국 사업에서 완전 철수하는 것 또한 이러한 움직임과 무관하지 않다.

한국 기업의 탈중국이 불가능할 것이라는 지적도 있지만, 가속화하는 미중 중심의 경제 블록화와 공급망 분리는 한국 기업들에 있어 분명한 선택을 요구하고 있다. 이에 따라 중국 의존도가 높은 산업을 중심으로 한 생산기지 다변화, 리쇼어링을 추진하는 한편, 과거 비용 절감과 효율 향상을 중심으로 구축되던 공급망을 공급 리스크 대비와 긴급 대응이 가능한 체계로 재편하는 작업이 이어질 것으로 전망된다.

투자자 관점에서는 이러한 대외 환경 변화에 따라 투자의 초점을 옮겨갈 필요가 있으며, 생산기지 다변화에 필요한 기업의 자금 수요, 시장 및 품목 다변화에 따른 새로운 성장산업의 대두, 공급망 재배치에 따른 국내 강소기업의 수출 확대 가능성에 주목하며 가능성 있는 기업들에 대한 투자 기회를 모색할 필요가 있다고 본다.

MZ세대·디지털 네이티브: 거시환경 변화로 인한 소비 패턴의 변화에 주목하라

산업의 변화를 살펴볼 중요한 관점으로 MZ세대를 보겠다. '미코노미', '나심비', '리셀테크', '미닝아웃'과 같은 말들이 있다. 모두 MZ세대의 소비 특징을 일컫는 말들이다. '미코노미Me+Economy'는 자신을 위한 소비에 돈을 아끼지 않는 특징을, '나심비(나+심리적 만족+가성비)'는 본인의 심리적 만족을 위해서 가격에 상관없이 소비하는 트렌드를 말한다. '리셀테크(Resell+재테크)'는 한정판 제품 또는 명품을 구매하여 자신의 취향과 개성을 표현하는 동시에 가치 상승을 통한 수익까지 기대하는 것을 말한다. 한편, '미닝아웃Meaning+Comingout'은 사회적 또는 정치적 신념을 소비를 통해 표현하는 경향을 일컫는 신조어이다.

MZ세대는 일반적으로 1980년대 초반에서 1990년대 중반까지 출생한 세대를 말하지만, 정확한 정의는 없다. 정의는 다양하지만 결국 기존 세대와는 다른 새로운 가치관과 구매 행동을 가진 집단을 말한다. 이러한 MZ세대의 구매력이 상승하면서 새로운 '소비 권력'으로서 관심이 집중되고 있으며, 여러 신조어가 설명하듯이 산업의 지형을 이미 많이 변화시켜왔다. 결국 새로운 세대가 만들어내는 행동 변화를 이해하고, 향후 산업의 변화를 바라보는 시각을 정립하여 투자의 기회를 만들어 낸다는 측면에서 MZ세대를 이해하는 것은 필수적이다.

한편으로는 각종 신조어가 남발되는 현상을 보면서 MZ세대에 대한 분석이 너무 식상하다는 생각이 들 수도 있다. 그러나 최근의 거시환경 변화를 고려한다면 MZ세대가 촉발하는 소비 패턴에 더욱 관심을 가질 수밖에 없다. 코로나19 팬데믹을 거치면서 더 익숙해진 디지털 세계에 대한 경험, 코로나19 종식 과정에서 나타나고 있는 유동성 감소, 인플레이션, 고금리 현상은 앞으로 MZ세대가 변화시키고 있는 구매 행동에 더 많은 변화를 가져올 것이 분명하다.

이러한 소비 패턴 변화에 대응하기 위해 이미 많은 기업이 앞다투어 노력하고 있다. 한국코카콜라는 소비자들과 음료 페트병을 수거해서 굿즈로 탄생시키는 '원더풀 캠페인'을 진행하고 있다. 마켓컬리는 종이박스 회수를 통해 마련된 기금을 사용하여 서울숲에 '샛별숲'을 조성하여 다양한 식물을 심었다. CJ제일제당도 햇반용기를 회수해서 재활용하는 '지구를 위한 우리의 용기' 캠페인을 진행했으며, 풀무원도 쓰레기 줍는 사진을 인스타그램에 업로드하면 상품을 얻을 수 있는 '풀무원줍깅' 캠페인을 진행한 바 있다. 한편, 개인화된 경험을 제공하기 위해서 하나카드는 소비자가 직접 카드를 디자인할 수 있는 '나만의 카드 디자인 서비스'를 제공한다. 네이버는 운동화 리셀 플랫폼인 크림KREAM을 론칭하였고, 최근 고객 간 패션 직거래C2C 플랫폼인 미국 포쉬마크의 인수를 결정했다.

디지털 경험 확대와 고금리, 실질 구매력 감소 등 거시환경 변화는 MZ세대의 소비 패턴 변화를 가속화, 또는 새로운 경향을 만들어낼 것으로 예상해볼 수 있다. 예를 들어, 실질 구매력 감소는 '투자형 소비'를 가속화할 것으로 예상되는데, 제품을 지속적으로 소유하기보다는 구매 후 경험 자체를 즐기고 재테크의 일환으로 판매하는 것이다. 가치관과 개성의 표현으로서 소비는 감소하지 않을 가능성이 크다. 오히려 본인이 중시하는 제품과 서비스의 구매를 유지하기 위해 다른 소비를 줄이는 소비의 양극화 패턴이 심화될 수 있다. 만약 다른 소비를 줄일 만한 여유가 없다면, 소비 방식 자체의 변화가 발생할 수 있다. 즉 쉐어링, 렌털과 같은 'BNPLBuy Now Pay Later' 사업 모델이 더욱 깊이 침투할 것으로 예상해 볼 수 있다.

한편 '미닝아웃'으로 표현되는 사회적 소비 경향은 가속화될 수 있다. MZ세대는 디지털 기기와 함께 자라온 '디지털 네이티브' 세대로서 그 누구보다 빨리 소셜미디어를 통해 사회적 이슈에 공감하고 이를 널리 공유한다. 최근 사례와 같이 협력 업체 갑질, 노동자 재해 등을 일으킨 기업들은 큰 공분을 사고 불매 운동의 표적이 되고 있다. 한 설문조사기관의 조사 결과에 따르면 MZ세대 중 32%는 불매하는 브랜드가 있다고 한다.

소비 패턴의 변화는 결국 새로운 투자 기회를 만들어낼 것이며, 변화의 방향을 예측하여 기회를 포착하고 적절한 대상을 골라내는 눈이 더욱 중요해질 것이다. 그러나 MZ세대를 설명하는 각종 신조어에 대응하는 트렌드 하나하나에 주목하는 것은 단기적이고 후행적인 투자가 될 가능성이 크다. 보다 중요한 것은 결국 MZ세대가 중요시하는 가치가 무엇인가, 특정한 투자 대상이 그 가치에 부합하는지를 판단하는 것이다. 특히 거시환경 변화로 인해 더 강화되고 있는 가치가 무엇인지 주목해볼 필요가 있다. MZ세대라는 '렌즈'에 거시환경 변화라는 '필터'를 끼워 소비자의 구매 행동 변화에 주목해봐야 할 것이다. 그리고 MZ세대 관련 산업에 투자할 때에는 기업이 MZ세대에 대한 연구를 얼마나 하고 있는지 면밀히 살펴볼 필요가 있다.

변화와 위기 공존의 시대, 적극적인 전략 수정과 실행에 나서야 할 때

향후 산업 전망을 바라볼 때, 눈여겨볼 만한 주제로 디지털 전환, 탄소중립, 공급망 분리, MZ세대를 살펴보았다. 글로벌 환경과 기술의 발전으로 인해 과거와는 다른 패러다임이 만들어지고 있는 것은 분명하다. 변화와 위기 공존의 시대이고, 기업들은 과감하고 적극적인 전략을 수립하면서 망설이지 않고 실행하는 것이 필요하다. 디지털 전환을 누가 빨리 할 수 있느냐, 결국 가야만 하는 탄소중립 시대를 어떻게 대응하느냐, 전 산업으로 확산될 수 있는 세계적인 공급망 분리 상황을 대처할 수 있는가, MZ세대를 기업의 관점에서 제대로 고려하고 있는가 하는 고민이 필요할 때이다. 그리고 투자자 관점에서도 이러한 산업의 큰 변화와 흐름을 보는 것이 좋은 결과를 만들 수 있을 것이다.

디지털 전환을 당장 하면 되지 않을까 하는 막연한 생각이나, 탄소 중립은 먼 미래의 일이라고 치부해버리거나, 공급망 분리가 미치는 영향을 남의 일로 과소평가하는 안이한 생각이나, MZ세대를 그저 과거의 신세대 정도로 생각한다면, 기업이나 투자자 모두 자칫 큰 낭패를 볼 수도 있을 것이다. 이러한 산업 전망의 관점에서 눈여겨 살펴볼 산업으로 반도체, 플랫폼, 수소, MZ세대를 선정하였으며, 이 책을 통해 투자자들이 한 번쯤 다시 살펴볼 수 있는 기회가 되었으면 한다.

5장

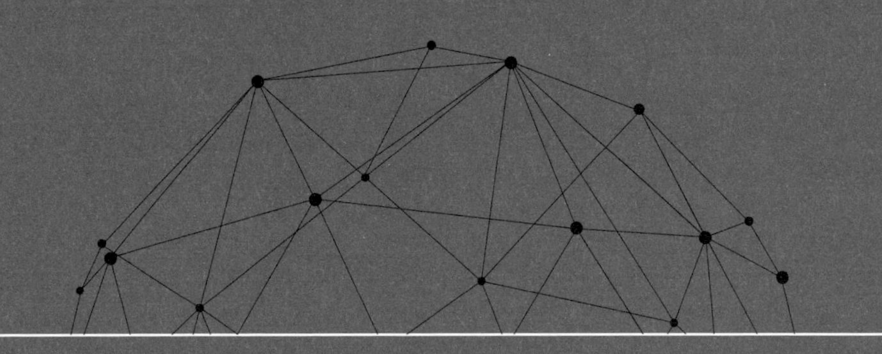

산업분석 및 투자 전략

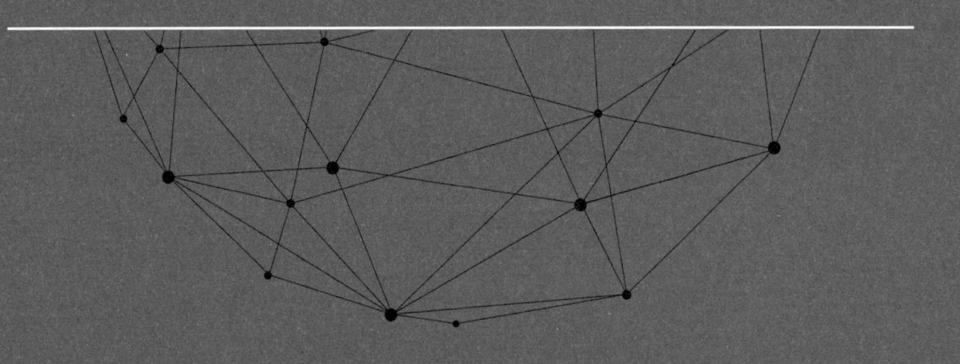

20

여전히 매력적인 투자처, 반도체를 공략하라

반도체 산업은 전통 제조업과 대비해서 상대적으로 소수의 플레이어로 구성되어 있지만 대형 M&A 소식은 심심치 않게 들려온다. 10조 규모의 SK하이닉스 인텔 메모리 사업부 인수와 최근의 삼성전자나 SK하이닉스 ARM 인수설 등이 대표적이다. 사모펀드 또한 국내 반도체 산업 투자에 활발하다.

대표적인 사례 첫 번째가 2019년 IMM PE가 약 1조 3,000억 원에 인수한 린데코리아 딜이다. 린데코리아 매각은 글로벌 산업용 가스기업인 린데Linde plc와 프렉스에어Praxair가 합병으로 인해 린데코리아 매각의 필요성이 대두되면서 시작되었다. 린데코리아는 반도체를 중심으로 석유화학 및 제철소 등에 가스를 공급하고 있었다. 특히 반도체 생산 공장과 가스 생산시설이 직접 연결되어 있어 24시간 계속 공급하는 사업이기 때문에 반도체 생산량에 밀접하게 연관되어 있는 회사이다. 인수 이후 삼성전자 반도체 P3 공장 수주 등의 노력으로 인해 현재 가치가 4조 원 이상으로 인정받고 있다.

두 번째는 2019년 에이스에쿼티가 인수한 테스나이다. 테스나는 반도체 웨이퍼 및 패키징 이후 칩의 합불 테스트 서비스를 제공하고 있는 회사이다. 에이스에쿼티에서 약 2,000억 원에 경영권을 인수하여 두산그룹에 4,600억 원에 매각함으로써 내부수익률 50% 이상의 수익을 기록한 만큼 성공적인 딜로 평가받고 있다.

세 번째는 반도체 공정 장비 소모품을 전문적으로 생산하는 월비에스엔티이다. 2015년 카무르프라이이빗에쿼티 인수를 시작으로 2019년 어센트Accent PE와 웰투시Welltosea 인베스트먼트의 코지피Co-GP로 매각되었으며, 성공적인 세컨더리 딜 사례로 평가받기도 하였다. 그리고 2022년 한라그룹, 도미누스인베스트먼트, 키움 캐피탈 코지피로 세번째 매각되었다. 가장 최근 거래에서 2019년 인수 이후 3년 만에 인수가 대비 2.5배 수준의 밸류로 매각되었다. 두 번의 인수 과정에서 모두 사업실사Commercial Due Diligence를 참여하면서 대상 회사와 반도체 시장을 자세히 볼 수 있는 기회를 갖게 되었는데, 실사 결과 금번 인수 이후에도 추가적인 성장 가능성이 충분하다는 의견을 제시하였다. 또한 네패스아크, 에이팩트, 에스에스피 등의 반도체 패키징 공정에 대한 투자가 완료되었으며, 세정 공정에서 발생하는 황산, 인산 등의 독성 물질을 수거·처리하는 광진화학에 대한 투자 검토가 진행 중이다.

몇 년 전 기업의 신사업을 담당하는 고위 임원을 만날 기회가 있었는데 신사업 1순위와 반도체와 이차전지라고 말씀하셨다. 그때는 당연하다는 생각으로 무심코 듣고 흘렸었는데 반도체 산업은 전략적 투자자와 재무적 투자자 모두 투자 대상 1순위로 꼽을 만큼 매력적인 투자처로 꼽히고 있다.

반도체 산업의 투자 매력도

반도체를 두고 미래 산업의 열쇠, 산업의 쌀, 거기서 더 나아가 산업의 심장 등으로 표현될 만큼 모든 산업에서 중요성이 높아지고 있다. 자국의 반도체 산업 역량을 높임과 동시에 더 나아가 경쟁국을 압박하는 외교적 수단으로 사용되고 있을 정도로 경제 및 정치적으로도 그 중요도는 계속적으로 높아져가고 있다. 산업 생태계 및 정치적으로도 중요한 만큼 투자 관점에서도 관심을 가져볼 만하냐고 질문한다면 1초의 망설임도 없이 '물론이다'라고 대답할 것이다. 투자 관점으로 반도체 산업을 요약해서 표현하자면 매력적이면서도 안정적이라는 점이다.

투자 대상으로 매력적이라고 할 수 있는 첫 번째 이유는 수요의 시속적인 성장이다. 반도체 시황이 당분간 어려울 것이라는 뉴스가 나오고 있으나 거시적인 관점에서 보면 비록 판매가격은 변동이 있지만 수요는 계속적으로 성장해오고 있다. 클라우드, 사물인터넷IoT, 메타버스, 전기차 등 향후 산업의 성장을 이끌 화두는 모두 반도체와 밀접하게 연결되어 있다. 실사 과정에서 산업 성장 전망을 보더라도 정도의 차이는 있으나 모든 리포트가 성장을 예측하였다. 또한 삼성전자와 SK하이닉스의 웨이퍼 생산량에 대해 중장기 계획을 면밀하게 확인할 기회가 있었는데 향후 5년간 평균 약 10%, 7%씩 증가할 것으로 전망되었다.

두 번째는 수익성 있는 생태계이다. 대표적인 TSMC, 삼성전자, SK하이닉스 등의 이익률을 보면 일반적인 제조업과 비교할 수 없는 수준이라는 것을 알 수 있다. 밸류체인 최상단에 위치한 이 회사들의 이익률이 높기 때문에 반도체 산업 생태계에 있는 회사들의 이익률 또한 전반적으로 괜찮은 편이다. 실제로 반도체에 종사하는 분과 인터뷰해보면 비용 관련보다는 새로운 기술개발 로드맵을 차질 없이 성공시키고, 목표한 수준의 수율(목표한 성능을 만족하는 칩이 생산되는 비율)을 확보하는 것이 가장 중요하다는 것이 공통된 의견이었다.

세 번째는 삼성전자와 SK하이닉스라는 시장 내 톱티어 기업들의 레퍼런스 확보를 바탕으로 해외 진출이 가능할 수 있고, 일본 수출 규제 이후에 국산화 개발을 적극적으로 진행하고 있기 때문에 새로운 사업 진출이 가능하다.

투자 이후에도 안정적이라고 할 수 있는 이유는 기술 집약적이고 소수 플레이어가 주도하는 시장이기 때문에 최소한 현재 점유율의 큰 변화 없이 성장세를 유지할 수 있다는 점이다. 반도체 공정을 안정적으로 유지해서 수율을 높이는 것이 중요하기 때문에 적은 비용의 절감이나 검증되지 않는 기술을 적용하는 데 상당히 보수적이다. 또한 기술발전이 빠르기 때문에 새로운 경쟁사가 출현해서 점유율을 잠식해가기 어렵고 기존 회사들의 공급 토대가 안정적으로 유지될 수 있다고 본다.

반도체 산업을 처음 접할 때 팹과 팹리스 차이가 무엇인지, 낸드, D램, 로직의 차이는 무엇인지 잘 몰랐던 시절이 있었다. 실제로 최근에 반도체 관련 뉴스를 보면 인텔, TSMC, 삼성전자, SK하이닉스 등과 같이 당연히 반도체라면 나와야 하는 회사도 등장하지만 애플, 엔비디아, 퀄컴뿐만 아니라 현대자동차까지 반도체 설계 능력과 관련한 기사가 나오고 있다. 더 나아가 반도체 설계를 위한 원천기술을 가지고 있다는 ARM 인수설까지 자주 회자되고 있다.

반도체 투자 기회를 이해하기 위해서는 먼저 반도체의 밸류체인에 대해 이해를 하는 것이 필요하다. 개념도 어렵지 않을뿐더러 밸류체인에서 국내 기업의 위상을 알아두면 큰 틀에서 투자 대상을 탐색하는 데 첫 단추로 활용할 수 있을 것이다.

- **칩 디자인 회사**Fabless: 자사 채택 용도 혹은 다른 고객에게 판매 목적으로 칩의 내부 구조를 설계하는 회사. 반도체 제작은 파운드리에서 외주 생산
- **파운드리**Fab: 칩 디자인 회사가 설계한 대로 칩을 가공·제조하는 회사(일반적으로 웨이퍼 칩 제조부터 조립·포장 및 테스트까지 모두 할 수 있는 능력을 갖춤)
- **OSAT**Outsourced Semiconductor Assembly and Test: 팹을 통해 1차 완성된 칩에 대해 개별 동작을 할 수 있도록 추가 부품을 조립, 포장 및 성능 테스트를 전문으로 하는 회사(팹을 보유하고 있지 않기 때문에 칩 제작은 불가능)
- **IDM**Integrated Design and Manufacturing: 칩 디자인, 파운드리, OSAT까지의 역량을 모두 갖춘 회사
- **장비 제조사**: 파운드리 및 OSAT에 필요한 장비를 설계·제작하는 회사
- **소재 제조사**: 파운드리 및 OSAT에 필요한 소재를 개발·공급하는 회사
- **EDA**Electronic Design Automation · **핵심 IP**: 반도체 설계를 위해 필요한 디자인 설계 개념이나 소프트웨어를 제공하는 회사. 반도체 설계부터 제조 전반적으로 핵심 특허를 보유한 회사

처음으로 다시 돌아가서 삼성전자, SK하이닉스, 인텔 등이 IDM, TSMC는 OSAT 역량을 보유한 파운드리, 애플과 퀄컴, 엔비디아 등은 칩 디자인(팹리스)이다. 또한 투자 사례에서 언급한 테스나, 네패스아크, 에이팩트 등이 OSAT에 해당한다고 할 수 있다.

그럼 주요 밸류체인에서 국가별 점유율은 얼마나 될까? 대략적으로 보면 미국은 EDA와 핵심 IP에서 약 80%, 칩 디자인에서 47% 수준의 시장을 점유하고 있다고 한다. 또 하나의 핵심적인 경쟁력은 반도체 장비 시장에서 45% 이상의 점유율을 확보하고 있는 것으로 알려져 있다. 최근 반도체 관련 뉴스에 ASML이 자주 등장하고 있지만, ASML이 공급하는 특정 공정(노광 공정)을 제외하고 그 외 주요 공정 및 검사 장비에 있어서 미국의 영향력은 절대적이다. 일본 또한 장비에서 약 30% 수준 그리고 소재에서는 50% 이상의 점유율 확보하고 있는 것으로 알려져 있다. 미국이 일본과 공동으로 반도체 산업을 통해 중국을 압박할 수 있는 가장 큰 이유가 바로 두 나라가 장비와 소재 분야에서 차지하는 비중이 압도적이고, 특히 고성능 반도체를 생산하는 데 있어 그 영향력은 더욱 크기 때문이다.

한국은 소재와 장비 영역에서의 점유율은 아직 10% 미만이고, 팹과 OSAT 영역에서의 점유율이 높은 편이다. 하지만 핵심 공정을 제외한 장비를 대상으로 국산화 시도 그리고 소재 전반적인 국산화 개발을 활발히 진행하고 있다. 주요한 밸류체인 중에 국내 점유율이 OSAT를 포함한 팹에 집중되다 보니 기본적으로 다양한 투자 기회가 제한된다. 또한 반도체 장비·산업의 특징과 공급 체인의 특성 때문에도 투자 기회는 제한된다. 장비 측면에서 좀 더 살펴보면 타 산업의 경우 1차 벤더가 해외사라고 하더라도 경쟁력을 보유한 2, 3차 벤더가 국내 회사인 경우가 많지만, 반도체 장비의 경우 장비 회사가 핵심 2차 벤더를 계열사로 보유하고 있거나 2차 벤더 자체가 미국, 유럽, 일본 회사인 경우가 많은데 기술 리더십을 유지하기 위한 전략으로 보인다.

소재적인 측면에서도 마찬가지로 소재 회사가 원료 자체를 직접 생산하거나 원천기술을 보유한 경우가 많고, 밸류체인이 일반 제조업 대비 상당히 단순하다. 일례로 평탄화 공정(CMP 공정)에서 웨이퍼와 화학적으로 반응하여 기계적인 연마를 도와주는 기능을 하는 슬러리라는 소재가 있는데 종류마다 약간은 다르지만 미국·일본 1차 벤더가 시장을 지배하면서 핵심 원료인 연마제 역시 일본이나 유럽 업체가 거의 독점하는 구조이다. 또한 소재의 밸류체인이 단순하다는 극단적인 사례로 볼 수 있는 것이 앞에서 예로 든 에어퍼스트이다. 공기를 포집, 냉각·압축, 분리하는 공정을 통해 고순도 산소, 질소, 아르곤을 추출하여 반도체 생산 공정에 직접 투입하는 방식이기에 2, 3차 소재 업체 자체가 불필요하다.

반도체 산업 밸류체인에서 숨은 보석 찾기

반도체 산업의 밸류체인과 함께 반도체 공정에 대한 이해와 장비·소재 등의 공급사 현황에 대해 대략적으로 알아둔다면 투자 기회를 이해하는 데 도움이 되기 때문에 이에 대해 간단히 설명해보고자 한다. 반도체 종류를 크게 나누면 D램, 낸드, 시스템반도체(로직 포함)로 구분되는데 종류에 관계없이 주요한 세부 공정은 동일하다. 다만 세부 공정들의 순서와 횟수 그리고 요구되는 정밀도 수준 등은 상이하다. 반도체 가공 공정은 전공정과 후공정으로 크게 나뉜다. 원재료 상태의 웨이퍼를 투입하여 웨이퍼 상태에서 칩의 패턴을 만드는 공정이 전공정이고, 만들어진 칩이 실제 동작할 수 있도록 다른 자재들과 조립하고, 완제품 상태의 칩을 개별 단위로 포장하는 것을 후공정이라 부른다. 전공정과 후공정 외에 개별 공정이 끝날 때마다 칩과 완제품의 이상 유무를 측정하고 검사하는 공정과 합격·불합격 판정을 하는 테스트 공정들이 포함되어 있다. 주요 공정이 하는 역할은 다음과 같다.

- **노광 공정**Photolithography: 특정 파장대의 빛을 회로 패턴이 설계된 포토마스크Photomask를 통해 표면이 코팅되어 있는 웨이퍼 표면에 전사하여Exposure 웨이퍼에 패턴을 형성하는 공정
- **식각 공정**Etch: 액체 혹은 기체 형태의 식각소재Etchant에 높은 에너지를 인가하여 웨이퍼상의 불필요한 부분을 미세하게 그리고 선택적으로 제거하여 회로 패턴을 형성하는 공정
- **증착**Deposition **공정**: 통상 1㎛ 이하의 얇은 막을 물리·화학적 방법을 이용하여 기판인 웨이퍼상에 형성(증착)하는 공정CVD, 웨이퍼에 특정 불순물을 주입하여 특정 영역이 원하는 기능을 할 수 있도록 소자를 형성하는 공정
- **이온 주입 공정**Ion Implantation: 웨이퍼의 전기적인 특성을 수정하기 위해 웨이퍼의 결정 구조 속으로 이온빔을 통해 이온을 주입하는 공정
- **평탄화 공정**CMP, Chemical and Mechanical Planarization: 연마 장비에 소재를 투

입하여 웨이퍼 막을 구성하는 입자와 반응시킨 이후 적절한 기계적인 힘과 연마 소재를 이용해 표면을 평탄하게 가공하는 공정

- **세정 공정**Cleaning: 각 공정 이후 발생하는 미반응 화합물이나 미세한 입자를 없애기 위해 화학약품 등을 통해 웨이퍼를 세척하는 공정
- **EDS**Electrical Die Sorting **테스트**: 전공정이 끝나고 패키지 공정 전에 모든 칩에 대해 정상적인 동작 여부를 판정하는 테스트 공정
- **조립 포장 공정**Assembly, Packaging and Test: 전공정 이후 칩 하나하나를 완제품으로 만드는 공정. 웨이퍼 후면을 연마, 개별 칩을 PCB(배선회로기판) 연결하고, 칩과 PCB 간에 신호를 줄 수 있도록 결합하고 칩을 보호하기 위해 플라스틱으로 몰딩하는 세부 공정으로 구성
- **계측 공정**Measurement and Inspection: 개발 공정이 끝날 때마다 패턴의 길이, 형상, 두께 및 휨 정도를 측정하고, 이물질 등으로 인한 오염이나 불량 요인이 없는지 검사하는 공정

일반적으로 업계에서는 노광, 식각, 증착 중 확산Diffusion 공정이 반도체 성능에 미치는 영향이 가장 크다고 인식하고 있다. 특히 반도체가 점점 소형화되고 고성능화가 요구되는 측면에서 특히 노광과 식각 공정의 기술발전이 빠르다고 할 수 있다. 최근에 전공정의 기술발전이 점점 한계에 봉착하면서 조립·포장 공정의 기술발전 속도와 중요도가 점점 높아지고 있는 추세이다. 실제로 인텔, TSMC 및 삼성전자 등은 앞다투어 새로운 포장 기술개발과 상용화 계획을 발표하고 있다. 공정의 주요 장비들은 글로벌 선두 업체들이 시장을 장악하고 있기 때문에 국내 기업의 점유율은 상당히 낮은 수준이다. 예를 들면 노광 장비의 대표 기

업이 ASML(네덜란드), 식각과 증착 공정 장비는 어플라이드 머티어리얼즈와 램 리서치(미국) 그리고 도쿄 일렉트론(일본) 정도로 소수 공급사만 존재하고 그 외 회사는 찾아보기 힘들다.

EDS 테스트, 계측 및 평탄화 공정 또한 미국과 일본 기업의 점유율이 상당히 높다. 국내 회사는 평탄화, 세정 공정, EDS 테스트와 조립 포장 공정 일부에 대해서만 제한적으로 있는 수준이다. 그중 일부는 관계사를 전략적으로 육성한 경우도 포함되어 있을 정도로 기술 확보가 쉽지 않다. 소재는 장비보다는 나은 수준이지만 동진쎄미켐, 동우화인켐, 솔브레인, SK머티리얼즈, 원익머티리얼즈 등과 같이 규모가 큰 회사들이 주로 공급하고 있으며, 마찬가지로 이 회사들을 중심으로 소재 국산화를 적극적으로 검토하고 있다. 다만 조립·포장 공정 소재들은 국내 업체가 다수 존재하고 있고, 기술력 또한 상당한 기업들이 존재하는 것으로 알려져 있다.

기본적으로 조립·포장은 반도체 산업 외 타 산업에도 범용적으로 사용되는 자재들, 예컨대 PCB, 콘덴서, 테이프류, 전기·전자 소자 등이 다수 있을뿐더러 기술력을 가진 대기업과 중견기업이 다수 있다. 또한 국내 OSAT 기업들이 자체적으로 패키지 소재 기술을 가지고 있는 경우도 있다.

반도체 기술발전 방향

최근 뉴스를 보면 삼성전자와 TSMC의 파운드리 3나도 경쟁과 ASML

장비 확보 경쟁, 삼성과 SK하이닉스 낸드플래시 적층 단수 경쟁 등의 소식이 자주 등장하고 있다. 결국 두 가지 주제 모두 향후 반도체 기술 발전 방향과 밀접하게 연관되어 있기 때문에 언론의 주목을 받게 된다. 그렇다면 반도체 기술발전 방향의 핵심 키워드는 무엇일까? 세부적인 기술 트렌드는 매우 다양하겠으나 반도체 산업의 기술발전의 지향점은 결국 '고수익·저비용 그리고 고성능'으로 표현할 수 있다. 더 많은 데이터를 처리하고, 더 빠른 연산 속도가 필요하기 때문에 고성능으로의 발전은 쉽게 납득이 갈 것이다.

그럼 고수익·저비용은 어떤 의미일까? 고성능을 내기 위해서는 당연히 칩 구조가 복잡해지므로 칩의 크기가 커져야 할 것 같지만 사실은 반대로 더 작아지고 있다. 칩이 작아진다는 의미는 팹 입장에서는 웨이퍼당 칩 생산 개수가 늘어나서 수익이 증가한다는 의미이고, 수요자 측면에는 칩이 커지지 않기 때문에 비용 상승을 억제할 수 있다는 의미로 해석할 수 있다. '고수익·저비용 그리고 고성능'이라는 방향을 실현하기 위한 대표적인 기술 트렌드는 앞에서 언급된 내용을 포함해서 정리하면 다음과 같다.

- **미세화:** 저장 용량은 늘리되, 소비 전력은 줄이고 반응 속도는 더 빠르게 하기 위해 회로 간 간격을 축소하는 방향으로 발전. 회로의 복잡성과 공정의 난이도는 증가하지만 칩의 크기는 유지·축소
- **고적층화:** 플래시 메모리의 경우 저장 용량을 늘리면서 웨이퍼 한 장당 칩수를 증가시키기 위해 칩을 소형화하면서 고층화 진행(아파트를 더 높이 짓는 것과 유사한 개념). 삼성전자와 SK하이닉스 모두 중

장기 적층 목표를 공표(삼성전자 기준 현재 양산 중인 7세대는 176단, 23년에 양산될 8세대는 230단 이상 전망)

- **처리 속도 확보를 위한 패키기 기술개발:** 칩의 처리 속도를 높이기 위해 패키지 과정에서 칩의 인·아웃 단자 수를 최대로 증가시키거나, 칩 간의 거리를 단축하기 위해 동일한 기능을 하는 칩을 적층하거나, 이종 칩을 쌓아올리는 3D 패키지 등을 포함한 발전된 패키지 기술 지속 개발

이러한 트렌드에 수혜를 받는 기업은 반도체 산업의 양적 성장과 함께 추가적인 수요 증가 효과를 누릴 수 있기 때문에 적극적인 투자 검토가 필요할 것이다. 앞서 얘기한 윌비에스엔티라는 회사는 두 번째 고적층화의 수혜를 받을 수 있는 사업 구조를 만들었고, 이를 통해 높은 기업가치를 인정받을 수 있었다. 좀 더 자세히 설명하면 윌비에스엔티는 원래 CMP 공정에 들어가는 소모품Retainer ring(평탄화 과정에서 높은 압력으로 인해 웨이퍼가 이탈되지 않도록 잡아주는 역할을 하는 Ring)을 주로 생산하고 있었고 이러한 기술을 바탕으로 식각 공정 설비에 사용되는 소모품으로 사업을 확장하게 되었다.

CMP 공정은 이러한 기술 트렌드로 인해 공정 수가 크게 증가하지 않지만 식각 공정은 고적층화로 인해 공정 수 증가율이 가장 높은 공정 중의 하나이기 때문에 소모품 수요도 더 크게 성장할 수밖에 없다. 실사 과정에서도 웨이퍼 생산량 증설 계획, 현재 회사의 점유율 및 향후 변화 등의 객관적인 근거들을 토대로 매출을 전망하였으며, 타깃Target사가 제시한 중장기 목표 이상의 매출 달성도 가능하다는 의견을 제시하였다.

앞서 얘기한 대로 투자 전문가는 아니지만 투자자의 관점으로 생각해볼 때 반도체 산업은 기본적으로 매력적이라고 생각한다. 또한 삼성전자와 SK하이닉스라는 글로벌 선두 업체가 있기 때문에 국내 기업에게는 성장할 수 있는 기회가 더 많을 것이다. 아울러 일본의 수출 규제 이후 국산화 노력이 지속적으로 진행되고 있다는 점도 호재라고 할 수 있겠다. 다만 앞서 얘기한 대로 반도체 생태계 자체가 일반 제조업 대비 방대하지 않고, 미국·일본 중심의 과점 시장으로 형성된 밸류체인이 많기 때문에 투자 기회 자체가 제한적이라는 것이 아쉬운 점이다.

그럼에도 어떤 영역에 투자 기회가 있을지를 생각해보면 대략적으로 다음과 같다.

첫째, 설비 소모품 관련 기업이다. 언급한 대로 반도체 장비는 전반적으로 국산화 수준이 높지 않기 때문에 장비 업체 투자에 대한 투자 기회는 아주 제한적일 것으로 생각된다. 설비 소모품의 경우는 삼성전자나 SK하이닉스 모두 설비 도입 2년 후부터는 핵심 부품을 제외하고는 국산화 개발이 가능한 구조라는 점에서 투자 기회가 있다. 두 회사 모두 장비 공급사 입장에서 보면 핵심 고객이기 때문에 핵심 부품은 정품을 유지하되, 그 외 부품은 국산화를 허용하는 타협이 암묵적으로 이루어진 것으로 예측된다.

어쨌든 도입 후 2년이 되는 설비의 부품에 대해서는 국산화 개발이 가능하기 때문에 이미 레퍼런스를 확보한 회사 혹은 국산화 개발이 진행 중인 회사는 투자 대상으로 검토가 가능하다. 만약 월비에스엔티와 같이 국산화 대상 공정이 앞서 얘기한 기술 트렌드의 수혜를 받는다면 더욱 매력적인 투자처로 볼 수 있겠다.

둘째, OSAT 관련 기업들이다. OSAT 수요 또한 늘어날 것으로 전망될 뿐만 아니라 기업의 규모 자체도 아주 크지 않아 투자 대상으로 매력적이라고 생각한다. 낸드플래시 기준으로 웨이퍼 투입부터 웨이퍼 가공이 끝나는 데까지 소요되는 시간이 6~7개월이나 걸린다. 삼성전자나 SK하이닉스 입장에서 웨이퍼 투입부터 완제품까지 나오는 시간을 줄이는 것이 중요할 수밖에 없다. 그런데 전공정은 외주화하는 것이 거의 불가능하기 때문에 결국 OSAT 활용을 늘려서 처리량을 줄이는 전략을 쓰게 될 것이다.

또한 후공정에 투자되는 비용을 줄이기 위한 방안으로도 OSAT는 중요하다. 기술적으로 보자면 앞서 언급한 발전된 패키지로의 전환이 가속화될수록 전공정 설비가 후공정에서 필요해진다고 한다. 팹 입장에서는 투자 비용과 신규 기술에 대한 역량 집중 차원에서 OSAT 중요성은 높아질 것이라 전망할 수 있다.

셋째, 패키지 관련 소재 부분을 눈여겨볼 필요가 있다. 기본적으로 투자 대상 자체가 다양하다고 하기는 어렵지만 전공정 소재 대비 공급망 내 다양한 회사들이 존재한다. PCB를 예를 들어보자. PCB를 제작하기 위해 필요한 자재는 동박, PCB 기판, 각종 필름과 화학약품 등이 필요하다. 그리고 PCB 기판을 만들기 위해서는 수지, 유리 직물, 충전제 등이 필요하다. 국내 기업 중에 해당 자재를 생산하는 기업들이 있기 때문에 검토가 가능할 수 있다.

패키지 소재도 일본 업체의 영향력이 여전히 압도적으로 높긴 하지만 전공정 대비 상대적으로 덜하고, 국산화 개발 기회 확보도 좀 더 용이하다고 판단되기 때문이다. 그리고 핵심 장비 외 가스나 화학 물질처럼 기술 요구 수준은 상대적으로 높지 않고, 수량은 많은 유틸리티 설비를 제조하는 기업, 각종 테스트 장비 및 관련 부품을 생산하는 기업 그리고 광진화학처럼 공정 내에 특정 영역을 외주화하는 기업들을 투자 대상으로 검토할 수 있을 것이다.

21

예고된 미래, 디지털 전환DX을 선점하라

세계 최대 사모펀드 블랙스톤이 창립자 스티븐 슈워츠먼 회장이 2019년 9월 한국경제TV와의 단독 인터뷰에서 "코로나19 팬데믹 이전부터 우리는 디지털 전환 분야에 대한 투자를 늘려왔다"면서 "비즈니스 세상에서 살아남으려면 디지털 기술이 기업과 자산에 어떻게 영향을 미치는지에 대해 알고 있어야 한다"고 강조했다.

디지털 전환Digital Transformation, DX이란 기업이 사물인터넷, 인공지능, 빅데이터Big Data 및 클라우드 등의 정보통신기술ICT을 활용하여 기존의 전통적인 운영 방식 및 프로세스를 혁신하는 것을 의미한다. 나아가 기업의 전략, 비즈니스 모델, 문화, 커뮤니케이션 등을 근본적으로 변화시키는 경영 전략까지도 정의하고 있다. 디지털 전환은 2016년 세계경제포럼WEF에서 '4차 산업혁명'을 공식적으로 언급하면서 시작되었다. WEF에서는 혁신적인 디지털 기술로 사물인터넷, 인공지능, 빅데이터와 클라우드 등을 주목했으며, 기업들은 4차 산업혁명이라는 추상적인 의미보다는 디지털 기술을 활용한 디지털 전환이라는 용어로 다가올 미래에 대한 대응 및 성장 전략으로 자리매김하고 있었다. 하지만 코로나19를 겪으며 기업들의 생존 전략은 오프라인에서 온라인으로 급격히 움직이게 되었고, 디지털 전환은 더 이상 미래 성장 전략만이 아닌 생존을 위한 전략으로 바뀌며 가속화된 것이다.

디지털 전환에 필요한 기술 역량 확보를 위한 글로벌 기업 투자 현황

코로나19 이전에도 주목받던 영역이었지만, 2020년 10월에 AMD가 자일링스 인수를 발표하며 포스트 코로나 상황을 위한 대규모 M&A 행보가 시작되었다. 2022년 2월 490억 달러(당시 환율 약 58조 6,000억 원) 규모의 자일링스 인수가 마무리되며, 인공지능 기술의 핵심인 CPU, GPU, FPGA 시장을 놓고 인텔, 엔비디아 등과의 한판 승부를 예고하고 있다. 실제로 같은 해 9월 엔비디아의 ARM 인수 발표도 있었다. 영국 정부는 기술 유출을 이유로, 미국, 유럽연합, 중국 정부는 독과점의 우려로 M&A 승인을 미뤄오다 엔비디아의 ARM 인수는 2022년 2월 결국 무산되었다. CPU, GPU란 컴퓨팅의 중앙 연산을 담당하는 CPU Central Processing Unit와 그래픽처리장치인 GPU Graphic Processing Unit 하드웨어를 말한다. 그리고 FPGA Field Programmable Gate Array는 자일링스 공동 창업자에 의해 발명되었는데, AND, OR, NOT 등과 같은 논리 알고리즘을 자유자재로 조합하여 프로그램 가능한 반도체 소자를 말한다.

인공지능 연산을 위해서는 기존의 CPU를 넘어 보다 빠르게 연산을 처리해주는 하드웨어가 요구되므로 이를 뒷받침해주는 CPU, GPU, FPGA 하드웨어는 끊임없이 연구, 개발되고 결합되어야 한다. 따라서 이러한 움직임이 반도체 업계에서는 GPU, FPGA 등의 인공지능에 최적화된 하드웨어의 개발 및 확보를 위한 움직임으로 이어지고 있는 것이다.

또 하나의 대규모 M&A 사례가 있다. 2019년 7월 미국의 대표 IT 기업인 IBM이 오픈소스 소프트웨어 기업인 레드햇을 340억 달러(당시 환율 약 38조 8,300억 원)에 인수했다. 클라우드 역량 확보를 위해 이와 관련한 핵심 역량을 찾다 보니 레드햇의 오픈소스 기술, 그리고 그들의 일하는 방식culture에 주목하게 되었고, 이러한 레드햇의 일하는 방식을 IBM에 수혈하고자 했다는 것이 IBM 측 관계자의 말이다.

오픈소스 소프트웨어Open Source Software란 공개적으로 액세스할 수 있게 설계되어 누구나 자유롭게 확인, 수정, 배포할 수 있는 코드이다. 클라우드 컴퓨팅을 위해서는 많은 서버용 소프트웨어가 설치되어야 하는데, 상용 소프트웨어를 사용하게 된다면 라이선스로 인해 많은 운영비용이 증가하게 되고 그 비용은 온전히 사용자에게 전가된다. 때문에 클라우드 업계에서는 무료로 제공되는 오픈소스 소프트웨어 사용이 거의 필수적인 사항이다. 또한 금융권 디지털 전환의 핵심 사업이었던 고가의 유닉스UNIX 체계를 무료의 레드햇 리눅스 클라우드로 전환하는 추세였기 때문에도 이 M&A가 더 주목받았던 이유다.

클라우드 하면 떠오르는 또 하나는 SaaS 업계이다. SaaSSoftware as a Service란 클라우드 애플리케이션과 IT 플랫폼 서비스를 모바일 앱이나 PC 인터넷 브라우저를 통해 사용자에게 제공하는 클라우드 컴퓨팅의 한 형태이다. 대표적인 기업이 전 세계 CRM 소프트웨어 1위 기업인 Salesforce.com(세일즈포스)이다. 이 기업은 2019년 6월 세계적인 분석 플랫폼 업체 타블로Tableau를 157억 달러(당시 환율 약 18조 5,500억 원)에 인수한 데 이어 2020년 12월에는 세계적인 기업용 메신저 업체인 슬랙Slack을 277억 달러(당시 환율 약 30조 6,000억 원)에 연이어 인수하였다. 인수 이전 슬랙은 MS의 협업 플랫폼 마이크로소프트 '팀즈'와의 경쟁에서 고전 중이었다.

팀즈는 코로나19 팬데믹에 재택근무 확산 등으로 빠르게 성장하고 있었다. 팀즈는 또 오피스365 구독에 포함돼 무료로 제공되고 있어 이용자들이 크게 늘고 있었다. 슬랙 CEO는 "MS가 우리를 죽이려 한다"라고 주장하기도 했다. 실제로 슬랙 입장에서 세일즈포스로의 매각은 큰 힘이 되었다. 슬랙 인수설이 나오자 슬랙 주가가 38% 가까이 급등했고, 협업 및 생산성 SaaS 시장에서의 역량 강화로 입지가 더욱 강화되었다.

이처럼 코로나19 사태가 디지털 전환을 급격히 가속화했고, 디지털 전환에 필요한 기술 역량 및 안정적인 공급망 확보를 위해 기업들은 만만치 않은 내재화보다는 M&A 카드를 더욱 적극적으로 꺼내게 되는 트렌드가 뚜렷하다. 현재 세계적으로 품귀인 MCUMicro Control Unit는 전자장비 제어를 위해 반드시 필요한 차량용 반도체로 개당 1~2달러로 단가가 낮다. 이렇게 수익성이 좋지 않다 보니 대형 반도체 기업들은 지금껏 시장 진출을 꺼려왔다. 생산 공장도 모두 말레이시아 등 동남아에 있어 현지 코로나19 상황에 따라 공급에 차질이 생겼다.

시스템반도체로 차량용 반도체 시장 개척에 나선 삼성전자 역시 M&A를 적극적으로 고려했었다. 자동차용 MCU와 전력반도체PMIC 등을 만드는 인피니언이나 NXP 등이 후보로 꼽혔던 이유다. 하지만 인수 금액에서 이견을 좁히지 못하면서 M&A는 무산되었지만, 최근 삼성전자 이재용 부회장과 소프트뱅크 손정의 회장의 만남 요청이 나오면서 반도체 설계자산IP 기업인 ARM 인수설도 다시 수면 위로 올라왔다.

현대자동차그룹은 2021년 6월 미국의 로봇 전문 업체 보스턴 다이내믹스를 인수로 로봇 기술 분야에서 선도적인 입지를 확보하고, 스마트 모빌리티 솔루션 전환에 속도를 내고 있다. 자율주행차, 도심항공모빌리티UAM, 스마트 팩토리 기술과의 시너지도 예고했다. 계열사인 현대글로비스를 통해서는 인공지능, 빅데이터, 로보틱스 등 다양한 디지털 기술을 적용한 스마트 물류 솔루션 사업을 추진하면서 물류 IT 역량 확보를 위한 M&A도 적극적으로 추진하고 있다.

두산그룹은 2019년 일찌감치 신설 법인인 두산로지스틱스솔루션을 통해 물류 솔루션 업체 '삼오물류정보'를 인수하면서 적극적으로 시장에 진출하였다. 삼오물류정보는 21년간 물류 솔루션 사업을 운영했던 중소기업이다. 스마트 물류 솔루션 신사업에 속도를 내기 위해 물류 솔루션 기술 분야에 특화된 업체를 인수한 것이다.

디지털 전환이 가져올 변화에 대한 사모펀드의 투자 동향

디지털 전환 투자는 충분한 자금력을 갖춘 대기업들만의 전유물이 아니다. 약한 자금력을 확보하기 위해 사모펀드에서 조달한 자금력을 바탕으로 M&A를 통한 기술 확보에 나서고 있는 기업들도 있다. 유진그룹 소속 물류 계열사 유진로지스틱스가 스마트 물류설비 기업 태성시스템을 인수했다. 유진로지스틱스가 전략적 투자자로 나서되 계열사인 유진프라이빗에쿼티가 재무적 투자자로 참여했다.

태성시스템은 화물 고속 분류 장비와 제어 시스템 등 물류 자동화 설비를 직접 설계하고 제작하는 기업이다. 물류 효율을 혁신하고 프로세스를 최적화할 수 있는 제품 개발로 자동화 물류설비 시장에서 경쟁력을 갖췄다고 평가했다. 특히 좁은 공간에서도 화물을 원스톱으로 처리할 수 있는 모듈형 제품 생산으로 마이크로 풀필먼트Micro-Fulfilment 시장에서 기술 경쟁력을 갖고 있다.

유진로지스틱스는 현재 3자 물류와 수배송, 물류센터 운영 등의 전통적인 물류 서비스를 가지고 있으며, 이 같은 전통적인 서비스에 태성시스템의 스마트 기술을 접목하면 그룹 미래에 시너지가 있다고 본 것이다. 또 이 같은 사업 구조는 물류 업계가 나아가는 방향인 풀필먼트 자동화, 디지털화 트렌드와 정확히 일치한다.

최근엔 연합자산관리(유암코)가 재무적 투자자로 나서 전략적 투자자인 코스닥 상장사 브이원텍과 손잡고 물류운반기계 및 공장 자동화 설비 전문 제조 업체 한성웰텍을 인수했다. 한성웰텍은 무인운반차Automatic Guided Vehicle, AGV 및 무인운반기계를 제조하는 기업이다. 부산 인근 대기업의 제조 공정 내 물류 관련 운반기계를 납품하며 경쟁력을 인정받았다. 2015년에는 무인운반차와 관련해서는 삼성전자와 공동특허를 취득했으며, 2018년에는 '부산형 히든 챔피언'에 선정되기도 했다. 최근 로봇 및 자동화 설비 시설이 주목받으면서 업계의 관심을 받고 있다. 이차전지 검사장비 제조사인 브이원텍은 자율주행로봇Autonomous Mobile Robot, AMR

전문 자회사 시스콘을 보유하고 있으며, 이 자회사와 한성웰텍을 합병해 스마트 팩토리용 로봇 사업 부문을 주요 동력 사업으로 키울 계획이다.

스타트업도 예외는 아니다. 디지털 시대의 생존과 경쟁력 확보를 위해 벤처캐피탈 자금력을 바탕으로 M&A에 적극적으로 나서고 있다. 대표적으로 비대면 모바일 세탁 서비스 '런드리고'를 보유한 의식주컴퍼니는 2021년 9월 알토스벤처스, 삼성벤처투자, 디에스자산운용, 소프트뱅크벤처스 등으로부터 500억 원을 조달하고 런드리고 세탁 인프라 확대에 사용한다고 밝혔다. 런드리고 이용자가 빠르게 증가하면서 세탁 공정을 효율적으로 관리할 수 있는 시스템에 대한 니즈로 미국 세탁 EPC 기업인 에이플러스 머시너리A+Machinery를 300만 달러에 인수한 것이다. EPC란 설계Engineering, 조달Procurement, 건설Construction의 약자로, 의식주컴퍼니는 에이플러스 머시너리 인수를 통해 세탁 스마트 팩토리 기술을 확보하고, 세탁 공장 설계와 설비 조달, 유통과 건설에 이르기까지 모두 자체 기술로 세탁 서비스 전 영역의 밸류체인을 수식 계열화했다.

2016년 메타넷에 엑센츄어 한국법인을 매각하고 한국 시장을 떠났던 세계 최대 IT 컨설팅 기업 엑센츄어가 LG CNS와 손잡고 한국 시장에 6년여 만에 다시 진출한다고 선언했다. 액센츄어는 몇 년 전부터 IT 컨설팅을 넘어 클라우드, 스마트 팩토리, 디지털 고객경험, 디지털 마케팅 등을 집중 육성하며 디지털 전환 전문기업으로 변모하고 있다. 한국 시장을 떠났던 사이 기존 IT 기업들이 점유하고 있는 국내 디지털 전환 시장에 빠르게 재진입하려는 방안으로 풀이된다. 이러한 기업들의 행보는 국내 디지털 전환 시장이 매력적이라는 반증이 되고 있는 것이다.

전통적인 제조 산업의 디지털 전환, 스마트 팩토리

스마트 팩토리Smart Factory란 공장 내 설비와 기계에 센서IoT를 설치하여 데이터를 실시간으로 수집 및 모니터링하고, 이 수집된 데이터를 분석하여 목적에 따라 스스로 제어하게 하는 지능형 공장을 말한다. 스마트 팩토리를 구성하는 기술 요소로 나누어보면, 제조 및 생산관리를 담당하는 생산관리프로그램MES, 전사적자원관리ERP 등 상위 응용 소프트웨어가 있고, 생산 설비 및 산업용 로봇 등의 현장 자동화를 담당하는 하위 설비가 있다. 상위 소프트웨어와 하위 설비 중간에서 데이터를 수집, 분석, 제어를 담당하는 산업용 센서IIoT, PLC, DCS, HMI, SCADA 등의 운영기술Operation Technology, OT로 나누어진다. 이와 같이 스마트 팩토리는 생산 과정에서 클라우드, 인공지능 등 디지털 기술들과 융합하여 생산성, 품질 및 고객 만족도를 향상한다는 개념의 특성상 주로 전통적인 제조 산업 중심으로 디지털 전환 전략이 되고 있는 것이다.

업계에 따르면 국내 스마트 팩토리 시장 규모는 2020년 78억 3,000만 달러에서 2022년에는 127억 6,000만 달러에 달할 것으로 예상했다. 시장 규모도 중국, 미국, 일본, 독일에 이어 세계 5위를 유지할 것으로 전망했다. 하지만 코로나19 팬데믹 영향으로 국내 제조 산업은 원자재와 부품 수급과 관련된 공급망 문제에 직면했다. 또한 코로나19 이전부터 이슈가 되었던 생산 인력의 노령화와 젊은 인력의 기피 현상으로 인해 자동화된 제조 환경, 그리고 최적화된 제조 환경의 중요성이 더욱 높아지고 있다.

이러한 어려운 국내 제조 환경을 스마트 팩토리를 통해 경쟁력 강화를 견인하는 데는 정부 지원사업 역할이 크다. 중소벤처기업부(이하 중기부)에 따르면 스마트 공장 보급 및 확산 정책을 통해 2021년까지 누적 2만 5,039개를 달성했다고 밝혔다. 그리고 스마트 공장 구축 기업은 평균적으로 생산성 28.5% 증가, 품질 42.5% 향상, 원가 15.5% 감소 등 경쟁력이 높아졌다고 추가로 밝혔다. 중소벤처기업부는 이러한 성과에 힘입어 2022년에는 민관이 협력해 5,000개 이상을 추가 보급할 계획으로, 대·중소 상생형을 제외한 3,700개에 해당하는 중소기업 지능형 공장(스마트 공장) 구축에 총 2,475억 원을 지원한다고 밝혔다.

이와 같이 스마트 팩토리 시장 움직임을 반영하듯 M&A 시장도 활발히 움직이고 있다. 최근 노틱인베스트먼트(이하 노틱인베)는 코스닥 상장사 엠투아이코퍼레이션(이하 엠투아이)이 우선협상대상자로 선정되었다. 엠투아이는 스마트 팩토리 기술 중에 HMI와 SCADA를 공급하는 공장 자동화 운영기술OT 전문 업체다. HMIHuman Machine Interface란 여러 형태의 다양한 장비로부터 데이터를 수집하고 결합하여 운영 정보를 제공하는 터치 패널 장비와 운영자 대시보드 소프트웨어를 말한다.

SCADASupervisory Control and Data Acquisition(원격 감시제어 및 데이터 수집)란 원거리에 있는 장비들을 중앙에서 데이터를 표시해주고 운영자가 처리 과정을 제어할 수 있도록 하기 위한 소프트웨어이다. 특히, 엠투아이의 HMI 제품 라인업에는 반도체 공정에 필수적인 방폭인증을 보유한 제품들이 있다. 방폭인증이란 폭발로 인한 화재나 가스 중독 등의 위험이 있는 석유화학, 가스, 정유 관련 및 저장소, 반도체 공정, 터널 및 갱도

공사 등에 대한 안전을 목적으로 진행하는 산업기기 인증제도로 전 세계적으로 강제되고 있다. 엠투아이는 이러한 자체 기술로 개발한 HMI 및 SCADA를 반도체, 이차전지 산업에 공급하고 있으며, 디스플레이, 자동차, 제약 및 바이오 산업 확장에도 속도를 내고 있다. 또한 클라우드형 스마트 팩토리 시장에 맞춰 스마트 HMI와 SCADA를 기반으로 스마트 팩토리 솔루션 사업을 시작해 성과를 내고 있다고 밝혔다.

노틱인베는 반도체, 이차전지 등 전방산업의 성장에 맞춰 견고한 성장세가 유지될 것으로 보고 스마트 팩토리 솔루션과 볼트온을 통해 소프트웨어 경쟁력을 키우고 해외 신시장을 적극적으로 공략할 계획이다. 노틱인베는 엠투아이 인수에 앞서 스마트 팩토리 솔루션 포트폴리오였던 엠아이큐브솔루션을 산업용 로봇 전문 업체 에스피시스템스에 매각했다. 하지만 M&A에서 끝나지 않았다. 노틱인베는 에스피시스템스가 엠아이큐브솔루션을 인수한 직후 발행한 100억 원 규모 전환사채CB를 매입했다. 누구보다 엠아이큐브솔루션을 잘 알고 있던 노틱인베는 추가적으로 재무 지원을 제공하면 스마트 팩토리 시장 성장과 맞물려 향후 기업가치가 더 높아질 수 있다고 판단했기 때문이다.

스마트 팩토리 성장세를 내다보고 투자한 사례는 또 있다. 바로 수성자산운용의 코스닥 상장사 스맥 전환사채 투자다. 3년 연속 영업 손실을 기록할 정도로 수익성이 악화된 스맥에 6회 차까지 연달아 투자 결정을 내린 것이다. 1999년 삼성항공에서 분사한 스맥은 공작기계(기계를 만드는 기계)를 생산하는 제조 업체다. 스맥은 제조업 불황과 산업 환경 변화에 대응하기 위해 주 사업인 기계 사업과 로봇, 산업용 사물인터넷IIoT을 결합한 솔루션을 자체 개발해 스마트 팩토리 구축 사업을 시작했다. 실제로 스맥은 공작기계 전시회 'EMO 밀라노'에 참가해 약 90억 원 수주에 성공했다. 이어 이탈리아(51억 원)와 독일(38억 원) 등 해외 기업들과 연달아 공급 계약을 맺었다. 스맥은 2021년 3분기 흑자 전환에 성공했으며, 2022년 턴어라운드만 이루면 2019년 이전의 주가로 회복할 수 있을 것으로 기대했다. 코로나19 펜데믹 이후 업황이 반등하고 스마트 팩토리 시장 성장세가 가세하면서 점차 회복될 것이라고 전망한 것이다.

국내 뿌리산업 경쟁력 강화를 위한 디지털 전환

뿌리산업은 나무의 뿌리처럼 겉으로 드러나지 않으나 최종 제품에 내재되어 제조업 경쟁력의 근간을 형성한다는 의미에서 명명되었으며, 오랫동안 뿌리산업은 위험하고Dangerous, 더럽고Dirty, 어려운Difficult 이른바 '3D 업종'으로 인식되어 그 역할과 중요성이 저평가되었다. 이에 정부는 2011년 7월 '뿌리산업 진흥과 첨단화에 관한 법률(약칭 뿌리산업법)'을 제정하고, 2012년 3월부터 뿌리산업을 자동화하고Automatic, 깨끗하고Clean, 편안한Easy ACE 산업으로 전환하기 위해 뿌리산업법에 명시된 다양한 정책과 사업을 기획하고 추진해왔다.

산업통상자원부(이하 산업부)는 최근 우리 산업이 직면한 4차 산업혁명, 글로벌 공급망 재편 등에 선제적으로 대응하고 국내 뿌리산업을 미래형으로 전환하기 위해 뿌리산업 진흥에 1,586억 원을 투입하는 '2021년 뿌리산업 진흥 실행 계획' 발표했다. 기존 주조, 금형 등 금속 소재 중심의 기반 공정기술에 세라믹, 탄성소재로 다원화되고, 지능화 사출, 정밀가공, 로봇, 센서 등의 차세대 공정기술이 뿌리산업법 개정안에 추가되었다. 하지만 뿌리산업의 기술 경쟁력은 여전히 일본, 미국에 비해 경쟁력 격차가 더 벌어지고 있다는 지적이다. 한국산업기술평가관리원이 국회에 제출한 '2022년 뿌리산업 기술수준 추가 조사'에 따르면 14개 뿌리기술 분야에서 국가별 최고 기술 수준은 일본 9개, 미국 5개인 반면, 한국은 하나도 없었다. 일본을 100점으로 놓고 봤을 때 미국은 99.3, 유럽 97.0, 한국 89.0, 중국 81.4 순으로 나타났다.

한국의 비교적 높은 상위 2개 분야는 용접·접합(92.0%), 사출·프레스(90.3%)였고, 기술 수준 하위 3개 분야는 로봇(83.2%), 산업지능형 소프트웨어(82.8%), 센서(80.9%)다. 특히, 일본과의 기술 격차는 2021년보다 0.6년 늘어난 1.3년으로 간격이 더 벌어졌다. '2020 로봇 산업 실태조사'에 따르면 2019년 2조 9,443억 원이었던 제조업용 로봇 매출은 2020년 2조 8,658억 원으로 2019년 대비 2.7% 감소하였다. 2018년 3조 4,202억 원이었던 제조업용 로봇 산업 매출은 계속 감소하는 추세다.

여기에 20대 청년 인력이 부족하고 50대 이상의 인력이 많아 뿌리

표 4. 국내 로봇 시장 매출액(단위: 억 원)

구분	2018년	2019년	2020년
전체	58,019	53,351	54,736
제조용 로봇	34,202	29,443	28,658
서비스용 로봇	6,650	6,358	8,577
로봇 부품	17,167	17,550	17,501

출처: 한국로봇산업진흥원, 2020 로봇산업실태조사

산업 고령화 문제도 심각하다. 한국산업기술진흥원의 자료에 따르면 뿌리산업의 20대 이하 청년 인력은 10.3%(5만 2,126명)인 반면, 50대 이상 인력은 24.8%(12만 5,165명)로, 청년 인력 대비 고령 인력이 2.4배 많다. 또한 석·박사급 인력은 1.0%(4만 3,241명)로 타 산업에 비해 현저히 낮다. 미래 산업 경쟁력의 근간을 이루는 뿌리산업의 정부 지원이 여전히 부족하다는 지적이다. 이에 산업부가 뿌리산업을 좀 더 고부가가치 첨단산업으로 업그레이드하는 '제3차 뿌리산업 진흥 기본 계획'을 마련한다고 밝혔다.

장기화된 코로나19 팬데믹의 긴 터널을 지나며 기업들도 다시 생존을 위한 디지털 전환에 나서고 있다. 2022년 1월 CES에서 기업들이 다시 로봇 기술을 잇달아 선보였다. 현대자동차그룹의 보스턴 다이내믹스 인수, 삼성전자 로봇 TF의 사업팀 전환 등도 이러한 산업 진흥에 대기업들도 불을 붙이고 있는 것이다. 자금력이 약한 중소기업, 뿌리기업의 경쟁력 강화를 위해서는 수기 작업을 디지털화하는 MES, ERP에 여전히 투자가 필요하며 정부의 지속적인 역할이 필요하다.

투자 여력이 있는 중견기업은 숙련된 작업자를 최소화할 수 있는 공정 자동화 부분에 집중적인 투자가 필요하다. 그리고 자금력을 바탕으로 한 대기업은 AI, 로봇 기술이나 디지털 트윈과 같은 더 혁신적인 디지털 기술 투자에 관심을 보이고 있다.

이러한 지속적인 투자를 통해 단순한 MES, ERP 도입 단계를 넘어 더 확장된 범위에서 스마트 팩토리 기술들을 도입하며 국내 스마트 팩토리 시장을 견인하고 있는 것이다. 핵심 뿌리산업에 대한 예산 지원과 함께 전문인력 양성에 정부가 적극 나서야 하는 대목이다.

2021년 7월, 코로나19로 비대면 문화 활성화로 다양한 디지털 수요가 증가하고 국내 클라우드 민간 산업 활성화를 위해 한국판 뉴딜 정책인 '행정·공공기관 정보자원 클라우드 전환·통합 추진 계획'을 발표하였다. 2026년까지 정부 예산 약 8,600억 원을 투입하여, 행정 및 공공기관 정보 시스템 10,009개를 클라우드로 전환 및 통합한다는 방침이다. 현재 1차 연도 사업을 마무리하고 2차 연도 사업에 착수했다. 1차 연도 사업에서 302개 정보 시스템을 클라우드로 전환해 운영비 절감 효과 60억 원(20%), 소프트웨어 국산화율 15.5%에서 22.8%로 47% 상승했다고 행정안전부가 밝혔다. 최근 IDC 사업 부문을 분리하여 KT클라우드로 통합 및 합병하고 투자 유치를 추진하고 있는 KT클라우드의 행보도 이 같은 정부의 국정 과제 사업과 무관하지 않은 것으로 보인다.

22

소비주체 MZ세대의 나비효과

최근 여러 사람의 관심을 끌며 활발하게 논의되었던 현상이 있다. 바로 '예능의 고령화'이다. 실제로 TV 예능 프로그램을 보면 유재석, 강호동, 신동엽, 김구라, 이경규 등 유명 연예인이 주요 프로그램을 이끌고 있다. 2000년대 초반부터 정상의 위치에 있었던 1960~1970년대생 연예인들이 20여 년이 지난 지금도 활발하게 활동할 뿐만 아니라, 아직도 주도적인 위치에 있다는 것이 궁금증을 자아낸다. 창의력이 떨어진 콘텐츠 제작 업계의 나태함이 원인일까? 시장에서 도태되지 않도록 경쟁력을 유지하고 있는 톱스타들의 노력과 적응력에 박수를 쳐야 할까?

'명품 매장 오픈런'도 쉽게 이해하기 힘든 현상 중 하나이다. 값비싼 제품을 구매하는데 최상의 서비스를 받지는 못할망정, 그렇게 고단한 과정을 거쳐야 하는가? 코로나19로 인한 경기 침체 시기에 도대체 누가 구매하는 것인가? 글로벌 생산 및 물류 이슈로 인한 명품의 공급 부족, 해외여행 억제에 따른 반발 소비라고 단순하게 설명하기에는 어려워 보인다.

한편, 요식 업계에서는 '오마카세 열풍'이 아직 식지 않고 있다. 오마카세는 원래 고급 일식당, 주로 초밥 전문점에서 고객이 메뉴를 정하지 않고 주방장에게 일임하는 것을 의미한다. 주방장은 당일 재료의 상태나 손님의 취향을 고려하여 본인이 특별하게 구성한 코스 메뉴를 제공하는데 한 끼에 수십만 원을 훌쩍 넘기도 한다. 몇 년 전부터는 초밥에 그치지 않고 한우, 돼지고기, 디저트, 커피, 주류 등 오마카세가 영역을 더욱 넓히고 있다.

'예능의 고령화', '명품 매장 오픈런', '오마카세 열풍', 언뜻 보기에 전혀 관련 없어 보이는 세 가지 현상에는 공통점이 있다. 바로 MZ세대이다. 사실 '예능의 고령화'는 MZ세대의 콘텐츠 소비 방식에 방송사들이 자연스럽게 적응한 결과물이다. 2021년 방송통신위원회의 방송매체 이용 행태조사를 보면, TV를 필수 매체라고 인식하는 비율은 2011년 60%에서 2021년 27%까지 급격하게 감소하였다.

특히 연령대별로 차이는 극명하게 나타나서 40대 13%, 50대 29%, 60대 54%, 70대 이상 84%가 TV를 필수 매체로 인식하는 데 비해, 30대는 9%, 20대는 5%, 10대는 놀랍게도 0.1%에 불과했다. TV를 주 5일 이상 이용한 비율 또한 10대 16%, 20대 46%, 30대 69%, 40대 81%, 50대 90%, 60대 96%, 70대 이상 98%로 나타났다. 이렇게 보면 MZ세대가 외면하는 '올드 미디어'인 TV의 예능 프로그램이 '고령' 연예인을 기용하는 것은 당연한 현상이다.

'명품관 오픈런'도 비슷한 맥락에서 이해할 수 있다. 스스로의 구매 기준을 중시하고, 나만이 접근 가능한 제품에 대한 열망, 가격이 비싸도

나를 위한 소비를 하는 MZ세대의 가치관이 그 현상의 배후에 있다. '오마카세 열풍'도 음식을 단순한 맛이 아니라 메뉴에 담긴 주방장의 생각과 이야기를 종합적으로 경험하는, 즉 콘텐츠로 소비하는 MZ세대의 경향과 잘 맞물려 있다.

MZ세대는 왜 관심의 대상이 되며, 우리에게 무슨 의미인가?

MZ세대는 M세대와 Z세대를 합친 말이다. M세대Millennials는 원래 20세기에서 21세기로 전환되는 소위 밀레니얼 시기에 성인이 되는 세대를 지칭하면서 사용하기 시작한 용어이다. 현재 일반적으로는 1980년대 초반에서 1990년대 중반까지 출생한 세대를 말한다. 반면, Z세대는 1990년대 중반에서 2000년대 중반까지 출생한 세대를 말한다. 그러나 MZ세대의 명확한 구분 기준은 없어 국가별로 다르게 쓰이며, 국내에서도 다양하게 정의된다. 일부에서는 2021년 연령을 기준으로 30대 초반~40대 초반 인구를 전기 M세대, 20대 중반~30대 초반 인구를 후기 M세대로 다시 구분하기도 한다. 마찬가지로 Z세대도 10대 후반과 20대 초반으로 구분하기도 한다. 명확한 정의가 존재하지 않다 보니 MZ세대를 각기 어떻게 정의하고 있는지 비교하는 연구 리포트가 있을 정도이다. 어떻게 보면 10대 후반부터 40대 초반까지 동일한 세대로 분류하여 얘기하는 것이 무슨 의미가 있을지 의문이 들기도 한다.

MZ세대에 대한 우리 사회의 관심은 매우 높다. 각종 매체에서 MZ세대에 대한 얘기가 쏟아져나오고 있으며, MZ세대를 정의하기 위한 각종 키워드는 피로감을 일으킬 정도이다.

도대체 MZ세대에 대한 다양한 해석과 관심은 왜 생기는 것이며, 우리는 이를 어떻게 받아들여야 할까? MZ세대에 대한 관심은 다양한 방식으로 생겨난다. 우리는 흔히 직장이나 학교 등 조직에서 나와 다른 세대와 마주하게 된다. 나와 다른 세대로부터 느끼는 차이를 이해하려는 마음, 또는 다른 세대와 접하면서 발생하는 갈등을 해결하거나 방지하려는 노력이 MZ세대에 대한 관심의 직접적 원인 중 하나라고 할 수 있다. 또한 누군가는 정치적인 의도를 가지고 세대를 '갈라치기' 하는 목적으로 MZ세대에 대한 담론을 이용하려고 할 수도 있다. 그러나 우리에게 중요한 것은 MZ세대를 통해 산업의 변화와 미래를 조망해보는 것이다. MZ세대에 대한 관심과 다양한 논의를 단순한 얘깃거리로 소비하는 것이 아니라 투자 기회를 발굴하고, 투자 대상을 잘 판단할 수 있는 시각을 만드는 데 활용해야 한다.

산업과 사회의 변화를 이해하는 데 MZ세대라는 '렌즈'를 이용하려는 시도에 대해서 다양한 비판과 우려가 존재한다. 앞에서 언급했듯이 가장 많은 비판은 MZ세대의 정의와 범위에 대한 것이다. 명확한 정의가 있지도 않으며, 10대 후반부터 40대 초반까지 전 인구의 약 33%를 차지하는 집단을 하나로 묶어서 설명하는 것이 타당한 것인지에 대한 의문은 충분히 합리적이다. M세대와 Z세대는 엄연히 서로 상이한데 국내에서는 이를 묶어서 얘기한다는 비판도 있다. 또한 면밀한 분석 없이 출생연도를 기준으로 특정 집단을 성급하게 규정지어 버리는 것이 사회 변화 또는 소비자의 변화를 이해하는 데 오히려 방해가 된다는 입장도 있다. 즉 세대론 자체가 사람들의 이목을 끌기 위한 용도로 활용되는 사이비 과학의 일종이라는 주장이다.

실제로 2021년 7월 미국 메릴랜드대학 사회학자이자 인구학자인 필립 코헨 교수는 워싱턴 포스트의 기고문을 통해 "세대 구분은 과학적 근거가 없으며, 대중에게 잘못된 고정관념을 심고 사회과학 연구를 방해한다"라고 주장했다. 또한 코헨 교수는 Z세대 용어를 처음으로 사용한 미국 퓨리서치센터Pew Research Center에 150여 명의 사회과학자들의 서명과 함께 공개 서한을 보내 용어 사용을 중지하라고 촉구했다.

더 재미있는 사실은 MZ세대 본인들이 이러한 세대 구분이 적절하지 않다고 생각하는 것이다. 2022년 2월 한국리서치 조사에 의하면 MZ세대를 하나로 묶는 것이 적절하지 않다고 생각하는 비율은 전체 인구의 40%였다. 반면 M세대는 47%, Z세대는 61%로 젊은 세대일수록 이러한 규정 짓기에 불만을 보이고 있다. 단적으로 최근 TV 프로그램에 출연한 소위 MZ세대 대표 아이콘 래퍼 이영지는 "MZ세대는 (세대에 대한) 알파벳 계보를 이어가고 싶은 어른들의 욕심이며, 본인들은 MZ세대인 걸 전혀 모른다"라고 언급했다. 또한 같은 조사에 의하면 사람들이 일반적으로 MZ세대라고 인식하는 연령대는 16~31세로서 일반적 정의와 많은 차이를 보였다.

그렇다면 MZ세대론은 아무 활용 가치가 없는 유사 과학에 불과한 것일까? 과학적 근거 부족과 모호함을 이유로 관심을 포기하기에는 MZ세대라는 '렌즈'가 유용하게 사용될 수 있는 여지가 너무 많다. MZ세대에 대한 관심은 대부분 나와 다른 새로운 집단, 특히 미래의 변화를 이끌어갈 집단에 대한 이해 노력에서 비롯된다. 기존과는 다른 사고방식과 행동의 원인이 거의 대부분 MZ세대의 특성으로 설명되고 있다는 것이 이를 입증한다. 결국 MZ세대에 대한 논의에서 우리가 얻어야 하는 것은 소비자의 새로운 행동 패턴이 무엇이며, 결국 산업과 시장이 어떻게 변화할 것인지, 투자자 입장에서의 기회를 어떻게 평가하고 포착할 것인지이다. 일각에서는 MZ세대를 '미래의 소비 권력'이라고 표현하고 있다. 미래의 시장 판도를 바꾸는 새로운 소비 행동을 가진 집단에 대한 이해라고 생각한다면 MZ세대에 대한 논의는 충분한 의미가 있을 것이다. MZ세대론에 대한 좀 더 너그러운 시선이 요구된다.

MZ세대는 무엇이 다른가?

MZ세대를 이해하려는 시도는 다양한 방식으로 나타나고 있다. 다른 세대와 상이한 행동 패턴의 현상을 파악하는 것부터, 역사적 또는 사회적 맥락에서 그러한 행동의 근원적 원인과 사고방식을 심층적으로 이해하는 학술적인 연구도 존재한다. 우리가 각종 매체를 통해 가장 쉽게 접하고 있는 것은 MZ세대의 특성을 신조어로 설명하는 시도이다. 이는 직관적으로 현상을 이해하는 데 매우 도움이 된다. MZ세대를 설명하는 수많은 신조어가 있지만, 이를 종합하여 보면 핵심적인 키워드는 다섯 가지이다.

MZ세대 키워드 1: 가치관과 개성

MZ세대의 특성 중 하나는 사회의 기준이나 타인의 시선에 연연하지 않는 소비 행태이다. 이러한 현상을 설명하기 위한 대표적인 신조어는 '나심비'이다. '나+심리적 만족+가성비'를 합성한 용어로 가격과 성능뿐만 아니라 내가 중시하는 기준의 충족 여부에 의해 소비를 결정한다는 의미이다. 나의 가치관에 맞는 제품과 서비스라면, 남들의 시선과 관계없이 지갑을 연다는 것이다. 이러한 소비 행태가 잘 드러나는 것이 파인다이닝, 오마카세 등 고가 식음료 서비스, 고급 호텔에서의 '호캉스', 키덜트 제품 등이다. 수십만 원을 넘나드는 한 끼 식사가 나를 위한 심리적 만족을 제공하는 경우, MZ세대는 비싸지 않은 가격으로 인식한다. 비슷한 개념으로 '미코노미Me+Economy', '일코노미1+Economy', '나나랜드', '홀로족(홀로+YOLO)'과 같은 신조어도 자주 언급된다.

MZ세대 키워드 2: 사회적 소비

두 번째 특성은 소비에서 사회적 의미를 찾는다는 점이다. '미닝아웃Meaning+Coming out'은 내가 의미를 두고 있는 사회적 가치를 소비 행위의 판단 기준으로 삼고 적극적으로 드러내는 현상을 말한다. 흔히 MZ세대가 사회적 이슈에 대해 관심이 없을 것으로 생각하지만, 관심이 없는 것이 아니라 표출하는 방식이 다른 것으로 이해할 수 있다. 과거 민주화 이전 시대에서 나의 정치적·사회적 신념은 거리에서의 저항으로 표현되었다. 민주화 이후에는 투표권 행사로 나의 신념을 표출하고 사회 변화에 일조할 수 있었다. MZ세대는 이러한 참여 방식에서 더 나아가 소비를 통해서도 사회적·정치적 신념을 표현한다. 어떻게 보면 자본주의가 점차 고도화되고 있는 사회에서 가장 효율적인 방식일 수도 있다. MZ세대에게 소비는 경제적인 투표권인 셈이다.

'미닝아웃'을 통해 주로 드러내고자 하는 첫 번째 가치는 정의와 공정함이다. 칭찬할 만한 기업이 있는 경우 MZ세대는 '돈쭐내기(돈으로+혼쭐내기)'를 통해 적극적으로 지원한다. 불우 청소년에게 선행을 베푼 한 치킨집이 주문 폭주로 '돈쭐'이 났다는 것은 이미 유명한 얘기이다. 정의와 공정함에 반하는 경우, 소비자들은 '바이콧Buy+Boycott'으로 대응한다. 설문 조사 기관 오픈서베이에서 발표한 자료에 따르면 MZ세대 중 32%가 불매하는 브랜드가 있다고 응답했으며, 불매 이유로는 비윤리적인 생산, 친일행동, 협력 업체 갑질, 부정부패 비리, 기업 내 갑질 등을 꼽았다. 대리점에 대한 갑질과 과장된 마케팅 활동으로 논란이 끊이지 않았던 모 유업 회사의 행태에 대해 MZ세대 소비자들은 지속적인 불매 운동으로 대응했다. 결국 해당 회사는 실적 및 주가 하락으로 회사를 매각해야 하는 상황에 이르렀다.

'미닝아웃'에서 소비자들이 추구하는 두 번째 가치는 환경, 사회, 투명 경영ESG, Environmental, Social and Governance이다. MZ 소비자들은 '그린슈머Green+Consumer'화되고 있으며, 기업들은 이에 대응하여 '그린테일Green+Retail'을 추구하고 있다. MZ세대 소비자들은 용기勇氣를 내서, 용기容器를 가지고 가서 식재료나 음식을 포장해오는 '용기내 챌린지' 같은 활동을 하고 있다. 친환경 전략을 펼치는 러쉬Lush, 프라이탁FREITAG, 파타고니아Patagonia 등 브랜드는 이미 MZ세대가 열렬히 지지하고 있다.

MZ세대 키워드 3: 투자형 소비

수량이 한정되어 있는 희소성이 있는 제품을 구매하여 취향과 개성을 표현하는 동시에 가치 상승을 통한 수익 발생을 기대하고, 거래 자체를 즐거운 경험으로 생각하는 '리셀 테크(Resell+재테크)'가 확산되고 있다. 고가 시계, 한정판 운동화, 한정판 의류, 명품백, 그림 등에서 최근에는 희귀 식물, 한정판 굿즈, 레고까지 대상 제품의 범위도 확대되고 있다. '샤테크(샤넬+재테크)', '루테크(루이비통+재테크)'에 이어 '레테크(레고+재테크)'라는 신조어까지 언급된다. 나이키 한정판 운동화가 추첨Raffle을 통해 판매되고, 수십만 원이었던 가격이 재판매될 때 수백만 원 이상이 되는 사례는 이미 많이 접했을 것이다. 취업난과 취약한 주거 환경 지·옥·고(지하, 옥탑방, 고시원)에 시달리는 MZ세대가 왜 '명품 매장 오픈런'에 뛰어드는지는 '나심비'로도 설명되지만 투자형 소비로도 설명된다.

MZ세대는 나만의 기준으로 남의 눈치를 보지 않고, 심리적 만족을 얻는 경우에 아낌없이 지갑을 연다. 여기에 더하여 구매한 제품이 나중에 가치가 오를 수도 있다고 믿는다면 구매하지 않을 이유가 없다. 이러한 투자형 소비는 주로 유통에서의 변화를 가져오고 있다. 미국에서 운동화 리셀거래소 스톡엑스StockX가 출범한 이후, 국내에서도 네이버 크림KREAM, 무신사의 솔드아웃soldout, 아웃오브스탁OUTOFSTOCK, 프로그frog 등이 경쟁 중이다. 네이버는 MZ세대 니즈에 맞추어 해외 C2C 리셀 플랫폼을 적극적으로 투자를 검토하고 있으며, 일본 '빈티지시티', 유럽 '베스티에르 콜렉티브', '왈라팝', 태국 '사솜', 싱가포르 '리벨로' 투자에 이어, 최근 미국 패션 C2C 플랫폼인 '포쉬마크'의 인수를 결정했다.

MZ세대 키워드 4: 종합적 경험 중시

또 다른 MZ세대 구매 및 소비 행동상의 특성은 구매 및 소비를 종합적 경험으로 간주한다는 점이다. 단순한 소유와 소비에 중점을 두는 것보다는 탐색 ⇨ 구매 결정 ⇨ 사용 ⇨ 추천·재구매까지 이어지는 과정에서 최선의 경험을 추구하는 경향으로 이해할 수 있다. 종합적 경험을 중시하는 소비 행동은 세 가지 양상으로 나타나는데 첫 번째는 '편리미엄(편리+프리미엄)'이다. '편리미엄'은 End-to-end 구매 여정상에서 편의성을 추구하고, 편의성이 충족되는 경우 기꺼이 높은 가격을 지불하는 MZ세대의 행동 특성을 설명하는 신조어이다. '편리미엄'은 알게 모르게 이미 확산되어 산업을 변화시키고 있다. 이를 구매 여정의 순서에 따라 짚어보자.

새로운 제품 또는 서비스 구매를 위한 정보 탐색 시 소비자는 정보 과다로 인한 어려움을 호소한다. 그런데 그 과정을 효율적으로 도와주는 누군가가 있다면 MZ세대의 지갑을 열 수 있을 것이다. 최근 이커머스 시장에서 네이버 쇼핑의 약진은 이러한 경향을 반영한다고 할 수 있다. 여러 제품을 검색하고 가격을 쉽게 비교할 수 있다는 편의성이 소비자들에게 통한 것이다. 좀 더 맞춤화된 추천을 통해서 검색 과정에서의 수고를 더욱 덜어준다면 더 높은 성과를 기대해볼 수 있을 것이다.

탐색 및 구매 의사결정이 완료된 이후의 결제 과정은 소비자들을 특히 불편하게 하는 단계였다. 모바일로 본격 전환되기 이전까지 온라인 결제는 소비자들의 불만이 엄청나게 누적된 영역이었다. 네이버 페이를 비롯한 각종 간편 결제 플랫폼이 이 과정을 좀 더 편리하게 만들고 있다. 2021년 한국핀테크산업협회의 조사에 따르면 MZ세대 90%가 핀테크 플랫폼을 통해 간편 결제를 이용하고 있으며, 만족도는 10점 만점에 8.7점으로 나타났다. MZ세대의 간편 결제 사용 및 선호도가 이미 매우 높은 수준에 도달해 있는 것을 확인할 수 있다.

한편 탐색 및 구매 과정, 이용 과정 자체를 모두 간편화하려는 경향은 구독서비스의 확대로 이어지고 있다. 특히 구독은 매번 발생하는 탐색과 구매 과정을 없애 소비자에게 편의성을 제공한다. MZ세대들은 OTT 등 콘텐츠 구독뿐만 아니라 커피, 도시락, 술 등 식음료, 화장품, 꽃, 세탁, 비타민, 미술품, 임신·출산 준비물까지 구독서비스를 활용하고 있다.

'편리미엄' 추구는 제품과 서비스 품목 측면에서의 변화도 가져오고 있다. 각종 배달 및 대행 서비스, 밀키트와 같은 간편식, 의류관리기, 건조기, 로봇 청소기 등 가사 노동을 대체하는 신규 카테고리 가전, 화장의 단계를 줄여주는 '스킵케어Skip care'용 멀티 기능성 화장품 등의 성장이 '편리미엄'과 맞닿아 있다.

종합적 경험을 중시하는 MZ세대 소비 행동의 두 번째 양상은 능동적인 참여이다. '모디슈머Modify+Consumer'라고 표현하기도 하고, 더 나아간 개념으로 '팬슈머Fan+Consumer'라고 표현하기도 한다. MZ세대들은 좋아하는 제품이 있으면 수동적인 소비에만 머무르지 않고 제품과 기업이 잘되기를 바라는 마음으로 적극적으로 생산과 판매 과정에 개입한다. 그 과정에서 제품과 소비자의 애착 관계가 형성되며, 소비자는 단순 소비에서 느끼지 못한 또 다른 즐거움을 느끼게 된다. 소위 '내가 키운 브랜드'라는 자부심과 재미를 적극적으로 찾는 것이다.

'팬슈머'의 사례는 매우 다양하다. 소비자들이 SNS에서 공유한 레시피 또는 제품 아이디어를 식품 회사가 제품화하는 것이 대표적인 예이다. 농심 켈로그의 시리얼인 '첵스 파맛'은 2004년 자사 시리얼 '첵스 초코' 홍보를 위해 열었던 투표 스타일의 이벤트인 '첵스 초코나라 대통령 선거'에서 '첵스 초코' 대신 소비자들이 장난성으로 뽑았던 제품이었다. 농심은 2021년 실제로 '첵스 파맛'을 출시하였고 많은 관심과 화제를 낳았다.

MZ세대는 제품과 서비스의 사용 경험에서 재미도 추구한다. '펀슈머Fun Consumer', '가잼비(가격+재미)'라는 용어까지 등장했다. MZ세대의 소비 행동에 대응하여 기업들은 각종 마케팅 활동에서 재미 요소를 추가하고 있다. 곰표 밀가루가 맥주와 협업하여 '곰표 맥주'를 출시하고, 해태아이스크림에서 '밤맛 바밤바'에 대응하여 '배맛 배뱀배'를 출시했던 것이 그 사례이다. 팔도에서는 팔도비빔면의 이름을 딴 '괄도네넴띤'이라는 제품을 출시했다. 팔도비빔면 글자를 다르게 보면 '괄도네넴띤'처럼 보이기 때문이다. 마치 명작을 '띵작'으로 부르는 것과 마찬가지의 유머 코드이다. 재미 요소는 소비자들도 구매 플랫폼의 선택 기준에서 중요하게 작용한다. 유니콘 기업 무신사의 성공은 무신사가 단순한 판매 플랫폼이 아니라 수많은 패션 사진과 스토리가 제공되는 이용자들의 '패션 놀이터'였다는 점이 크게 작용했다.

MZ세대 키워드 5: 입체화된 스토리텔링, 세계관Universe

MZ세대를 설명하는 마지막 키워드는 세계관이다. 세계관을 세상을 바라보고 해석하는 나의 관점으로 이해한다면 당신은 MZ세대가 아닐 가능성이 크다. 최근 콘텐츠 업계에서 또는 마케팅 용어로 사용되는 세계관이라는 용어는 '콘텐츠의 배경이 되는 가상의 시공간'이다. 흔히 유니버스Universe라고도 얘기하며 마블 스튜디오에서 제작하는 영화들의 배경이 되는 '마블 시네마틱 유니버스Marvel Cinematic Universe'의 성공으로 널리 개념이 퍼지게 되었다. 마블 스튜디오의 아이언맨, 인크레더블 헐크,

어벤져스, 토르, 캡틴 아메리카, 앤트맨, 스파이더맨 등 수많은 콘텐츠는 하나의 큰 세계 안에서 연결되어 있다.

세계관 개념을 차용한 콘텐츠들이 기존 콘텐츠와 다른 점은 단선적인 스토리텔링이 아니라, 입체적으로 스토리가 구성되어 서로 연계되면서 지속적으로 확장 가능하다는 점이다. 또한 콘텐츠 소비자들은 세계관 설정 안에서 다양한 해석과 추측을 하면서 참여할 수 있으며, 이것이 다시 콘텐츠의 재생산에 반영된다.

MZ세대는 세계관에 열광한다. MZ세대는 근본적으로 '디지털 네이티브Digital native'이다. 영어권 국가에서 자랐으면 '영어 네이티브 스피커English native speaker'인 것처럼 MZ세대는 디지털 환경에서 자라왔기 때문에 디지털 기기에 친숙하고 자유자재로 활용할 수 있다. 특히 Z세대는 '디지털 네이티브'를 넘어서 '모바일 네이티브Mobile native' 또는 '포노 사피엔스(스마트폰+호모 사피엔스)'라고 불리기도 한다. 게임 또는 SNS와 같은 디지털 세계에서의 상호 작용에 익숙한 MZ세대가 세계관에 관심을 갖고 흥미를 느끼는 것은 당연한 현상으로 보인다. 원래 게임에서 사용되는 용어로 부 캐릭터를 의미하는 '부캐'가 화제가 되는 것 또한 같은 맥락에서 이해가 가능하다.

세계관 개념은 MZ세대를 주 고객으로 하는 콘텐츠 산업에서 필수 요소가 되고 있으며, 더 나아가 여러 소비재의 마케팅 방식을 변화시키고 있다. 글로벌 톱스타인 BTS의 모든 앨범과 뮤직 비디오 등에 담긴 콘텐츠는 하나의 세계관으로 연결되어 있다. '방탄소년단 세계관BTS Universe'이라고 불리는 세계는 팬들이 적극적으로 콘텐츠를 해석하는 일종의 놀이를 할 수 있게 해주며, 팬 클럽인 아미Army가 부가적인 콘텐츠 생산에 기여할 수 있게 한다.

유튜브에서 '방탄소년단 세계관'으로 검색해보면 전 세계에서 팬들이 생성한 수만 개의 동영상을 확인할 수 있다. 사업적 관점에서 세계관은 하나의 지적재산권IP에 기반하여 다양한 콘텐츠로 사업 영역을 확대할 수 있게 하는 수익성 극대화의 도구이다. 방탄소년단 소속사인 하이브에서 공식적으로 확인해준 바는 없지만, 세계관 스토리텔링을 전담하는 전문 팀이 있다는 것은 업계에서 알려진 사실이다. 세계관은 마케팅에도 활용된다. 빙그레는 '꽃게랑'이 러시아 굴지 기업 게르과자 인터내셔널의 대표 제품인 '끄랍칩스'이며 한국에 진입한다는 세계관을 설정하고 마케팅에 활용하여 화제를 일으켰다.

어떻게 기회 영역을 포착할 것인가?

MZ세대를 규정하는 다양한 신조어를 통해서 그들이 중시하는 가치를 키워드로 정리해보았다. 우리가 주목하는 것은 미래의 소비 권력인 MZ세대가 현재 어떠한 소비 행동을 보이는지 이해함으로써 향후 시장과 산업의 변화를 예측하고 투자 기회를 포착하는 것이다. 그렇다면 MZ세대의 키워드를 어떻게 활용할 것인가? 다소 쉽지 않은 질문이다. 업계에서 회자되는 키워드가 표현하는 1차원적 현상에만 주목한다면 남보다 빠르게 산업의 변화를 포착하고 예측할 수는 없을 것이다.

그래서 투자 기회를 포착할 수 있는 10개의 '렌즈'를 제안한다. 10개의 렌즈는 MZ세대가 중시하는 가치를 충족시키기 위해 제품, 서비스,

또는 사업 모델이 갖추어야 할 요소이다. 반대로 말하면 10개의 렌즈에 비추어 어떠한 제품 또는 서비스를 바라본다면, 그것들이 MZ세대에 어필할 수 있는 사업인지, 투자 기회로서 적절한 성장 가능성이 큰 사업인지를 판단하는 데 도움이 될 것이다.

MZ세대가 선호하는 자신만의 가치관에 따른 소비, 개성의 표현 니즈를 충족시키기 위해서는 1) 오마카세와 같은 맞춤화, 2) 유일무이한 차별화가 필요하다. '미닝 아웃'으로 대표되는 사회적 소비에서 배제되지 않으려면 3) ESG에 위배되지 않는 제품, 서비스, 커뮤니케이션이 필요하며, 동시에 4) 진정성이 요구된다. 한정판 구매와 리셀로 대표되는 투자형 소비 니즈 충족을 위해서 5) 희귀성, 6) 거래 편의성이 필요하다. 소비자 구매 여정상에서의 종합적 경험을 중시하는 MZ세대의 니즈를 맞추기 위해서는 7) 구매 편의성, 8) 새로운 소비 방식의 적극적 제

그림 5. MZ세대 10개의 렌즈

MZ세대 키워드

가치관과 개성	나심비, 미코노미, 일코노미, 나나랜드, 홀로족 등
사회적 소비	미닝아웃, 돈쭐내기, 그린슈머, 그린테일, 용기내 챌린지 등
투자형 소비	리셀테크, 샤테크, 루테크, 레테크 등
종합적 경험	편리미엄, 모디슈머, 팬슈머, 펀슈머, 가잼비 등
세계관	디지털 네이티브, 모바일 네이티브, 포노 사피엔스 등

투자 기회 포착을 위한 '렌즈'

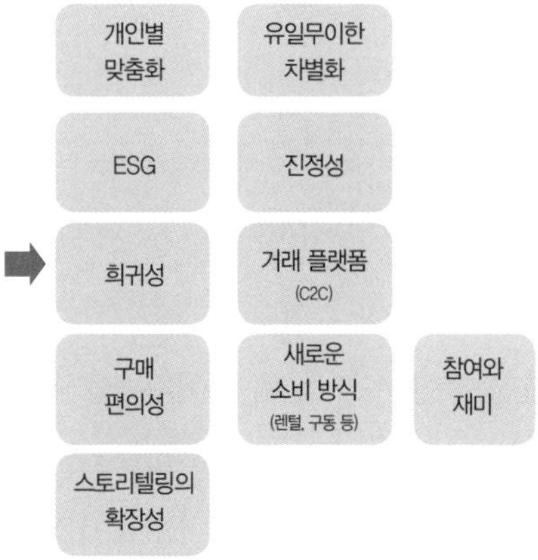

- 개인별 맞춤화
- 유일무이한 차별화
- ESG
- 진정성
- 희귀성
- 거래 플랫폼 (C2C)
- 구매 편의성
- 새로운 소비 방식 (렌털, 구동 등)
- 참여와 재미
- 스토리텔링의 확장성

안, 9) 참여를 통한 재미를 느낄 수 있도록 해야 한다. 마지막으로 매력적인 세계관에 빠져드는 세대 특성을 고려한다면, 콘텐츠, 제품, 또는 서비스가 10) 입체적인 스토리텔링 기반으로 확장성을 확보하고 있어야 한다.

이 10개의 렌즈가 물론 절대적인 기준은 아닐 것이며, 또한 어떤 사업 모델이 10개 모두를 충족하는 것도 불가능한 일이다. 그러나 산업의 변화와 특정 사업의 매력도를 판단할 때 MZ세대라는 렌즈가 어느 정도의 방향성을 제시해줄 것으로 기대한다.

투자 대상을 어떻게 선별할 것인가?

MZ세대의 렌즈를 통해 요건에 적합한 여러 투자 기회를 포착했다고 가정해보자. MZ세대의 잠재적인 니즈가 포착하기 대단히 어려운 비밀도 아니며, 제품과 서비스를 정의하고 사업을 성장시키려는 기업이라면 어느 정도는 MZ세대를 유혹할 만한 요소를 갖고 있을 것이다. 이러한 경우, 투자 의사결정은 무엇을 기준으로 해야 할지 쉽지 않다. 시장 성장성과 경쟁 구도 변화, 회사의 경쟁력과 현재 포지션, 향후 성장성과 추가 성장 가능성, 리스크 등 본격적으로 고려해보자면 검토해야 할 요소가 너무 많다. 시간과 자원의 제약으로 사업 실사를 하듯이 모든 기회를 검토할 수도 없을 것이다. MZ세대의 렌즈를 통해 포착된 소비재, 유통, 미디어, 콘텐츠, B2C 서비스 영역에서 단 하나의 기준만 제시하자면 다음과 같다.

본질은 변하지 않는다. 열광적으로 지지하는 핵심 고객군을 확보하고 있는가?

화장품 브랜드 사례를 가지고 설명해보겠다. 화장품 업계에서 최근 몇 년간 화두가 되어왔던 것은 '디지털 네이티브 브랜드digitally native brand'이다. 백화점, 가두점 등 기존 오프라인 점포에 의존하며 판매되는 브랜드와 달리 '디지털 네이티브 브랜드'는 MZ세대가 선호하는 모바일 채널을 통해 고객에게 구매 편의성을 제공한다. 또한 대부분 개인이 창업했기 때문에 설득력 있는 브랜드 스토리를 갖고 있으며, 향후 제품 및 서비스의 확장을 고려하여 브랜드 정체성을 잘 정의해놓은 경우가 많다. 친환경 자연주의를 표방하거나 비건 화장품으로 포지셔닝한 브랜드도 상당수 있다. 이들 브랜드는 외부 채널에 입점하여 판매하기도 하지만 D2C 자사몰을 운영하고 있으며, 고객과 직접적인 소통을 추구한다.

MZ세대의 렌즈로 판단한다면 성공의 요건을 상당 부분 충족시키고 있는 브랜드가 많다. 만약 재무 실적도 비슷한 브랜드들이 다수라면 무엇이 투자의 우선순위가 되어야 할까? 당연한 얘기일 수도 있지만, 우선순위 판단의 핵심은 해당 브랜드를 열광적으로 지지하는 핵심 고객군이 얼마나 확보되어 있는지가 되어야 한다.

2018년 미국에서 스라시오Thrasio라는 회사가 창업하면서 '브랜드 애그리게이터Brand Aggregator'라는 사업 모델을 히트시켰다. 이들은 아마존에서 순위가 높은 셀러 또는 군소 브랜드사를 집중적으로 인수하여, 본인들의 마케팅 역량을 활용해 아마존 내에서 육성하는 전략을 펼쳤다. 스라시오는 2년 동안 200여 개 기업을 인수하여 누적투자금이 수조 원을 넘길 정도의 아이콘으로 등극했다. 국내에서도 이를 벤치마킹한 클릭브랜즈, 오렌지마케팅랩, 부스터스, 홀썸 브랜드 등이 브랜드 애그리게이터 모델을 추진하고 있으며, 활발하게 투자를 유치하고 있다. 그러나 최근에는 브랜드 애그리게이터 모델에 대해 시장의 의구심이 커지고 있다. 높은 기대 대비 인수한 브랜드들이 저조한 실적을 보이고 있기 때문이다.

'브랜드 애그리게이터'들은 아마도 MZ세대가 선호하는 요건에 맞는 좋은 브랜드를 인수했을 것이다. 반면 최근 실적과 시장의 기대감은 저조한데, 그 이유는 브랜드 애그리게이터 모델이 근본적인 브랜드 가치의 강화와 충성 고객을 확보하는 노력보다는 판매와 수익 위주의 마케팅 활동에 집중하기 때문으로 보인다. 퍼포먼스 마케팅으로 대변되는 단기 마케팅 활동은 단기 실적을 끌어 올릴 수는 있으나, 비용 대비 광고 효율성은 점차 감소할 수밖에 없다.

국내에서도 브랜드 애그리게이터 또는 유사한 사업 모델은 가진 '미디어 커머스' 기업들의 미래를 주시하고 있다. 주목해볼 사실은 지속적인 성장과 수익성을 보이고 있는 기업들은 한 개 내지 두 개의 핵심 브랜드를 보유하고, 열광적으로 지지하는 핵심 고객군을 꾸준하게 확보하고 있다는 점이다.

브랜드 엑스코퍼레이션은 탄탄한 핵심 고객층을 보유한 젝시믹스라는 브랜드를 중심으로 꾸준하게 성장하고 있다. 미디어커머스 기업은 아니지만 생활용품 브랜드 '생활공작소'도 MZ세대의 취향에 맞는 명확한 브랜드 정체성을 갖고 핵심 고객을 꾸준하게 확보하면서 빠르게 성장하고 있다. 결국 MZ세대 트렌드를 통해 기회를 포착한 후 투자의 우선순위를 결정할 때 중요한 것은 브랜드 사업의 본질, 즉 핵심 고객군이 얼마나 확보되어 있는가이다.

결국 MZ세대는 본인이 지향하는 가치를 구매하고, 소비를 통해 사회적 신념을 표출하면서 동시에 소비를 투자의 기회로 생각한다. 또한 구매 과정에서 모든 경험이 자연스럽고 편리하게 이루어지기를 바라며, 구매하는 제품 또는 서비스가 말하고 있는 스토리에 같이 빠져들어 즐기려는 니즈를 갖고 있다.

MZ세대가 지향하는 가치와 본질적인 니즈를 이해하고, 그 렌즈에 따라 산업을 관찰하면 산업의 변화와 미래에 대한 단서를 얻을 수 있다. 그렇게 포착한 기회를 투자 관점에서 검토할 때는 철저하게 본질로 돌아가야 한다. 피상적으로 관찰하면 비슷비슷해 보일 수 있다. 그러나 브랜드가 얼마나 열렬한 지지자를 확보하고 있는지를 보면 판단의 근거가 생길 것이라 기대한다.

23

플랫폼 전성시대, 기본기가 중요하다

플랫폼 테크 기업, 편리성과 정보 경쟁력으로 일상을 파고들다

최근 10년간의 글로벌 시가총액을 살펴보면, 소위 빅테크 플랫폼 기업들의 약진이 눈부시다. 2010년대에는 글로벌 시가총액 상위 10개 기업 중 플랫폼 기업은 애플, 마이크로소프트 2개에 불과했지만, 10여 년이 지난 2021년에는 6개나 그 위용을 과시하고 있다(애플, 마이크로소프트, 알파벳, 아마존, 페이스북, 텐센트). 한국의 상황도 크게 다르지 않다. 상대적으로 전통 제조업과 유통이 강한 측면이 있지만, 이전과 달리 '네이버', '카카오' 등 과거에 보지 못했던 디지털 기반의 플랫폼 기업들의 순위가 눈에 띄게 높아졌다.

코로나19 팬데믹을 겪으면서, 우리의 일상에는 어느 때보다도 디지털 플랫폼 기업들이 자리를 잡았다. TV나 케이블 방송보다는 어느새 동영상 앱을 통해 내가 원할 때 보고 싶은 작품을 감상한다. 전화 통화보

표 5. 세계 시가총액 상위 10개 기업 변화

시가총액 순위	2010년			시가총액 순위	2021년		
1	엑손모빌	미국	$ 369 B	1	애플	미국	$ 2.5 T
2	페트로차이나	중국	$ 303 B	2	마이크로소프트	미국	$ 2.3 T
3	애플	미국	$ 296 B	3	사우디 아람코	사우디	$ 2.0 T
4	BHP 빌리톤	호주	$ 243 B	4	알파벳	미국	$ 1.8 T
5	마이크로소프트	미국	$ 238 B	5	아마존	미국	$ 1.7 T
6	중국 공상은행	중국	$ 233 B	6	테슬라	미국	$ 1.0 T
7	페트로브라스	브라질	$ 229 B	7	메타	미국	$ 0.9 T
8	중국건설은행	중국	$ 222 B	8	버크셔해서웨이	미국	$ 0.7 T
9	로열더치쉘	영국	$ 208 B	9	텐센트	중국	$ 0.6 T
10	네슬레	스위스	$ 204 B	10	TSMC	대만	$ 0.6 T

출처: Companiesmarketcap.com

다는 채팅을 더 많이 하고, 물건을 살 때는 매장으로 가기보다는 온라인 쇼핑몰에서 더 많이 구매한다. 음식을 먹을 때에도 집에서 배달 음식을 시켜 먹는 비중이 확연히 높아졌다. 택시를 탈 때는 정류장에서 기다리기보다는 앱으로 예약을 하는 것이 익숙해졌다. 예전에는 안 쓰는 물건은 버리거나 보관했지만, 이제는 중고 거래 플랫폼으로 원하는 이를 찾아 거래하는 경험은 누구나 갖고 있을 것이다.

원래 플랫폼이라는 용어는 철도, 지하철 등과 같은 교통수단에서 유래한 단어이다. 여러 지역에서 출발한 다양한 유형의 기차가 모여서 승객과 화물이 승하차, 환승하는 곳을 의미했다. 이와 유사하게 디지털 시대의 플랫폼은 온라인상에서 다양한 서비스를 이용하는 장소를 가리킨

그림 6. 플랫폼 비즈니스 개념

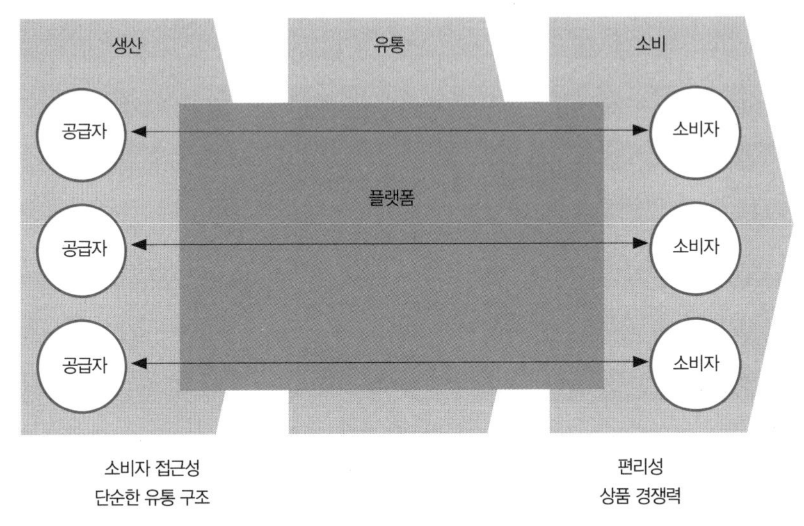

출처: 룩센트

다. 처음에는 컴퓨터를 이용한 정보 검색에서 시작했지만 점차 전자상거래, 소셜 네트워크, 음악과 영화 감상 등 다양한 서비스로 확장되어갔다. 특히, 코로나19 팬데믹 동안 비대면 서비스 수요가 폭증하면서 온라인 플랫폼으로의 전환은 급격히 빨라지게 되었고 영역 또한 매우 다양해졌다. 이후에는 성장세가 확실히 둔화하기는 하였으나, 향후 계속 영역이 넓어지고 빠르게 침투해갈 것임에는 이견이 없을 것이다.

플랫폼 기업의 특징을 살펴보면, 온라인상에서 생산, 유통, 소비가 동시에 이루어진다는 공통점이 있다. 공급자는 플랫폼상에서 정보, 상품, 서비스를 알리고 제공하며, 소비자는 원하는 정보, 상품, 서비스를 찾아서 구매하고 사용한다. 플랫폼이 시간과 공간의 제약 없이 접근할 수 있는 점을 감안해보면 전통 산업의 소비 구조에 비해 디지털 플랫폼이 얼마나 자유롭고 편리한 것인지 가늠할 수 있다. 그뿐만 아니라, 플랫폼이 일정 규모를 넘어서게 되면 네트워크 효과가 더해져 상품 및 서비스의 경쟁력마저 기존의 산업 대비 우위를 점하게 된다. 이러한 편리성과 상품 경쟁력이야말로 플랫폼 비즈니스가 급성장하게 된 원동력이라 할 수 있다.

글로벌 지형도:
종주국 미국, 정부 주도의 중국, 유일한 격전지 한국

플랫폼 산업의 종주국은 단연 미국이다. 플랫폼 시대를 열고 지금도 그 성장을 주도하고 있는 이른바 GAFAGoogle, Apple, Facebook, Amazon라 불리는 '구글, 애플, 페이스북(현 메타), 아마존' 등 4개 기업은 모두 미국 기업이다. 그리고 지금은 전 세계로 성공적으로 진출하여 글로벌 기축 플랫폼으로 확고히 자리를 잡았다. 이들 빅테크 기업은 각자의 영역에서 독보적인 입지를 굳혀 충성도 높은 회원을 확보한 후 플랫폼을 본격적으로 구축해 확대해나갔다는 공통점이 있다.

'구글'의 시작은 검색엔진이다. 검색 분야에서 후발주자임에도 독보적 입지를 차지한 후 광고를 통해 탄탄한 수익 구조를 갖추었고, 막강한 자금력을 통해 소프트웨어, 콘텐츠, 클라우드 등 전방위적으로 서비스를 넓혀가고 있다. '애플'은 이들 GAFA 4개 기업 중 가장 역사가 오래된 기업으로 특이하게 IT 제조업에서 출발하였다. 잘 알려진 대로 '개인용 컴퓨터'와 '스마트폰'이라는 혁신적인 하드웨어 제품, 그리고 이와 매우 강력하게 결합된 소프트웨어로 그 어떤 기업보다도 충성도 높은 사용자층을 만들어나갔다. 이후 이를 기반으로 이제는 더 다양한 하드웨어, 소프트웨어, 클라우드를 아우르는 강력한 IT 생태계를 구축하였다. '구글'과 '애플'은 특히, 모바일 운영체제에서 압도적인 점유율(2022년 9월 현재 안드로이드 72%, iOS 28%)을 차지하고 있어, 플랫폼의 기반 자체를 장악하고 있다는 점에서 그 영향력이 더욱 크다고 할 수 있다.

'페이스북(현 메타)'은 SNS(소셜 네트워크 서비스)의 시대를 연 기업이다. 스마트폰의 보급과 함께 SNS가 하나의 일상 습관으로 자리 잡으면서 페이스북은 SNS의 대명사로 전 세계를 장악하였다. 이제는 개인 간의 소통을 넘어서 사회적인 커뮤니케이션 채널로 자리를 잡고 광고, 커머스 등 다양한 서비스로 확장하고 있다.

'아마존'은 온라인 쇼핑몰의 원조 회사이다. 처음에는 온라인 서점으로 시작하여 종합 쇼핑몰로 성장, 품목과 서비스를 지속적으로 혁신하고 확대해온 아마존은 결국은 전 세계 온라인 쇼핑몰을 장악하기에 이르렀다. 이에 멈추지 않고 서비스를 지속적으로 확장하여 지금은 물류 테크, 서버 클라우드, 식품, 의료 등 다양한 서비스 플랫폼으로 자리매김하였다. 이렇게 각자의 영역에서 탄탄한 경쟁력을 갖추고 있었기 때문에 세계 시장으로의 진출은 시간문제였다. 뒤에서 언급하겠지만 중국과 한국을 제외한 대부분 국가에서 1위 플랫폼으로 맹위를 떨치고 있다. 미국 플랫폼 산업은 이러한 민간 기업의 주도로 자연스럽게 전 세계를 장악할 수 있었다.

표 6. 미국 GAFA 4개 기업 현황과 국내 플랫폼과의 비교

	구글	애플	메타 (전 Facebook)	아마존	네이버	카카오
주력 사업 + 성장동력	검색 + 유튜브, 클라우드, AI	모바일, 하드웨어 + 모빌리티, 헬스케어	SNS + VR, 메타버스	전자상거래 + 클라우드 컴퓨팅	검색 + 전자상거래, 콘텐츠	메신저 + 뱅크, 모빌리티, 콘텐츠
수익모델	광고	하드웨어 판매, 앱스토어 수수료, 모바일 광고	광고	판매 수익, 중개 수익	광고, 중개 수익	광고, 콘텐츠, 중개 수익
월평균 이용자수 (2015)	안드로이드 20억 명 유튜브 10억 명 지메일/ 크롬 10억 명	iOS 10억 명	페이스북 19억 명, 인스타그램 9억 명	프라임 구독 8,000만 명	네이버 검색앱 4,100만 명	카카오톡 4,700만 명
시가총액 (2021년)	$ 1.8 T	$ 2.5 T	$ 0.9 T	$ 1.7 T	₩ 65 T	₩ 55 T
설립연도	1998	1977	2004	1994	1999	2010

(출처: 룩센트)

미국 빅테크가 뚫지 못하는 대표적인 국가는 중국이다. 중국은 이들 미국 빅테크 기업이 자국에 자리를 잡지 못하도록 '방화장성防火长城', 'GFWGreat Firewall of China'이라고 불리는 소위 '만리 방화벽'을 통해 국가 차원에서 외국 플랫폼으로의 접근을 원천적으로 차단하였다. 중국 여행이나 출장을 가보면 이들 빅테크 기업들의 서비스를 사용할 수 없었던 경험이 있을 것이다. 이러한 방화벽 덕분에 글로벌 빅테크의 자리를 대신할 수 있었던 것은 바로 중국 로컬 플랫폼 기업이었다. '알리바바('타오바오' 등 전자상거래)', '텐센트(위챗, 게임)', '바이두(검색포털)' 등의 중국 빅테크 기업은 이렇게 국가 차원의 보호 아래에서 탄탄한 내수 수요를 기반으로 성장하여, 이제는 글로벌 빅테크 기업 못지않은 규모를 자랑한다.

국가 주도로 자국의 플랫폼 산업을 지켜낸 중국 외에는 사실상 대부분 국가가 미국 빅테크 기업에 잠식당했다. 특히, 유럽과 일본은 전통 산업에서의 강국이었지만 플랫폼 산업에서는 그 주도권을 잃은 대표적인 국가들이다(물론, 일본은 '소프트뱅크'의 투자를 통해 그 위상을 조금씩 회복하고 있다). 이와 대조적으로 한국은 유일하게 민간 플랫폼 기업이 자생력으로 성장하고 글로벌 빅테크와 경쟁력을 펼치고 있다. 그 중심에는 대표적인 한국 플랫폼 기업인 '네이버'와 '카카오'가 있다.

'네이버'는 '구글'처럼 검색 포털로 시작하여 다양한 커뮤니티 서비스로 강력한 사용자층을 확보한 후 쇼핑, 콘텐츠 등으로 영역을 확장하고 있다. '카카오'는 '다음 커뮤니케이션'에서 출발하여 '카카오톡'이라는 메신저로 국민 플랫폼으로 자리 잡은 후 라이프스타일, 핀테크, 게임 등으로 확장하고 있다. 이렇게 다양한 플랫폼이 등장하고 있는 한국은 중국과 같은 예외적인 국가를 제외하면 사실상 유일하게 로컬 플랫폼이 생존하고 성장하고 있는 국가라는 점에서 주목할 만하다.

대표적 플랫폼의 현주소, 검색·메신저·소셜: 굳건한 로컬 우세, 만만찮은 글로벌의 반격

플랫폼이 시작된 가장 대표적인 영역은 검색과 모바일 메신저, SNS이다. 앞서 언급한 대로 한국의 로컬 플랫폼인 '네이버'와 '카카오' 등이 굳건히 1위를 지키고 있는 영역이기도 하다. 검색 플랫폼의 경우, '네이버'가 유입률 61%로 1위를 수성하고 있고 2022년에도 그 상황은 유지되고 있다. '구글'은 유입률 29%로 2위를 차지하고 있는데, 모바일을 중심으로 텍스트를 넘어서 이미지, 동영상 검색 등을 앞세워 계속 반격을 시도하고 있다(2022년 3분기 누적 기준).

메신저 분야에서는 '카카오톡'이 압도적 점유율을 보이는 가운데, 월 사용자 수 4,500만 명을 넘는 그야말로 국민 메신저로 공고히 자리잡고 있다. 글로벌의 '왓츠앱', '위챗', '페이스북 메신저', '텔레그램' 등은 제한적인 용도로만 사용되고 있는 등 큰 변화를 일으키지는 못하고 있다. '카카오톡'은 그동안 기능 업그레이드에 인색하다는 비판이 있었지만, 최근 들어 백업 등의 클라우드 스토리지, 챗봇 서비스 등을 강화하고 있다.

소셜 분야는 최근 글로벌의 반격을 가장 무섭게 보여주는 영역이다. 블로그, 카페 등의 커뮤니티로 시작해서 소셜 네트워킹이라는 개념으로 발전하고 사진, 동영상 등의 미디어로 매체가 급변하면서 로컬 플랫폼보다는 글로벌 플랫폼이 자리를 공고히 하게 되었다.

사진 기반 소셜의 대표 주자로는 '메타'가 인수한 '인스타그램', 동영상의 대표적 플랫폼으로는 '유튜브'가 있는데, 개인이 쉽게 양질의 동영상 콘텐츠를 제공하면서 '크리에이터'라 불리는 1인 미디어가 급증하게 된 중심이었다. 특히, 한국에서는 유튜브의 열풍이 대단했다. 한국 유튜브에 업로드된 영상만 2,000만 개가 넘고 누적 조회 수 1조 5,000억 회를 넘기는 등 그야말로 전성기를 보내고 있다. 그 인기에 힘입어 또 다른 글로벌 플랫폼 '트위치', 평균 15초 내외의 숏폼 동영상을 공유하는 '틱톡', 한국의 로컬 플랫폼인 '아프리카TV' 등이 치열한 경쟁을 벌이고

그림 7. 검색엔진 유입률(2022년 9월)

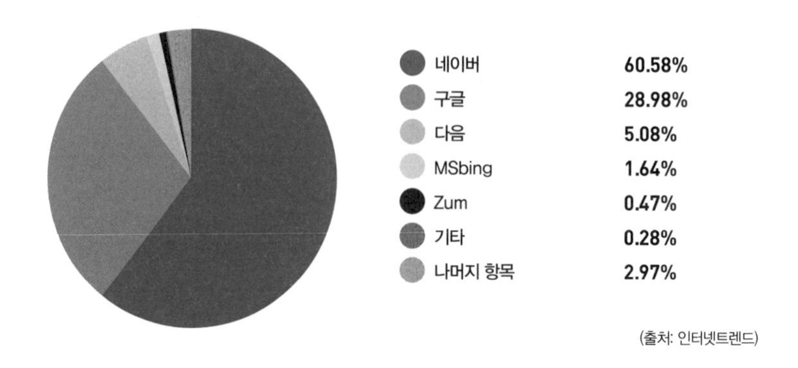

(출처: 인터넷트렌드)

있다. 최근 망 사용료 미지급 논란으로 법적 소송, 화질 제한 조치 등의 이슈가 있는데 이의 향방이 구도 변화에 큰 영향을 미칠 것으로 예상된다.

이러한 검색, 메신저, 소셜은 사용자들의 이용률이 높고 사용 시간이 많다 보니, 플랫폼으로서 확장하는 중요한 기반이 된다. 향후 글로벌 플랫폼의 공략에도 자리를 지키고 있는 로컬 검색, 소셜 플랫폼들의 확장 행보에 주목해야 하는 이유이다.

콘텐츠 플랫폼:
로컬과 글로벌의 치열한 전쟁, 전통 매체를 잠식하다

코로나19 팬데믹 시기에 전 세계적으로 가장 성장한 분야는 단연 콘텐츠 플랫폼이다. 앱, 동영상, 음악, 최근에는 웹툰에 이르기까지 각종 콘텐츠 플랫폼은 그 어떤 분야보다도 기존 채널을 잠식하며 빠르게 개인들의 일상에 자리를 잡았다. 스마트폰의 보편화는 그 속도를 더욱 빠르게 하는 데 일조하였다. TV 방송국과 극장 등의 전통 매체가 아닌 모바일을 통해 음악과 동영상을 즐기는 비중이 급격히 증가하였고, 이제는 기존 매체를 넘어서는 시청 시간을 보여주고 있다.

동영상 스트리밍 플랫폼은 그 변화의 중심에 있다. '넷플릭스'는 대표적인 OTT Over The Top(셋톱박스를 넘어선다는 의미) 기업이다. 초창기에는 비디오 대여 사업을 전개하였으나 온라인 동영상 스트리밍이라는 분야로 완벽하게 전환하면서 대성공을 거두었다. 특히 'OTT Only' 콘텐츠 전략의 주요 국가로 한국을 지목하고 아시아 콘텐츠 투자의 절반 이상을 한국에 쏟아부어 〈오징어게임〉이라는 글로벌 흥행 대작을 배출해낸 '넷플릭스'는 계속해서 오리지널 콘텐츠를 확대해가면서 명실상부한 엔터테인먼트 플랫폼으로 자리 잡고 있다.

그 외에도 '아마존'이 플랫폼 확장의 목적으로 서비스 중인 '아마존 프라임', 막강한 콘텐츠 경쟁력을 자랑하는 '디즈니 플러스' 등도 한국 OTT 시장에 앞다투어 진출하였다.

로컬 스트리밍 플랫폼의 수성도 만만찮다. 지상파 3사와 SK텔레콤의 합작으로 설립된 '웨이브', CJ 계열의 '티빙', 영화평 사이트에서 출발하여 고전 명작이라는 틈새를 공략한 '왓챠', 이커머스와의 시너지를 노리는 '쿠팡 플레이' 등이 오리지널 콘텐츠를 늘려가며 서비스 중이다. 그 어떤 영역보다도 많은 기업이 격전을 벌이고 있기도 하고, 초기 투자가 많이 필요한 특성으로 인해 향후 확장성과 수익성이 유지될 수 있을

그림 8. 동영상 스트리밍 플랫폼의 시청 시간 현황(2022년 7월)

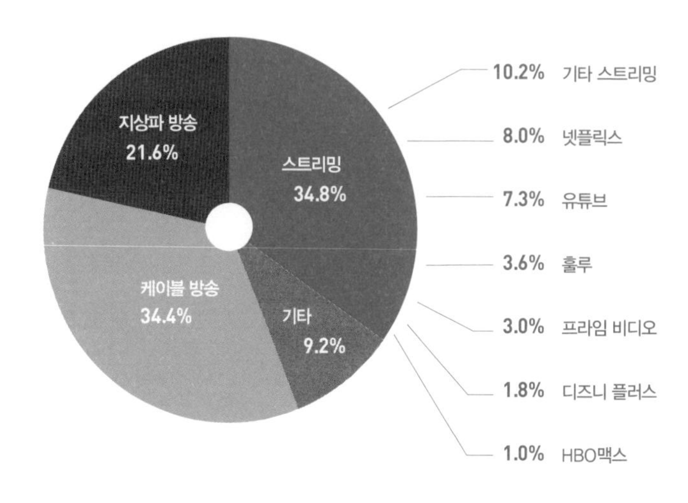

(출처: 닐슨)

지 세간의 이목이 집중되는 영역이다.

음악 스트리밍은 가장 먼저 디지털로 전환된 산업 중 하나이다. 스마트폰의 확산은 전통적인 물리 매체나 전용기기로 소비되던 음악 감상을 모바일 스트리밍 방식으로 완전히 전환시켰다. 로컬 콘텐츠 중심이라는 특징으로 인해 '멜론', '지니뮤직', '벅스', '플로' 등이 비교적 우위를 점하고 있지만, '유튜브 뮤직', '스포티파이', '애플뮤직' 등의 글로벌 스트리밍 플랫폼이 빠르게 점유율을 높이고 있다. 특히 2021년 처음 등장한 글로벌 1위 '스포티파이'는 사용자의 음악 취향을 분석하여 '나만의 플레이리스트' 기능이 주목받는 등 '추천 알고리즘'의 힘을 보여주는 대표적인 플랫폼이다.

마지막으로 콘텐츠 중에서 최근 주목을 받는 분야가 웹툰이다. 웹툰은 특이하게 한국이 종주국인 영역이다. 디지털 만화를 지칭하는 단어 자체가 한국에서 유래하였고, '네이버 웹툰'과 '카카오 웹툰'이 한국뿐만 아니라 글로벌 시장을 주도하고 있다. 특히, 두 기업 모두 글로벌 웹툰 플랫폼을 인수하면서 빠르게 글로벌 IP를 확보하는 등 성장 속도나 전망도 매우 밝다. 웹소설로 콘텐츠 영역을 확장하고, 2차 콘텐츠 제작도 활성화되는 등 향후 글로벌 웹툰 시장은 100조 원 규모까지 이를 것으로 추정되는 등 향후 웹툰 플랫폼의 행보를 주목할 필요가 있다.

이들 콘텐츠 플랫폼은 일찍 디지털로 전환되다 보니, 플랫폼의 유료 서비스 모델이나 서비스 만족도에 따른 소비자의 평가가 상대적으로 빠르게 일어나는 영역이기도 하다. 그런 측면에서 콘텐츠 플랫폼은 한국 기업들이 승부를 걸어볼 만한 영역이다. 최근 음악, 영화, 드라마 등에서 'K-컬처'의 위상은 가히 절정기이다. 이러한 우수한 콘텐츠를 기반으로 우수한 스트리밍 품질과 편리한 사용자경험UX과 추천 알고리즘 등을 잘 접목한다면 글로벌 경쟁에서 유리한 입지를 굳힐 수 있을 것이다. 웹툰을 비롯한 콘텐츠 플랫폼들의 밝은 미래를 기대해보자.

대표적 플랫폼의 현주소:
이커머스·라스트 마일, 물류 기반을 앞세운 로컬의 힘

플랫폼의 시작이 검색, 메신저였다면 성장의 중심에는 이커머스(온라인 쇼핑몰)가 있었다. 이머커스 분야에서 북미 시장은 '아마존'이 완전히 장악했지만, 한국은 여전히 여러 이커머스 플랫폼의 각축전이 진행 중으로 2021년 '신세계'의 '이베이 그룹' 인수로 '네이버', '쿠팡', '신세계' 3파전으로 압축되었다. 이들은 다양한 측면에서 차별화를 시도하고 있는데, 상품의 차별화가 어려운 상황에서 내세울 수 있는 것은 바로 '배송 경쟁력'이었다. 특히 각 사는 이러한 배송 경쟁력을 강화하기 위해 '풀필먼트' 역량에 힘을 쏟아왔다. '풀필먼트'란 상품의 입고부터 보관, 포장 및 배송 등 전 과정을 IT 테크를 활용하여 대행해주는 것을 말한다. 이커머스 플랫폼들에서 출발한 '풀필먼트' 서비스는 많은 물류 테크 기업이 태동하는 원동력이 되었고 이제는 물류 전반의 화두로 떠오르게 되었다.

이커머스의 대표 주자 '쿠팡'은 자체 배송을 지향하며 풀필먼트 역량을 직접 구축하고 있다. 한국의 아마존을 표방하는 '쿠팡'은 2010년

그림 9. 이커머스 기업별 점유율(2020년 거래액 기준)

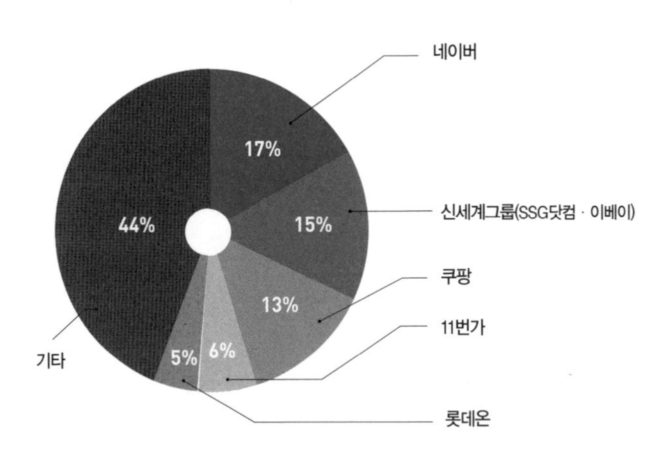

(출처: 교보증권)

설립된 이후 2014년에 '로켓 배송'이라는 자체 배송 서비스를 론칭하였고 2015년 비전펀드의 투자에 이어 2021년 미국 나스닥 상장까지 화제를 모았다. 배송 경쟁력은 '쿠팡'이 초창기부터 강조해온 차별화 요소로, 물류 인프라와 테크를 동원하여 기존 2~3일의 배송을 1일로 단축함으로써 '배송 속도'의 우위를 확실히 점했다. 이를 위해 물류센터를 지속해서 증설해왔고, 내부 운영도 테크 요소를 활용하여 효율을 높여왔다. 2022년 들어서 '쿠팡'은 그 성장세가 비록 둔화하였지만, 여전히 성장을 지속함은 물론, 적자 규모를 크게 줄이며 향후 흑자 전환을 기대하게 만들고 있다.

이에 반해, '네이버 쇼핑'은 2014년 출시한 중소상공인 쇼핑 플랫폼인 '스마트 스토어', 2020년 출시한 유명 브랜드 대상 '브랜드 스토어'를 통해 거래액을 꾸준히 늘려왔고, 최근에는 '크림'이라는 명품 리셀 시장으로도 진출하였다. '네이버 쇼핑'은 '쿠팡'과 달리 '직접 판매'가 아닌 온라인 쇼핑을 위한 '플랫폼 구축'을 지향하고 있다. 이는 큰 차이가 존재하는데, 개별 온라인 쇼핑몰을 빠르게 '네이버' 생태계로 끌어들이면서 시장을 장악하는 데에는 효과적이지만, 상품이나 물류 등의 개별 요소의 경쟁력을 높이기에는 한계가 있을 수밖에 없다.

최근 '네이버'는 이러한 약점을 극복하기 위해 'NFA Naver Fulfillment Alliance'로 불리는 물류 연합 생태계나, 2022년에는 'NCSA Naver Commerce Solution Alliance'로 불리는 커머스 솔루션 생태계를 구축하고 있다. 특히, 'NFA'는 그동안 스토어 점주가 배송을 책임지면서 '쿠팡' 대비 상대적으로 취약했던 배송 경쟁력을 근원적으로 높인다는 측면에서 향후

'네이버 쇼핑'의 성장을 견인할 수 있는 대응책으로 주목받고 있다. 이 'NFA'에는 'CJ대한통운'을 비롯하여 '아워박스', '위킵', '파스토', '품고', '딜리버드', '셀피', '메쉬코리아', '테크타카' 등 다양한 물류 테크사들이 포함되어 있어 전문성이나 확장성도 기대해볼 만하다.

이러한 이커머스에서의 물류 풀필먼트는 배송 만족도를 높이기 위해 지속적으로 배송 시간을 단축하는 방향으로 발전하고 있다. 기존의 택배 배송을 '익일 배송'으로 단축해왔고, 더 나아가서 식자재를 다음 날 새벽까지 배송해주는 '새벽 배송'에 이어, 주문 즉시 배송하는 '실시간 배송'까지 등장하였다. 대표적인 '실시간 배송'을 통해 성장해온 분야는 바로 '배달 서비스 플랫폼'들이다. '배달의 민족'과 '요기요', '쿠팡이츠' 등은 로컬 음식점들의 광고, 주문, 배송 플랫폼을 제공하고 있다. 주문 즉시 지역 음식점에서 고객에게 배송해야 하는 특성 때문에 보다 '라스트 마일 딜리버리'에 초점을 맞춘 물류 체계를 갖춘다는 점이 이커머스 기업과는 다른 특징이라 할 수 있다.

참고로, 제조 공장에서 물류 창고로의 이동을 '퍼스트 마일', 물류 창고에서 지역 창고 또는 매장으로의 이동을 '미들 마일', 매장 또는 지역 창고에서 최종 고객으로의 이동을 '라스트 마일'로 분류하고 있다. '라스트 마일' 물류는 퍼스트, 미들 마일에 비해 다수의 소형 차량 또는 오토바이를 이용해 상품을 다수 배송해야 하므로, 주문 건과 차량을 효율적으로 배정하는 것이 더욱 중요해진다. 그뿐만 아니라, 이동 과정을 고객에게 실시간으로 공개함으로써 신뢰도를 높일 필요성도 있다.

'라스트 마일' 물류는 이러한 이유로 IT 솔루션을 기반으로 한 관리고도화가 필수적이다. 코로나19 팬데믹 동안 배달 서비스 플랫폼과 라스트 마일 기업들 역시 급성장하였고 일상생활의 하나로 자리 잡았다. 2022년 이후 성장세가 둔화하기는 하였지만, '네이버'의 배달 서비스 론칭이나, 전통 리테일 기업들의 '라스트 마일' 강화 및 '퀵커머스' 등 다양한 영역으로 확장 시도가 전망됨으로써 여전히 주목할 필요가 있다.

플랫폼 산업의 옥석 가리기: '명확한 소구점, 공급자 혜택, 매칭 기술'을 갖추었는가

플랫폼 산업은 이처럼 다양한 영역에서 이미 자리를 잡았고 그 영역을 계속 확장 중이다. 수많은 기업이 저마다의 분야에서 플랫폼을 표방하며 등장하기도 한다. 과연, 어떤 기업이 앞으로도 지속적으로 성장할 수 있을 것인가? 플랫폼 산업의 근본적인 특징으로부터 어떻게 '옥석 가리기'를 할 수 있을지를 생각해보자.

우선, 플랫폼의 기본기 3요소를 제대로 갖추고 있는지를 확인해야 한다. 그 3요소는 바로 '명확한 소구점', '공급자 혜택', '매칭 기술'로 플랫폼이 회원을 늘리고 지속할 수 있는 핵심적인 '기본기'라고도 볼 수 있다. 플랫폼의 근원적 가치인 '공급자와 소비자 간의 매칭'을 위해서는 '소비자'와 '공급자'가 있어야 하고, 이들 간의 '매칭'이 가능해야 한다. 특히 이미 다양한 분야에 이미 선점한 플랫폼이 하나쯤은 있는 상황을 생각해보면, 그 틈새를 공략하여 이를 확대하고 지속하기 위해서는 확실한 무기를 갖추고 있어야 할 것이다. 세상 모든 일이 그러하겠지만, 기본기를 갖추지 못하면 성공할 수 없고, 도태된다. 플랫폼도 마찬가지다.

첫 번째 기본기인 '명확한 소구점'은 소비자 회원을 확보하기 위한 요소이다. 플랫폼의 성패를 확인할 때 소비자 회원 수는 가장 기초적인 지표이다. 일반적으로 활성화된 회원수MAU가 1,000만을 넘기면 거대 플랫폼의 대열에 올랐다고 판단하기도 한다. 활성화된 회원수라면, 회원 가입을 하고 그 서비스를 최소 월 1회 이상 사용한다는 것을 의미한다. 이러한 활성화된 회원이 충분히 확보된다면 이후에는 다양한 새로운 서비스를 추가 론칭하면서 확대해나갈 수 있는 기초가 되는 것이다.

과연 이러한 활성화된 회원은 왜 수많은 플랫폼 중에서 특정 플랫폼을 골라 가입하고 사용을 하는 것인가? 당연하지만 필요로 하는 그 무언가를 충족해주기 때문일 것이다. 그것이 정보가 되었든, 상품이든, 서비스이든 확실히 자신의 니즈를 충족해줄 때 사람들은 회원 가입을 하고 사용을 하게 된다. 그 분야가 검색이든, 소셜이든, 콘텐츠든, 쇼핑이든, 다양한 라이프스타일이든 영역을 막론하고 이러한 회원 가입을 늘리는 원리는 같다. 그것이 '즐거움'을 통해 사용자를 기쁘게 만들든, 매우 '전문적'이어서 유용성을 높이든 니즈를 확실히 충족해줄 수 있어야 한다.

• 명확한 소구점 사례

넷플릭스는 전통 채널과의 차별화를 위해 한 번에 몰아볼 수 있는 '빈지 워칭Binge Watching'을 도입하였다. 사소한 차이라고 볼 수도 있겠지만 드라마의 다음 화를 보기 위해 기다릴 필요 없이 한 번에 보고 싶은 사용자들은 이러한 정책에 열광하였고, 넷플릭스가 회원을 폭발적으로 늘릴 수 있는 원동력 중 하나였다.

좀 더 나아가서는 확장성까지 갖추어야 한다. 확장되지 않으면 금방 도태될 것이다. 소구점이 지나치게 로컬 지향적인 분야일 경우 언젠가 한계에 다다를 것이기 때문이다. 그래서 많은 플랫폼이 글로벌로의 확장을 계획하고 실현한다. 물론 이러한 글로벌 계획의 실현 가능성은 잘 확인해야 할 것이다. 분야 자체가 글로벌로 확장할 수 있으면 좋고, 그렇지 않더라도 서비스 운영의 노하우를 바탕으로 각 국가의 기업과 제휴 또는 볼트온을 하는 방법도 가능할 수 있다.

• 글로벌 확장 사례

웹툰 플랫폼들은 글로벌 진출, 웹소설로의 영역 확대, IP 영상화 등을 위해 일찌감치 해외 인수를 감행하였다. '네이버 웹툰'은 캐나다 웹소설 플랫폼 '왓패드'를 인수하였고, '카카오 웹툰' 역시 북미 웹툰 플랫폼 '타파스'와 웹소설 플랫폼 '래디쉬'를 인수하였다. 각 국가 특징에 맞는 작가와 작품을 단숨에 확보한다는 측면에서 시너지 효과가 큰 인수 사례로 판단된다.

두 번째 기본기는 공급자 생태계 유지를 위한 '합리적 공급자 혜택'을 갖추고 있는가이다. '소비자' 회원이 확보된다면, '공급자'는 자연스럽게 찾아오게 마련이다. 돈 되는 곳을 찾는 것 자체가 공급자들의 일이기 때문이다. 물론, 분야에 따라서는 스스로 알아서 전통 채널에서 플랫폼으로 옮겨가는 곳도 있고, 특별한 절차와 지원이 있어야만 가능한 곳도 있을 수 있다. 중요한 것은 유지이다. '공급자'에게 합리적인 수익 배분 구조가 제시된다면 그 속도는 분야에 따라 차이가 있을지라도 '공급자'를 유지하는 데에는 문제가 없을 것이다.

• **합리적 공급자 혜택 사례**

공급자와의 합리적인 수익 구조로 가장 성공적인 플랫폼은 역시 유튜브를 꼽을 수 있다. 유튜브는 콘텐츠 제작자의 동기부여를 위해 '구글 애드센스'와 연동하여 '구글'과 크리에이터가 광고 수익을 배분하는 수익 구조를 시행하였다. 이 덕분에 유튜브는 그 어떤 플랫폼보다도 독자적인 콘텐츠를 확보할 수 있었고, 크리에이터들도 상상 이상의 수익을 얻을 수 있었다.

세 번째 기본기는 확보된 소비자와 공급자를 연결하는 '매칭' 기술이다. '소비자'가 명확한 소구점을 기반으로 안정적으로 확보되고, 합리적 수익 구조를 통해 '공급자'까지 확보되었다면 이제 남은 것은 그들을 '매칭'해주는 것이다. 한 사용자가 특정 플랫폼을 사용하는 장면을 떠올려보면, 앱 또는 웹을 열고 본인이 원하는 정보 내지는 기능을 찾을 것이다. 만약 본인이 원하는 정보 내지는 기능을 찾지 못한다면, 당연히 더 이상 사용하지 않고 다른 대체안을 찾을 것이다. 만약, 단번에 본인이 원하는 기능을 찾는다면, 당연히 사용 빈도가 올라가게 될 것이다. 심지어 본인이 원하지 않았지만, 플랫폼에서 추천하는 다른 서비스도 사용하게 될 확률이 높다.

플랫폼에서 '매칭'은 그들에게 플랫폼의 '존재를 알리고 방문을 유도'하고, 플랫폼 안에서 그들이 '원하는 것을 찾게' 하고, 원하지는 않았던 새로운 서비스를 '추천을 통해 알리는' 모든 과정을 뜻한다고 볼 수 있다.

'매칭'의 1단계는 존재를 알리고 방문을 유도하기 위한 '디지털 마케팅'이다. 마케팅은 타깃 고객을 정의하고 그들의 니즈나 행동을 이해한 후 의도한 메시지를 커뮤니케이션하는 모든 행위를 일컫는다. 모든 기업은 고객을 유치하고 가치를 지속적으로 창출하기 위해 다양한 마케팅 활동을 통해 고객을 파악하고 이를 비즈니스에 반영하기 위해 노력해왔다.

플랫폼 산업도 예외가 될 수 없다. 다만, 이러한 마케팅 활동이 디지털상에서 이루어진다는 면이 특징이다. 디지털상에서 고객에게 스스로를 알리고 방문하게 만드는 모든 행위가 바로 '디지털 마케팅'이라고 정의할 수 있을 것이다.

초기의 디지털 마케팅은 키워드 검색과 같은 광고 중심이었다. '구글'이나 '네이버'와 같은 거대 플랫폼에 키워드 검색 또는 배너 광고를 함으로써 찾고자 하는 고객과 연결할 수 있었다. 이후, 메일링과 브랜드 커뮤니티로 진화하여 보다 적극적인 커뮤니케이션을 시도하다, SNS의 등장과 함께 자연스럽게 블로그, 소셜 커뮤니티와 같은 채널로 이동했다. 최근에는 단순 메시지를 넘어서서 동영상과 같은 콘텐츠 형태를 갖게 되었고, 일방적인 전달보다 상호 교감과 체험으로 이어질 수 있는 바이럴의 형태까지 발전해왔다.

시대의 흐름에 따라 형태와 채널은 변화되고 있지만 공통적인 것은 타깃으로 삼은 고객의 경로를 파악한 후 집중적으로 일관된 메시지 전달을 시도한다는 점이다. 플랫폼 산업은 특징상 데이터를 확보할 수 있기 때문에 어찌 보면 '디지털 마케팅' 경쟁력이 전통 산업 대비 더 용이하다고 할 수 있다. 데이터를 활용하여 최신의 디지털 콘텐츠와 채널을 통해 더욱 정확하고 신속하게 커뮤니케이션할 수 있다. 이를 위해 고객관계 관리CRM, Customer Relationship Management, 데이터 관리 플랫폼DMP, Data Management Platform, 고객 행동 데이터 플랫폼CDP, Customer Data Platform 순으로 점차 발전하고 있는 마케팅 테크놀로지를 활용하기도 한다.

'매칭'의 2단계는 편리한 서비스 이용을 위한 '사용자 경험UX'과 '그로스 해킹Growth Hacking'이다. 사용자 경험은 소비자가 상품 또는 서비스를 인지하고 장바구니에 담고 결제하고 배송받고 재구매하는 과정의 경험을 의미하지만, 이를 플랫폼에 국한해보면 결국 각 사용자가 원하는 정보, 기능들을 잘 배치하고 구현하는 것, 즉 '원하는 것을 찾게' 해주는 요소로 좁혀볼 수 있다. 자칫 '사용자 경험'을 디자인적인, 즉 깔끔하고 트렌디한 '사용자 인터페이스UI, User Interface'에 불과한 것으로 이해하기 쉽다. 하지만 경쟁력 있는 '사용자 경험' 환경은 단순한 디자인의 심미적 우수성을 넘어서서 각 플랫폼의 서비스 본질에 맞게 타깃 고객의 니즈를 충족하면서도 편리하게 탐색이 가능한 환경을 지향해야 할 것이다. 이러한 서비스와 완벽히 결합된 '사용자 경험' 환경은 디자인 요소도 중요하지만, 정보의 체계적 배치, 즉 콘텐츠 큐레이션과 동작의 효율성 관점 등에서 종합적으로 접근되어야만 가능할 것이다.

• 사용자 경험 사례

'쿠팡'의 홈 화면에는 공통된 상품 또는 행사가 표시되는 영역도 있지만, 사용자마다 다른 상품을 표시해주는 영역 역시 존재한다. 주로 과거의 구매 내역과 관심을 가진 상품을 선별하여 동일 상품 또는 유사 상품을 표시해준다. 그뿐만 아니라, 특정 상품 페이지로 들어가면 다른 사용자가 같이 사는 비율이 높은 세트 상품, 더 높은 가격의 상품 등이 계속 표시되면서 구매를 유도한다.

'매칭'의 3단계는 새로운 정보 또는 서비스를 알리기 위한 '추천 알고리즘'이다. 언젠가부터 알고리즘으로 추천받는 것이 익숙해졌다. 하지만 우리가 원하는 정보보다도 플랫폼이 알리고 싶은 광고와 정보, 서비스들이 더 많을지도 모르겠다. 이는 플랫폼의 입장에서는 매우 중요한 영역임은 틀림없다. 앞서 '디지털 마케팅'과 '사용자 경험'에서 언급한 대로 '추천 알고리즘'도 '개인화'하고 있다.

'추천 알고리즘'은 쉽게 보면 '유추analogy'이다. A라는 상품 또는 서비스를 사용하는 고객 중에 B도 사용하는 고객이 많다면, B를 사용하지 않는 A 소비자에게 B를 추천하는 원리이다. 그 외에도 머신러닝 알고리즘을 활용하여 취향과 선호도를 분석해내기도 한다.

• 추천 알고리즘 사례

스포티파이는 차별화가 어려운 음악 스트리밍 플랫폼에서 추천 알고리즘의 우수성에 힘입어 확고한 1위를 지키고 있다. 그들은 앞서 언급한 '유추'에 해당하는 'Collaborative Filtering'으로 유사한 사용자들을 묶어 추천한다. 또한, 새로운 음악이 잘 추천되지 않는 한계를 극복하기 위해 머신러닝 알고리즘 중 하나인 'Bandit 알고리즘'을 적용하여 취향을 분석해낸다.

이러한 플랫폼의 기본기는 소위 '북극성 지표North Star Metric'를 통해 파악할 수 있다. 플랫폼 기업들은 핵심성과지표를 '북극성 지표'라고 부르며 목표를 설정하고 관리한다. 이러한 북극성 지표에 명확한 소구점, 공급자와의 합리적 수익 분배, 매칭 기술이 모두 포함되고 올바르게 설정되어 있는지를 확인하는 것도 좋은 방법이 될 수 있다.

사용자 수 = 수익?
탄탄한 '수익 구조'와 '운영 효율화'는 필수이다

플랫폼의 기본 역량이 제아무리 갖추어지고 소위 '북극성 지표'가 잘 달성되고 있더라도, 기업의 존재 이유인 수익 창출이 되지 않는다면 모두 허사다. 한때 '쿠팡'의 적자 규모가 화제가 된 적이 있다. 매년 수천억 원 규모의 적자를 내면서도 투자가 끊이지 않는다는 것이 쉽게 이해되지는 않았기 때문이다. 그들은 명확한 그림이 있었기 때문에 성공적으로 북극성 지표를 달성해나갔고, 마침내 2022년 상반기에는 적자 폭을 크게 줄였다. 그리고 2023년 이후에는 흑자 전환의 기대감을 높이고 있다. 이는 '규모'의 확대로만 얻은 성과가 아니다. 보이지는 않지만, 물류 효율의 극대화, 상품 매입비의 최적화 등 내부적으로 큰 노력을 기울였기 때문에 가능한 것이다. 이처럼 규모 확대와 함께 수익이 성공적으로 창출되는 구조를 갖추기 위해서는 '유료화 정책'과 철저한 '비용 컨트롤'이 필요하다.

'유료화 정책' 관점에서 중요한 것은, 사용자들에게 먹히면서도 경쟁력 있는 '지불 대상과 방식'을 설정하였는지이다. 그냥 고객이 아니라 돈을 기꺼이 지불하는, 이른바 유료 고객을 만드는 것은 또 다른 차원의 고민이다. 사람들이 공짜로 원하는 정보와 유료로라도 기꺼이 얻고 싶은 정보는 확연히 다르다. 사람들이 유료로 지불 의사가 생기는 절묘한 가격과 지불 방식, 즉 적절한 '가격'을 설정하는 것이 중요하다. 가장 명확히 '유료화'가 가능한 분야는 이커머스이다. 상품의 가격이 이미 시장에서 형성되어 있기 때문에 고객들은 그 정도의 가격대를 지불할 의사가 자연스럽게 형성된다고 할 수 있다.

서비스 중심의 플랫폼들은 '구독' 방식이 대세가 되고 있다. 서비스는 상대적으로 가격이 불분명하기 때문에 소비자들도 얼마가 적절한지에 대한 감이 없어 많이 망설일 수밖에 없다. 이러한 특징을 감안하여 충분히 부담되지 않는 가격대를 설정하되, 플랫폼 사용을 위해서는 매월 정기적으로 사용료를 지불하게 함으로써 반복적이고 안정적인 수익 구조를 만드는 것이다.

소비자 회원에게 비용 지불이 여의치 않을 경우 공급자에게 비용을 부담시키는 방법도 생각해볼 수 있다. 대표적인 것이 '광고'이다. 소비자를 찾아 헤매는 수많은 공급자가 자신을 드러낼 수 있도록 하는 것이 바로 '광고'이다. 초기에는 배너 형태의 광고로 시작했고, 이에 대한 거부감을 최소화하기 위해 정보의 한 형태로 녹아들어가는 광고 형태도 등장하고 있다. 광고 외에도 다양한 유료화 방식을 도입하여 수익 창출을 극대화하는 노력은 매우 중요하다. 회원수 확보 이후에 어떠한 '유료화 정책'을 계획하고 있는지, 또 이것이 현실화될 수 있는지를 통해 앞으로의 수익 구조를 예상해볼 수 있을 것이다.

다음으로 '비용 컨트롤' 측면에서는 핵심 운영 경험을 갖춘 '인력'과

'테크'가 긴밀히 결합되어야 한다. 비용을 제어하는 것은 수익 창출에 있어서 매우 당연한 부분이다. 전통 산업들은 오랜 기업 운영 경험으로부터 핵심적으로 제어해야 할 비용 요소를 정확히 알고, 이를 매우 디테일하게 제어하고 있다. 플랫폼 기업에서 아직 이러한 운영 단계까지 신경을 쓰고 관리하는 경우를 찾아보기는 쉽지 않다. 대부분 회원 확보와 성장을 최우선으로 하고 있다 보니, 그를 위해서는 어떠한 규모의 비용이라도 지불하는 것이 마치 유행처럼 번져왔다. 기업가치를 높게 평가받아 투자를 유치받는 것이 무엇보다 최우선의 과제였기 때문이다. 이제 과거와 같은 고금리 시대는 당분간 기대하기 어렵고, 투자 역시 매우 선별적으로 이루어질 것을 감안하면 플랫폼 기업들도 그 우선순위를 변경해야 할 것이다.

성장의 극대화가 아닌 수익성을 고려한 선택과 집중, 원가의 상승에 대비한 '운영 효율성'의 극대화로 그 우선순위를 변경해야 할 것이다. 특히, 제품·서비스 제공이 오프라인과 연계된 라이프스타일 플랫폼의 경우에는 이러한 '비용 관리가 더더욱 중요할 수 있다. 특히 이 경우에는 매출원가(직접적으로 매출을 발생하는데 지출되는 비용, 일반적으로 상품 매입비, 원재료, 공장 노무비 등이 해당)의 비중이 높고 발생 구조가 복잡하기 때문에 그 관리가 쉽지 않다. 중요한 것은 '비용 컨트롤'을 단순히 예산 통제로 생각해서는 곤란하다.

성장과 매출 확보라는 목표가 사라진 것은 아니기 때문에 이를 원활히 하면서도 그 적절성을 검증하고 낮출 수 있는 방법을 찾아야 한다. 그러기 위해서는 '운영'의 전체 단계, 즉 영업, 마케팅부터 상품·서비스 개발, 소싱, 물류, 고객 서비스에 이르기까지 모든 단계를 근원적으로 효율화해야 한다. 영업, 마케팅은 매출원을 발굴한다는 측면에서 비용을 아끼지 않는 경우가 많지만, 마냥 비용을 줄인다기보다는 효율을 따져서 우선순위를 검증해야 한다. 제품 개발 역시 회원 확보와 수익 창출의 규모와 기간을 고려하여 우선순위를 따져야 할 것이다.

소싱, 생산, 물류의 과정에서는 '낭비'라고 정의될 수 있는 모든 것을 확인하고 이를 최소화해나가야 한다. 이 과정에서 빅데이터, 인공지능 등의 신기술들이 결합한다면 더욱 좋은 성과를 낼 수 있을 것이다. 사실, 이는 전통 산업에서 수익성을 극대화하기 위한 '운영 효율화' 노력과 동일하다. 다만, 플랫폼 기업은 이러한 '운영 효율화'에 경험이 없는 경우가 많다 보니 상대적으로 원활하지 않은 경우가 있을 수 있다. 따라서 실제 운영 경험을 보유한 '인재'가 회사 내에 있는지, 이러한 효율화를 얼마나 진행하고 있는지를 잘 확인해야 할 것이다.

영원한 1위 플랫폼은 없다. 어떻게 유지할 것인가? 그 해답은 바로 '데이터'

명확한 소구점을 통해 회원을 확보하고, 이를 수익 구조로 구현했다면 해당 플랫폼은 분명 괄목할 만한 성과를 창출할 수 있을 것이다. 이제 고민은 이것을 어떻게 유지할 것인지이다. 이는 끊임없이 고객의 니즈와 피드백을 확인하고 이를 비즈니스에 반영하는 과정일 것이다. 전통 산업은 이를 위해 많은 리소스를 투자해야 했었고 그럼에도 명확한 확인이 어려운 경우가 많았다. 반면, 플랫폼 산업은 오히려 이러한 부문에서 강점을 지니고 있다. 그 원동력은 바로 데이터이다.

플랫폼이라는 IT 기반에서 모든 비즈니스 주체의 행위가 이루어지기 때문에 가능한 일이다. 고객이 어떻게 플랫폼에 유입되었고, 플랫폼 내의 어떤 페이지에서 언제 얼마나 시간을 보내고, 어떤 상품 또는 서비스에 관심이 있고, 구매까지 진행했는지 파악할 수 있다. 이러한 데이터가 원활히 수집되고 활용할 수 있는 형태로 저장되고 실제 활용된다면 비즈니스의 경쟁력을 유지하고 확대해나가는 마스터키를 쥐고 있다고 해도 과언이 아닐 것이다. 다만, 이를 위해서는 플랫폼에 몇 가지 요소가 원활히 작동되고 있어야 한다.

우선, 다양한 소스의 데이터가 수집되고 있어야 한다. 플랫폼 내에서의 가장 기초적으로 입수할 수 있는 데이터는 회원 정보이다. 회원들이 가입할 때 최소한 연락처를 입력하게 되는데 이 자체도 과거에 입수하기 어려운 정보였다. 그 외에도 그들이 어떤 지역, 나이, 성별, 관심사를 가졌는지에 대한 정보 입수도 가능하다. 이러한 정보들은 고객들의 '세그먼트Segment'를 더 세밀히 분류하고 대응할 수 있는 원동력이 된다. 마지막으로 고객의 행동 데이터이다. 고객의 유입 경로, 주로 머무는 페이지, 구매 내역 등이 해당하는데 이는 의미를 부여하는 태깅을 계속 쌓거나 웹로그Web log를 분석할 필요가 있다. 이러한 다양한 소스의 데이터가 잘 활용되기 위해서는 이를 통합하여 저장해주는 '데이터 레이크Data Lake' 등의 솔루션을 활용하는 추세다. 이러한 전문 솔루션의 유무가 데이터가 활용 가능한 형태로 저장되는지를 판단하는 중요한 잣대라 할 수 있다.

필요한 데이터가 수집되고 활용할 수 있는 형태로 저장되었다면, 이로부터 사내 각 부문에 필요한 시사점을 도출하고 전달하는 과정이 필요하다. 결국, 데이터로부터 얻고자 하는 것은 각 서비스가 잘 운영되고 있는지, 그리고 개선이 필요한 부분이 어디인지이기 때문이다. 이를 위해서는 각 서비스가 필요로 하는 성과지표가 해당 데이터로부터 연결되어 있어야 한다. 또한, 이를 분석하고 전달하는 전문 '데이터 사이언스Data Science' 팀이 필요하다. 데이터 사이언스 팀은 통계 능력도 갖추어야 하지만 무엇보다 비즈니스를 잘 이해하는 것이 중요하다.

대표적으로 중요한 지표 중의 하나가 바로 단계별 '전환율'이다. 플랫폼의 목표 대비 낮은 성과를 보이는 단계가 어디인지에 따라 집중해야 할 영역이 달라지는 것은 당연하다. 고객 유입이 낮아진 것인지, 상품 조회 이후 구매로 연결이 안 되는지, 결제에서 문제가 발생하는 것인지를 명확히 파악해서 가장 중요한 영역부터 하나씩 해결해가야 할 것이고, 그 출발점이 단계별 전환율 상황이다. 전통적인 산업과 달리 플랫폼은 모두 디지털상에서 일어나다 보니, 이러한 사용자의 행동이 데이터로 남을 수 있고 이를 통계적 기법으로 모니터링하고 개선하는 것은 어찌 보면 당연할 것이다.

그림 10. 데이터 레이크를 활용한 데이터 저장 시스템 구성

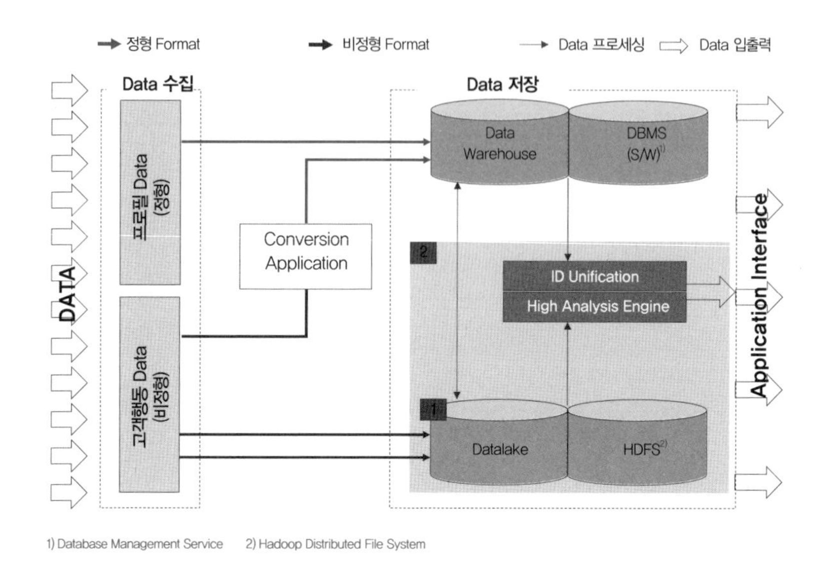

1) Database Management Service 2) Hadoop Distributed File System

앞으로의 전망: 본격적인 '빅블러Big Blur'가 시작된다

지금까지 플랫폼 산업의 현주소와 제대로 성장할 수 있는 플랫폼 기업이 갖추어야 할 주요 요소에 대해 정리해보았다. 이러한 경쟁력을 잘 갖춘다면, 플랫폼 기업들은 그 영역을 더욱 넓혀갈 수 있을 것이다. 실제로 코로나19 동안 개인 소비자들은 이 플랫폼에 열광적으로 반응하면서 사용 시간이 폭발적으로 증가하였다. 앞으로는 더욱 다양한 생활 곳곳으로 이러한 플랫폼이 진출하게 될 것으로 전망된다. 특히, 그 양상이 기존의 테크사보다는 전통 산업의 선두 기업들이 될 가능성이 클 것으로 점쳐진다.

대표적인 영역은 바로 '금융'이다. 금융사들의 플랫폼 확장이 본격화될 것으로 전망된다. '토스', '카카오뱅크' 등의 소위 핀테크 기업들은 금융업의 판을 흔들며 빠르게 성장하였지만, 최근 초반의 돌풍이 무색할 만큼 주가 상황이 좋지 않다. 하지만 금융 분야의 혁신은 여전히 기대해볼 만하다.

2022년 8월에 발표된 금융위의 규제 완화에 따라 핀테크 기업들은 예금, 보험 등의 금융 상품 비교 추천이 가능해질 것이며, 그동안 막혀 있었던 금융사들의 통합 플랫폼 운영이 허용될 전망이다. 또한, 기존 금융사들의 디지털 트랜스포메이션 준비가 본격 실현될 계획이 발표되고 있는데, 그 면면을 살펴보면 쇼핑, 배달부터 중고차 거래에 이르기까지 본격적으로 '생활금융 플랫폼'을 지향하고 있음을 알 수 있다. 앞으로 펼쳐질 금융사들과 핀테크 기업들의 한판 대결을 기대해보자.

리테일 산업 역시, 온라인 쇼핑과 오프라인 리테일이 결합된 '옴니 Omni 전략'이 계속 등장할 것으로 예상된다. 리테일은 온라인 이커머스의 성장과 함께 오히려 쇠퇴해가는 전통 산업의 대명사였다. 전통 채널이었던 대형마트는 한때 소비자들의 구매 주축이었지만 온라인에 그 자리를 뺏기면서 그 위세를 잃은 지 오래다. 특히, 한국의 온라인 침투율은 그 어느 나라보다 높은 약 50%에 육박하고 있다. 하지만 코로나19 팬데믹 이후의 리테일은 다시 오프라인의 부활이 기대된다. 다만, 예전의 모습 그대로가 아닌 리테일 테크와 결합한 새로운 형태의 쇼핑 경험이 등장할 것으로 전망된다. 몇 년 전 세상을 떠들썩하게 했던 '아마존고'를 상기해보면, 테크를 결합하여 무인 매장에서 상품을 들고 걸어 나오기만 해도 자동 결제되는 포맷이었는데, 이와 유사하게 온라인과 오프라인이 결합한 형태의 쇼핑 경험이 본격적으로 확산될 수 있다.

그 외에도 다양한 라이프스타일 플랫폼, 그리고 B2B 서비스들의 디지털화도 주목해볼 만하다. 코로나19 기간 폭발적인 성장을 이루어내며 '오늘의집', '호갱노노', '직방' 등 다양한 라이프스타일 플랫폼이 성장하였으나, 2022년 주택 공급과 거래 급감으로 인해 실적 하락을 면치는 못했다. 하지만 이와 유사한 라이프스타일 플랫폼은 지속적으로 등장할 것으로 기대된다. 특히, 각 영역의 전통 강자들이 자사의 비즈니스와 결합한 플랫폼을 준비하고 있는 것으로 파악되며 또 한 번의 치열한 경쟁을 예고하고 있다.

또한, B2B 서비스들의 디지털화도 눈에 띈다. 그동안의 플랫폼이 대부분 B2C를 겨냥한 것이었다면, 물류, 기업용 소프트웨어, 각종 용역 서비스들도 디지털화의 시도가 꾸준히 이루어지고 있다. 아직은 B2B 서비스의 온라인화에 불과할 수 있지만 이를 넘어선 플랫폼화도 눈여겨볼 만하다.

변수는 규제:
시장 활성화를 우선하는 정책적 뒷받침이 절실하다

테크 플랫폼 기업들이 최근 급성장을 이루면서 반대급부적으로 사회적 이슈도 늘고 있다. 대표적으로 막대한 데이터를 수집하고 활용하는 데 발생하는 개인 정보 이슈가 있다. 앞서 언급한 대로 플랫폼은 서비스 과정에서 막대한 데이터를 수집할 수 있고 이를 비즈니스에 활용함으로써 그 성장을 유지할 수 있다. 다만, 이 과정에서 개인들의 동의 없이 정보가 수집되고 활용되는 사례가 발견되거나, 보안 취약으로 외부에 고객 정보가 유출되는 사건들이 끊이지 않고 있다. 최근인 2022년 8월에도 한 명품 쇼핑몰에서는 해킹으로 인해 고객 정보가 유출되는 사고가 발생했고, 9월에는 '구글'과 '메타'가 개인정보보호위원회로부터 동의 없이 개인 정보를 수집했다는 사실이 밝혀져 총 1,000억 원이 넘는 과징금을 부과받기도 했다.

그뿐만 아니라 전통 산업과의 충돌로 인한 공정거래 이슈도 자주 제기된다. 특히, 이커머스에서 분쟁이 많이 발생하는데 주로 시장 지배력을 앞세워 입점 업체들에게 판매 장려금 명목의 광고비를 요구하고, 응하지 않으면 거래를 중단하는 등 소위 '갑질' 우려가 크다. 또한, 독점적 지위를 이용하여 공정한 경쟁을 저해하는 이른바 독과점 행위에 대한 우려도 커지고 있다.

한편으로는 글로벌 빅테크들과 경쟁해야 하는 로컬 플랫폼 기업들이 규제로 인해 위축되고 글로벌에 시장을 내줄 수 있다는 우려의 목소리도 나오고 있다. 정부 역시 이러한 상황에 따라 플랫폼 시장 활성화와 소비자 권익 보호라는 방향으로 판단하겠다고 밝혔으나, 아직 구체적인 규제의 방향은 나오지 않은 상태이다. 이러한 사회적 이슈와 이로 인한 규제의 동향은 앞으로 플랫폼 산업의 발전에 큰 영향을 끼칠 것은 자명하다. 이를 위해 플랫폼 기업 스스로 개인 정보를 보호할 의무를 보다 철저히 준수하고 공정 경쟁을 저해하지 않도록 힘써야 할 것이다. 정부 또한 로컬 플랫폼을 규제하느라 글로벌 플랫폼에 안방을 내어주는 우를 범하지 않도록 해야 할 것이다.

24

수소 시장을 잡아라

삼성전자는 2022년 9월 15일 '신환경경영전략'을 통해 "혁신기술로 기후위기 극복에 동참하고 2050년까지 탄소중립을 달성하겠다"는 계획을 발표하며 사용전력 100%를 재생에너지로 충당하는 RE100 가입을 공식 선언했다. 삼성전자의 발표는 오히려 늦은 감이 있을 정도로 현대, SK, LG 등 국내 주요 대기업이 이미 이러한 글로벌 기업의 움직임에 동참하고 있다. 기업의 친환경 전략은 경쟁사와의 차별화나 사회적 책임의 차원을 넘어 사업 지속성을 위해 가장 기본적이며 현실적인 문제로 다가오고 있다.

유럽연합이 2021년에 발표한 '탄소국경세'는 역내 수입 품목을 생산할 때 배출된 탄소량에 따라 세금을 매기는 것으로, 기업 입장에서는 당장 임박한 새로운 형태의 관세이자 무역장벽으로 작용될 전망이다. KDI 공공정책대학원과 에너지경제연구원이 발표한 〈RE100이 한국의 주요 수출산업에 미치는 영향〉 보고서에서는 한국 기업이 RE100에 가입하지 않을 경우 예상되는 수출 감소 규모를 반도체 31%, 디스플레이 40%,

자동차 15% 등으로 평가하기도 했다. 세계 각국의 주요 기업이 적극적으로 친환경 경영, 탄소중립 등의 키워드를 새로운 전략으로 제시하는 것은 이러한 정책적 변화를 배경으로 한다. 산업통상자원부에 따르면 전 세계 RE100 가입 기업은 2014년 13곳 대비 최근 380여 곳으로 늘었고, 국내 참여기업 또한 삼성전자를 포함하여 23개에 달해 미국(96개), 일본(72개), 영국(48개)에 이어 네 번째로 큰 규모를 보이고 있다.

하지만 기업들에 있어 실질적인 문제는 실제로 이를 현장에서 실천하는 일이다. 비록 목표 시점까지 20~30년의 시간이 남아 있다고는 하지만 재생에너지의 불안정한 공급 특성과 높은 가격은 RE100 달성에 있어 큰 허들이 되고 있다. 산업통상자원부에서는, 2021년 약 43TWh에 이르는 국내 재생에너지의 발전 비중이 2020년까지 RE100에 가입한 국내 21개 기업의 전력사용량 25TWh를 상회하는 규모라며 재생에너지 사용에 문제가 없다는 입장을 밝히기도 했다. 하지만 RE100 가입 기업의 수가 계속해서 증가할 것이라는 점과 재생에너지가 기존 발전원과 달리 일조량, 풍량 등 날씨에 따른 발전량의 변동이 크다는 점을 고려하면 안정적 가동을 담보하는 수준의 재생에너지가 생산되고 있다고 보기 어렵다.

그렇다고 국토 면적이 좁고 산악지대가 많은 우리나라에서 재생에너지 생산량을 무한정 늘리기 어려운 현실도 직시해야 한다. 또한, 기존 발전원 대비 30% 이상 높은 재생에너지 발전 비용도 기업 입장에서는 비용 상승으로 연결되기에 재생에너지 발전량을 늘리는 한편, 발전 비용도 줄여야 하는 복잡한 문제를 풀어야 한다. 적극적으로 재생에너지 확대를 추진하던 유럽조차 코로나 이후의 에너지 비용 폭등, 우크라이나 전쟁과 같은 외부환경 변화와 기술적 한계로 인해 원자력발전을 녹색분류체계(그린 택소노미)에 포함하고 탄소중립 실현의 주요 방안으로 원전 확대를 고려하고 있는 상황이다. 여러모로 국내에서 재생에너지 발전 인프라를 충분히 확충하여 주요 수출 기업이 필요로 하는 발전량을 공급하겠다는 것은 현실적으로 실현되기 어려운 방안일 수밖에 없다.

정부에서는 해외 각국의 움직임과 유사하게 원전 발전 비중을 늘리겠다는 방침을 밝히고 있다. 하지만 원전 폐기물이라는 또 다른 이슈가 있는 만큼 근본적인 해결책으로서의 한계가 있는 것 또한 사실이다. 결국 이는 현재 우리가 갖고 있는 에너지 패러다임의 한계를 보여주는 것이며, 복잡하게 얽혀 있는 에너지와 기후변화 문제의 해결에는 패러다임의 전환이 전제되어야 함을 의미한다.

2019년 정부가 수소경제 로드맵을 공표한 이후 많은 기업이 수소와 관련된 투자 계획과 사업 전략을 발표해왔다. 수소경제 이행 계획이나 탄소중립 시나리오 등 정부 주도의 여러 이니셔티브에서 수소경제는 중심 키워드의 하나로 자리매김하게 된 듯한 인상이다. 최근의 에너지 위기에 대한 대응 기조 속 원전의 중요성이 다시 부각되는 상황에서는 수소경제가 화제의 중심에서 다소 벗어난 것처럼 보이기도 하지만, SK E&S의 18조 5,000억 원 투자 계획, 포스코그룹의 청정 수소 사업 추진, 롯데케미칼의 청정·암모니아 개발 투자 등 2022년에도 여전히 많은 기업의 중요 미래 사업으로 적극적 투자가 이어지고 있다.

수소경제와 관련된 기업들의 적극적인 행보는 단순히 정부의 정책적 요구에 대한 대응이라기보다 재생에너지가 가진 근본적인 한계를 해결하고 인류가 당면한 기후위기를 극복하는 방안이자 새로운 에너지 패러다임으로서 수소경제가 갖는 미래의 가치에 주목한 결과라 할 수 있다. 기후변화에 관한 정부간협의체IPCC, Intergovernmental Panel on Climate Change는 2013년 9월 27일 〈정책결정자를 위한 요약 보고서〉를 통해 온실가스의 감축 없이 현재와 같은 추세로 온실가스를 배출할 경우, 21세기 말(2081~2100년) 지구의 평균기온은 1986~2005년에 비해 3.7℃ 오르고 해수면은 63cm 상승할 것이라며 기후위기를 경고한 바 있다. 2016년 파리기후변화협정에서는 산업화 이전 수준 대비 1.5℃를 지구 평균 온도 상승의 마지노선으로 제시하였고, 2018년 채택된 〈지구온난화 1.5℃ 특별보고서〉에서는 2100년까지의 지구 평균 온도 상승폭을 1.5℃로 제한하기 위한 온실가스 배출 경로, 2℃ 온난화와 비교한 1.5℃ 온난화의 영향이 분석, 제시되었다. 문제는 지구온난화의 속도가 점점 가팔라지고 있다는 것이다. 19세기 말 산업화 이후 2010년 초까지 지구 평균기온 상승폭은 0.78℃였던 것에 비해, 2010년 초에서 2020년까지의 평균기온 상승폭은 0.31℃에 이르고 있다. 1.5℃ 마지노선까지는 불과 0.41℃만을 남겨놓고 있는 상황이다. 기온 상승 마지노선까지 남은 시간을 보여주기 위해 베를린, 뉴욕, 서울, 글래스고 등에 설치된 기후시계Climate Clock는 인류에게 주어진 시간이 7시간 미만임을 가리키고 있으며, 세계 곳곳의 기상재해와 이상기온은 이러한 상황을 보다 직접적으로 보여주고 있다.

미국, 유럽 등 선진국에서 요구하는 탄소배출 저감과 같은 친환경 무역장벽과 기업들의 적극적인 RE100 가입은 모두 이러한 위기 상황에 기반하고 있다. 하지만 앞서 언급한 바와 같이 재생에너지 중심의 에너지 수급 실현을 위해서는 재생에너지가 가진 시간적, 지리적 한계를 극복해야 한다. 현재의 주된 전력생산 수단인 화력발전소나 원자력발전소는 에너지 수요 변동에 따라 발전소 가동률을 조정함으로써 생산량에 대한 조절이 어느 정도 가능하다.

반면, 재생에너지의 에너지원인 태양, 풍력은 에너지 수요 변동에 따라 탄력적으로 그 수량을 조정하는 것이 불가능하다. 수요를 넘어서는 전력이 생산되는 경우에는 잉여전력을 저장하거나 발전 자체를 멈출 수밖에 없고, 수요 대비 생산량이 적은 경우에는 아마도 화석연료에 기반한 다른 대체 에너지원을 가동해야 한다. 에너지 수요가 많은 지역 대비 태양, 풍력이 풍부한 지역의 지리적 편차 또한 극복해야 할 요소이다. 지역별 태양광 에너지와 풍력 에너지 리소스 분포 현황을 보면 상대적으로 거주 인구나 산업기반이 적은 고산지대, 사막지대, 해양 등이 풍부한 리소스를 가진 것으로 나타나고 있다. 결국, 리소스가 풍부한 시간대나 지역에서 생산된 재생에너지를 저장, 운반하여 수요가 많은 시간대와 지역으로 옮겨야 하는 필요성이 생긴다.

문제는 생산된 에너지의 형태인 전력을 대규모로 저장·운반하는 것이 불가능하다는 것에 있다. 화력, 원자력의 에너지원인 화석연료, 우라늄 등은 고체 또는 액체 형태이기 때문에 물리적인 저장·운반이 용이하므로 생산지에서 수요지로 이를 운반해 수요지에서 발전하여 활용할 수 있다. 반면, 태양광, 바람은 물리적으로 옮길 방법이 없고 에너지 형태로 전환된 전력 또한 대륙 간 경계를 넘어 수만 킬로미터를 송전하거나 장시간 대용량을 저장할 마땅한 수단이 없어 지리적·시간적 편차를 극복할 수 없다.

이러한 재생에너지의 한계로부터 새로운 에너지원으로서의 수소의 가치가 대두되게 된다. 재생에너지로 생산된 전력을 활용하여 물을 전기분해하면 수소기체가 생산되고, 이렇게 생산된 수소기체를 액화시키거나 암모니아 등의 다른 물질로 전환하면 대형 탱크를 통해 저장·운반이 가능해지며, 이렇게 옮겨진 수소를 연소 또는 반응시키면 필요한 지역에서, 필요한 시점에 전력을 생산할 수 있기 때문이다.

따라서 수소는 재생에너지의 한계를 극복하게 하는 에너지캐리어 Energy Carrier로서의 가치를 갖는 물질이며, 수소경제는 인류가 화석연료에 대한 의존을 벗어나 재생에너지와 수소 중심의 에너지 패러다임 대전환을 통해 지속 번영할 수 있게 하는 의미를 갖고 있다. 세계 각국 정부 및 기업의 경쟁적인 수소 산업 정책과 투자의 이유는 탄소중립, 기후협약, RE100 등 '친환경' 기조와 연관된 여러 키워드와 모두 맞닿아 있고 이를 가능케 하는 매개로서 수소가 갖는 가치를 알아야 비로소 이해될 수 있다.

이렇듯 수소경제는 단순히 내연기관 자동차를 수소 자동차로 바꾸거나 발전량의 일부를 담당하게 한다는 정도의 규모가 아닌, 인류가 사용하는 에너지원을 궁극적으로 전환해 대량의 탄소를 배출하는 현재의 화석연료 중심의 탄소경제 패러다임을 완전히 벗어난다는 의미를 담고 있다. 이는 곧 우리가 현재 사용하고 있는 모든 에너지 관련 인프라를 재구축해야 함을 의미한다. 원유 시추시설을 대체하는 대규모 재생에너지 단지와 수소 생산시설이 구축되어야 하고 유조선을 대체하는 수소 운반선이 배치되어야 하며 원유하역시설 및 탱크터미널을 대체하는 수소 전용 하역·저장 시설과 유조차, 주유소, 가스망을 대체하는 공급 인프라, 그리고 석유를 원료로 사용하는 모든 시설, 장비들이 수소를 사용할 수 있는 것으로 바뀌어야 한다.

전기차 보급을 앞당기기 위해 전국에 전기차 충전망을 갖춰야 하는 정도의 규모를 넘어서 생산, 운반, 저장, 공급, 사용에 이르기까지 모든 단계의 인프라가 전 세계적으로, 그리고 국가적으로 갖춰져야 하는 것이다. 수소경제에 대한 로드맵과 대규모 투자가 국가 주도로 이루어지고 있는 것은 수소경제에 이러한 대규모 인프라 구축의 필요성이 동반되기 때문일 것이다.

특히, 재생에너지 자원인 일조량, 풍력이 부족한 지리적 위치에 있는 한국은 수소경제 패러다임 하에서도 에너지 수입국으로서 안정적 수입원의 확보, 해상 운송 및 보급 인프라 확충 등 현재의 원유·천연가스 수입에 준하는 인프라를 확보해야 하는 과제가 있다. 세계 수소기업 협의체인 수소위원회Hydrogen Council가 2021년 발간한 〈하이드로겐 인사이트Hydrogen Insights〉에 따르면, 한국은 일본과 함께 전 세계에서 수소 생산비용이 높을 것으로 전망된 국가로 호주, 중동 등 수소 생산비용이 낮은 국가로부터 수입을 통해 경제성을 확보해야 한다. 2021년 산업통상자원부에서 발표한 수소경제 이행 기본 계획 또한 생산, 운반, 저장, 공급, 사용에 이르는 수소 밸류체인의 각 요소별 계획을 포함하고 있으며 향후 수소 유관 산업의 구조 또한 이러한 밸류체인을 따라 구성될 것이다.

수소경제의 산업적 밸류체인은 생산, 운반, 저장, 공급, 사용으로 구분할 수 있다. 2021년 2월부터 시행된 '수소경제 육성 및 수소 안전관리에 관한 법률(수소법)'에서는 수소 산업을 "수소의 생산·저장·운송·충전·판매 및 연료전지와 이에 사용되는 제품·부품·소재 및 장비의 제조 등 수소와 관련한 산업"으로 정의하고 있다. 이는 해외 수입을 위한 운반 단계를 추가하고 운송, 충전, 판매를 공급 단계로 묶으면 밸류체인 구성 요소와 대체로 일치한다.

수소는 어떻게 생산되는가?

수소생산은 생산 방식과 원료 및 이산화탄소 발생 여부에 따라서 크게 그레이수소Grey Hydrogen, 블루수소Blue Hydrogen, 그린수소Green Hydrogen로 구분한다(방식에 따라 옐로우수소, 청록수소 등을 포함시키기도 하나 대표적인 세가지 분류만 기술함).

그레이수소는 석유화학, 제철 등 산업 공정에서의 부산물을 정제하여 수소를 생산하는 부생수소와 천연가스와 같은 화석연료에서 수소를 추출하는 추출수소 방식이 있고, 현재의 수소 생산 방식에 있어 대부분의 비중을 차지하고 있다. 하지만 그레이수소는 수소 생산 과정에서 다량의 이산화탄소가 발생하기 때문에 탄소중립을 위한 수소경제의 목적에 부합하지 않는다.

블루수소는 그레이수소 생산 과정에서 발생하는 이산화탄소를 포집하여 대기로 배출하지 않는 방식을 의미하며 탄소Carbon를 포집Capture, 활용Utilize, 저장Store하는 CCUS 기술이 핵심이 된다.

그린수소는 재생에너지를 통해 생산된 전력으로 물을 전기분해하여 수소를 생산하는 것으로, 그 과정에서 이산화탄소가 발생하지 않아 탄소중립 관점에서 궁극적인 수소경제 실현을 위해서는 도달해야 하는 단계라 할 수 있다. 애초에 탄소중립 관점에서 재생에너지의 완전한 사용을 위해 지역적·시간적 한계를 극복해야 하고 그 매개로서 수소를 에너지 캐리어로 사용해야 한다는 점으로부터 수소경제가 제시되는 것이므로 실질적인 수소경제의 생산 방식은 그린수소가 되어야 한다.

하지만 아직까지 그린수소를 대량으로 적정 가격에 생산하기 위한 기술적 완성도가 충분하지 못한 한계로 인해 우선은 블루수소를 통한 수소 생산이 우선시되고 있고 이를 통해 수소경제 밸류체인 전반의 인프라 구축이 진행될 수 있도록 과도기를 거치면서 점진적으로 그린수소가 전체 수소 생산을 대체하는 접근이 이뤄지고 있다.

현재 국내에서 수소생산은 정유·석유화학 공장의 수첨탈황 공정에 필요한 수소를 공급하는 산업용수요 대응이 절대적 비중을 차지하고 있다. 이에 따라 수소생산 또한 정유·석유화학 시설 인근에 위치한 지역에서 납사분해 공정에서 발생하는 부생가스를 정제하여 생산하는 방식이 절대적 비중을 차지하고 있으며, 덕양(최근 어프로티움으로 사명 변경), SPG, SDG와 같은 수소 전문 기업이 석유화학 회사와의 계약을 통해 부생가스를 확보, 수소를 생산·공급하고 있다. 이 외에 포스코, 현대제철 같은 제철사에서 철강 코크스 공정의 부생가스를 정제하여 자체 사용량 외 잉여수소를 외부로 공급하고 있으며 에어리퀴드, 에어퍼스트 등이 HYCO(수소·일산화탄소) 플랜트에서 천연가스 등 화석연료를 개질하는 방식(추출수소)으로 수소를 생산하고 있다.

그레이수소 방식은 부생가스의 수량이 석유화학·제철 공정의 생산 능력Capacity에 연계될 수밖에 없어 규모의 제약이 있을 수밖에 없다. 반면, 블루수소 방식은 그린수소로 이행되기까지 약 15~20년간의 과도기 동안 수소를 공급하는 주된 방식이 될 것으로 전망되며, 국내 유수의 대기업이 이에 대한 투자 계획을 적극 발표하고 있다. 우선, SK E&S는 보령에 5조 3,000억 원을 투자하여 세계 최대 규모의 블루수소 플랜트를 구축, 2025년부터 연간 25만 톤 규모의 블루수소를 생산하겠다는 계획을 발표하였다. 그리고 현대오일뱅크는 대산에 위치한 수소생산 설비에 CCUS를 설치하여 블루수소 방식으로 연간 약 10만 톤의 수소를 자사 충전소 등에 공급하겠다는 계획을 밝혔다. 이 외에도 효성, 롯데케미칼 등이 현재의 부생수소 시설에 탄소포집 시설을 추가하여 2025년 전후로 블루수소를 생산하겠다는 계획을 밝히고 있다.

하지만 블루수소 생산에도 문제가 없는 것은 아니다. 무엇보다 생산 과정에서 포집한 이산화탄소의 처리 문제가 대두된다. 블루수소 1kg 생산 시 발생하는 이산화탄소는 약 10kg에 이르므로 연간 30만 톤의 수소를 생산할 경우 처리가 필요한 이산화탄소는 300만 톤에 달한다. 이산화탄소는 현재 용접, 드라이아이스, 반도체 공정 등에 사용되는데 2022년 기준 연간 사용량은 약 100만 톤 규모로 사용량을 상회하여 포집된 이산화탄소의 처리 방안에 대한 해결책이 필요하다.

국내에서는 동해가스전에 연간 40만 톤 규모로 이산화탄소를 매립하는 대한 실증사업을 진행(K-CCUS 추진단)하는 한편, 폴리카보네이트 생산 원료로 활용(롯데케미칼), 탄산칼슘 제조 원료로 활용(현대오일뱅크)하는 등 전환 사용에 대한 연구가 이뤄지고 있으나 궁극적인 해결책 마련에는 시간이 걸릴 전망이다.

마지막으로 그린수소 생산은 그레이수소, 블루수소에 비하면 규모, 생산가격 면에서 아직은 기술개발이 더 필요한 상황이다. 국내에서는 제주 상명풍력단지에서 500kW급 수전해 기술개발 및 실증사업을 수행한 것을 시작으로 울산, 동해, 제주, 새만금 등에서 소규모 실증사업들이 단계적으로 추진되고 있다. 하지만 재생에너지 생산 능력이 선결되어야 하는 만큼, 국가 에너지원 확보 차원에서 호주 등 해외에 대규모 재생에너지-수전해 생산시설 구축에 투자하여 그린수소를 확보하는 한편, 국내에서는 상업용 생산시설 자체에 대한 투자보다는 실증을 통한 수전해 설비 및 소재 개발에 보다 초점이 맞춰질 것으로 예상된다.

수전해 방식에 따라 알칼라인 수전해AWE, Alkaline Water Electrolysis, 고분자 전해질 수전해PEM, Polymer Electrolyte Membrane Electrolysis, 고체 산화물 수전해SOEC, Solid Oxide Electrolyzer Cell 등으로 구분할 수 있다. 알칼라인 수전해는 알칼리 전해액을 이용한 전기분해 방식으로 1920년대부터 개발되어 가장 신뢰도 높은 기술이며, 귀금속 사용이 없어 상대적으로 저비용으로 구축할 수 있는 장점이 있다. 그러나 낮은 효율과 전극 부식 및 전해액 보충에 따른 운영비용을 개선할 필요가 있다.

또한, 부하변동이 심한 환경에서의 사용이 부적합한 문제가 있는데, 부하변동은 재생에너지의 근본적 문제인 만큼 알칼라인 수전해를 재생에너지와 연계한 그린수소 생산에 활용하기에 기술적 문제가 따르고 있다. 현재 기술 개발의 방향 또한 재생에너지와의 직접 연계 및 효율 향상에 초점이 맞춰지고 있으며, 일본의 아사히카세이Asahi Kasei, 독일의 티센그루프Thyssenkrupp, 노르웨이 NEL 등이 참여하고 있다.

국내에서는 현대자동차그룹이 2021년 캐나다의 수전해 시스템 업체인 넥스트하이드로젠과 그린수소 생산 수전해 시스템 공동개발 및 사업화 MOU를 체결하고 알칼라인 수전해 시스템 성능 향상을 추진할 계획이며, 새만금개발청 등 8개 기관기업과의 그린수소 가치사슬 공동연구를 추진 중이다. 그 외에 수소에너젠, 이엠솔루션 같은 국내 기업이 알칼리수전해 기술을 보유하고 있으나 아직 500kW~2MW급의 실증설비 공급에 머물고 있어 최대 10MW급에 이르는 시설을 상용화한 해외 기업에 비하면 아직 규모와 실적 면에서 부족한 것이 사실이다.

고분자 전해질 수전해는 이온전도성 고분자 전해질막을 이용한 전기분해 방식으로 고효율 운전과 고순도 수소 생산이 가능하고 부하변동에도 대응 가능하다는 점에서 그린수소에 적합한 방식이라 할 수 있다. 하지만 아직까지 전극 촉매로 이리듐, 백금과 같은 고가의 소재를 사용하기 때문에 높은 설비 비용으로 인한 대형화와 경제성 확보에 제약이 존재한다. 전극 물질로 귀금속을 사용하는 이유는 산성전해질 사용에 따른 고내구성을 필요로 하기 때문인데, 이러한 귀금속 촉매 사용량을 저감하는 전극 구조와 설비의 기계적, 화학적 안정성을 확보하는 것이 과제라 할 수 있다. 독일의 지멘스Siemens, 미국의 커민스Cummins, 영국의 ITM파워ITM Power 등이 대표적 기업이며, 국내에서는 엘켐텍이 1MW 단일 수전해 스택 기술을 보유하고 있다.

고체산화물 수전해 방식은 고체산화물 전해질을 이용해 800℃ 이상의 고온 수증기를 전기분해하는 방식으로 고온에서 물분해를 위한 전력 소모량이 감소하는 특성을 이용한다. 전력 소모량이 낮으므로 상대적으로 높은 효율 구현과 고체전해질 사용에 따른 고내구성 구현이 가능하다는 장점이 있다. 아직은 랩스케일Lab-scale 단계에 머물러 있고 고온 구현을 위한 에너지가 소모된다는 단점이 있다. 하지만 향후 기술개발이 지속될 경우 소형원자로SMR, Small Modular Reactor에서 생산되는 전력과 열을 활용한 방식의 수소생산이 가능하다는 점에서 연구개발이 진행되고 있다. 해외 기업으로는 독일의 썬파이어Sunfire, 덴마크의 할도톱소Haldor Topsoe 등이 250kW 급의 실증을 완료했고, 국내에서는 SK에코플랜트가 미국의 블룸에너지와 함께 구미에 130kW급 실증을 완료했다.

한화솔루션 또한 수전해기술연구센터를 통해 2023년까지 수전해 기술 개발 목표를 밝히고 있는데, 알칼라인 수전해와 고분자 전해질 수전해의 장점을 결합한 음이온 교환막 수전해AEM, Anion Exchange Membrane Water Electrolysis 방식을 채택하고 있는 것으로 알려져 있다. 그린수소 생산을 위한 수전해 기술개발에는 소수의 국내 대기업만이 참여하고 있는 모습이다.

실제로 다수의 기업은 수전해시스템보다는 소재 개발을 통한 참여 가능성에 초점을 맞추고 있는 것으로 생각된다. 실례로 산업통상자원부의 2022년 수소 분야 신규 기술 개발 지원 사업에 코오롱인더스트리의 "PEM 수전해 효율 향상을 위한 고분자 전해질막 개발"이 포함되어 있는데, 현재 PEM 전해질로 듀퐁사의 나피온Nafion이라는 양이온교환막이 전량 사용되고 있기 때문에 이를 대체하는 한편 보다 높은 효율을 구현하는 소재개발을 목표로 하고 있다. 또한, 위에서 언급된 수전해 기술의 대부분이 사용 소재의 내구성, 경제성 개선을 필요로 하는 만큼 소재 개발이 곧 수전해 시스템 구현의 키가 될 것임을 예상해볼 수 있다.

현재 이차전지의 양극재, 음극재, 전해액 등 소재 분야에서 성과를 보이고 있는 여러 국내 기업이 향후 수전해 관련 기술 개발 참여 및 사업 확대를 통해 수전해 설비 소재 분야에서도 성과를 낼 수 있을 것으로 기대되는 바이다.

수소 보편화의 핵심, 운반·저장

수소 운반·저장은 해외에서 생산된 수소를 국내로 수송해 오고 국내 공급을 위해 하역·저장하는 제반 과정을 의미한다. 수소 수입이 필요한 한국 입장에서는 오늘날의 유조선, LNG운반선 및 하역 터미널만큼 중요한 인프라 자원이라 할 수 있다. 원유의 경우 액체 상태로 추출되기 때문에 유조선을 통해 운반하는 것이 일반적이고, 천연가스는 기체로 추출되기 때문에 직접 파이프라인 연결이 가능한 경우 기체 상태로, 그렇지 않은 경우에는 액화 이후 LNG운반선으로 운송해오는 방식을 택하고 있다. 기체 상태로 만들어지는 수소 또한 기체 그대로 운반할 수 없는 경우에는 적절한 형태로 전환하여 운반하는 것이 필요하다. 현재 제시되고 있는 수소의 운반·저장 방식은 크게 액화수소, 액상유기수소 운반체LOHC, Liquid Organic Hydrogen Carrier, 암모니아의 세 가지로 나눌 수 있다.

첫째, 액화수소는 기체수소를 영하 253℃로 냉각·액화하여 액화수소 운반선을 통해 운반하고 액체수소 탱크에 이를 저장하는 방식으로 현재의 LNG를 통한 천연가스의 운반·저장과 동일한 방식이다. 액화수소는 기체 대비 부피가 800분의 1이기 때문에 대량 수소 보관이 가능하다. 그리고 기화를 통해 고순도의 기체 수소를 즉시 사용할 수 있다는 장점이 있다. 반면, 천연가스에 비해 높은 기술 난이도를 요구하고 액화수소를 사용하기 위해 밸류체인 전반의 대규모 인프라를 새롭게 구축해야 한다는 단점이 있다. 또한, 자연기화에 따른 손실이 발생하기 때문에 장거리 운송과 장기 보관에 대한 제약이 존재한다.

액화수소는 로켓 연료 등으로 사용되기 때문에 선진국을 중심으로 액화·저장 기술을 보유하고 있지만 수소를 에너지원으로 사용하는 에너지 수송 규모의 저장 기술은 아직 확보되지 못한 상태이다. 액화 기술의 경우 린데Linde, 에어리퀴드Air Liquide, 에어프로덕츠Air Products 등 산업용 가스 액화기술을 보유한 글로벌 기업이 보유 기술을 바탕으로 라지 스케일Large scale 수소 액화 공정을 개발하고 있고, 국내 기업은 효성(린데와 JV), 두산(에어리퀴드와 협력) 등이 이들과의 합작을 통해 액화플랜트를 확보하는 사업을 추진 중이다.

SK E&S는 미국 플러그파워 지분 인수와 합작법인 설립을 통해 액화수소 전반의 원천기술을 확보하였으며 보령에서 생산되는 블루수소를 액화하여 공급하는 계획을 추진 중에 있다. 액화수소 운반·저장의 경우 일본이 하이스트라HySTRA 프로젝트를 통해 호주에서 생산된 수소를 액화하여 수소 운반선을 통해 고베항으로 운반·하역·저장하는 실증 사업을 진행하고 있는 것이 가장 앞서 있는 단계라 할 수 있다. 가와사키 중공업은 이를 위해 세계 최초의 수소 운반선과 1,250㎥ 용량의 선박용 액체수소 저장탱크, 2,500㎥ 용량의 육상 저장탱크를 개발하였다.

국내 조선사도 삼성중공업과 현대중공업이 수소 운반선 개념설계에 대한 기본인증을 획득하는 등 운반선 개발에 나서고 있고, 저장 기술 또한 운반선의 핵심 기술인 만큼 이에 대한 기술 개발 계획을 밝히고 있다.

다음으로 액상유기수소운반체LOHC 방식은 수소를 톨루엔 등의 유기화학물질과 반응·결합시켜 상온 액체 상태의 물질을 운반·저장하고, 수소 사용 시 합성 물질에서 수소를 추출하고 남은 유기화학물질은 다시 수소 운반을 위해 수소 생산지로 보내는 방식으로 수소를 운반·저장한다. 이 방식은 수소-유기화학물질의 합성물이 석유와 성질이 유사하기 때문에 기존의 석유 운반·저장 인프라를 활용할 수 있고 상온에서 액체 상태를 유지하므로 장거리 운송과 보관이 가능하다는 장점이 있다. 하지만 수소-유기화학물질의 합성과 수소 추출의 기술 난이도가 높고, 에너지 손실이 크다는 점과 유기화학물질을 수소 생산지로 재운반해야 된다는 비용적 단점이 있다. 일본에서 톨루엔 기반의 수소 저장 물질을 개발·실증 중에 있고 유럽에서 벤질톨루엔을 사용한 합성·추출 시설을 건설 중에 있다.

마지막으로 암모니아는 수소를 암모니아로 합성하여 저온 액체 상태로 운반·저장하며 사용 시 수소를 추출하거나 암모니아 상태로 사용하는 방식이다. 암모니아가 산업 용도로 널리 사용되므로 기존의 운반·저장 인프라를 사용할 수 있고, 안정적으로 장거리 운송 및 장기 보관이 가능하다. 그리고 추출 방식뿐 아니라 암모니아 상태를 그대로 사용할 수 있다는 점에서 많은 장점이 있다. 반면, 합성·추출 과정에서 에너지 손실이 있고 암모니아의 유독성으로 인해 내륙 운송·저장·활용상 제약이 따른다는 점은 단점으로 꼽을 수 있다.

현 단계에서 기술적, 경제적으로 가장 현실적인 방안으로 평가받고 있으며 암모니아 생산, 운반, 직접사용 및 수소 추출에 이르는 각 단계별 기술개발과 사업화가 활발히 일어나고 있다. 우선 암모니아 생산은 현재 천연가스를 기반으로 이뤄지는 암모니아 합성과 구분하여 그린암모니아로 부르고 있으며 수전해 기반의 수소 생산시설과 공기분리장치를 통한 질소 생산시설을 연계하여 이산화탄소가 발생하지 않는 암모니아 생산을 추진 중이다. 노르웨이 야라Yara, 덴마크 할도톱소Haldor Topsoe, 독일 바스프BASF, 사우디아라비아 아크와파워Acwa Power 등 기존의 암모니아 생산 기업과 수전해 기업을 중심으로 시장 참여가 이뤄지고 있으며, 국내에서는 포스코가 중동지역 그린암모니아 사업 참여를 타진하고 있다.

암모니아 운반은 현재에도 해상을 통해 연간 2,000만 톤 이상이 운반되고 있는데, 그린암모니아 전개에 따른 에너지원으로서의 운송량 증가가 예상됨에 따라 LNG 추진선박과 유사하게 암모니아를 연료로 하는 암모니아 추진 선박의 개발이 진행되고 있다. 국내 조선 3사를 포함해서 주요 조선사를 중심으로 설계 인증이 추진 중이며, LNG, 디젤 등으로 운행하다 암모니아 추진 선박으로 전환 가능한 암모니아 레디 선박 건조, 암모니아 연소효율 향상 및 암모니아 연소 시 발생하는 질소산화물 처리 등이 주요 기술 개발 내용이다.

암모니아를 운반·저장 매개로 사용하는 수요를 더욱 키워주는 것은 암모니아를 직접 활용한 암모니아 터빈과 암모니아 연료전지인데,

암모니아 터빈의 경우 일본 미쯔비시 파워Mitsubishi Power, 미국 GE 등 터빈 제조사에서 암모니아 혼소터빈, 전소 터빈을 개발하고 있고, 국내에서도 두산에너빌리티에서 삼성물산과 함께 그린암모니아 혼소 발전 사업을 추진 중이다. 암모니아 연료전지는 고체산화물 연료전지SOFC의 작동 온도에서 암모니아로부터의 수소 추출이 가능하다는 특성을 이용하여 암모니아를 직접 주입하여 사용하는 DAFCDirect Ammonia Fuel Cell를 개발하는 것으로 이것이 상용화 될 경우 자동차, 선박의 연료로 암모니아를 직접 주입할 수 있기 때문에 암모니아 운반·저장 수요를 더욱 성장시킬 것으로 보인다. 덴마크 할도톱소Haldor Topsoe, 캐나다 아쿠멘트릭스Acumentrics, 일본 IHI 등을 주요 기업으로 꼽을 수 있다.

마지막으로 수소 추출은 다양한 촉매를 통해 암모니아에서 수소를 추출하는 크래킹cracking 기술로 촉매의 종류에 따라 분해가 일어나는 온도·압력 범위가 달라진다. 때문에 다양한 기업에서 대용량 암모니아 반응기 개발을 목표로 사업화를 추진하고 있다. 일본의 타이요닛폰산소Taiyo Nippon Sanso, 프랑스의 엔지ENGIE, 미국의 스타파이어 에너지Starfire Energy, 인도의 MVS 엔지니어링MVS Engineering 등이 대표기업이며, 한국에서는 한국에너지기술연구원이 2021년 암모니아 분해반응기를 개발하였다.

이처럼 암모니아는 가장 현실성 높은 수소 운반 방안인 만큼 많은 국내 기업이 암모니아 중심의 수소 밸류체인에 참여하겠다는 계획을 밝히고 있다. 우선 두산에너빌리티, 두산퓨얼셀, 한화솔루션, 롯데정밀화학, 현대오일뱅크 등 13개 기업은 그린암모니아 협의체를 만들고 그린암모이나 생산, 운송, 추출, 활용 밸류체인 전체의 기술개발·구축 및 안전기준 마련에 나서고 있고, 롯데정밀화학, 롯데글로벌로지스, HMM, 포스코, 한국조선해양, 한국선급 등은 그린암모니아 해상 운송 및 벙커링 컨소시엄을 통해 각 사가 보유한 암모니아 생산, 유통인프라, 조선, 해운 산업 역량을 공유하여 그린암모니아 사업을 추진하고 있다.

롯데그룹은 롯데케미칼, 롯데글로벌로지스, 롯데정밀화학 등 그룹 내 유관 계열사를 주축으로 독자적인 밸류체인을 구축하겠다는 계획을 밝혔고, 에쓰오일은 모회사인 아람코가 있는 사우디아라비아에서 그린암모니아를 생산하여 국내로 도입하는 인프라 구축을 추진 중에 있다. 수소 운반·저장 영역은 현재의 석유, 천연가스를 대체하는 주요 에너지원을 수입·유통하는 역할을 통해 새로운 에너지 기업으로의 성장을 도모할 수 있다는 점에서 많은 국내 기업의 관심을 받고 있다. 아직까지 액화수소, LOHC, 암모니아 중 어느 방식이 주력이 되고 어떤 구조에서 수소 수급 체계가 운영될지 불확실한 부분이 많다. 하지만 인프라 투자 측면의 큰 방향을 결정짓는 요소가 되는 만큼 향후의 움직임을 주목할 필요가 있다고 생각된다.

수소 공급은 국내에서 생산되거나 해외에서 수입된 수소를 사용처까지 이송·판매하는 단계로서 현재의 도시가스 배관, 유조차(탱크로리), 주유소·충전소 등에 해당되는 영역이다. 장기적으로 해외에서 수입된 수소가 사용량의 다수를 차지하는 만큼 운반·저장 형태에 따라 국내 공급망이 결정되고 LOHC나 암모니아는 기존의 탱크로리와 저장탱크를 그대로 활용하게 되겠지만, 여기에서는 수소를 직접 사용해야 하는 수요처를 중심으로 국내 공급망의 구성 전망을 다뤄보고자 한다. 수소 공급은 크게 파이프라인을 통한 기체 공급, 튜브트레일러를 통한 기체 공급, 그리고 탱크로리를 통한 액체 공급으로 구분해볼 수 있고, 수소차 등 모빌리티 연료 공급을 위한 수소충전소 또한 공급망의 구성 요소로 생각해볼 수 있다.

파이프라인은 현재 우리가 도시가스를 사용하는 것과 같이 사용처까지 배관을 연결하여 기체 상태의 수소를 공급하는 방식이다. 미국 캘리포니아, 유럽 등지에서 수소 파이프라인을 신설하는 프로젝트를 진행 중에 있으며 유럽의 경우 북아프리카 지역에서 생산된 수소를 파이프라인을 통해 유럽 지역으로 공급받는 방안 또한 검토 중이다.

국내에서는 울산, 포항 등에서 수소배관을 설치하여 석유화학단지, 제철단지에서 생산되는 부생수소를 충전소 등 수요처까지 공급하는 방안을 추진 중이다. 하지만 파이프라인 공급에서 보다 관심을 갖고 추진되는 사항은 기존의 천연가스 배관망을 활용하는 방안으로 천연가스에 수소를 혼입하여 수요처까지 공급하는 방안이다. 수소를 혼입하여 사용할 경우 수소 혼입 비율만큼 이산화탄소 발생을 줄일 수 있다는 직접적인 장점이 있고, 추후 궁극적으로 수소가 천연가스를 대체하는 시기가 온다면 배관망을 그대로 활용할 수도 있기 때문이다. 그러나 수소를 기존 천연가스 배관에 수소를 혼입하는 것은 간단한 일이 아니다.

천연가스 배관은 크게 탄소강 재질과 폴리에틸렌 재질의 두 종류로 구분해 볼 수 있는데, 수소는 금속 재질의 취성을 증가시키는 성질이 있기 때문에 배관 파손이 쉽게 발생할 수 있어 안정성과 수명 문제에 부딪히기 때문이다. 유럽에서는 이미 이러한 특성을 고려하여 수소 혼입 비율을 얼마까지 증가시킬 수 있는지에 대한 실증을 완료하였다.

일례로 영국은 H21 프로젝트를 통해 리즈시에서 천연가스배관망에 수소를 혼입하여 각 가정에 공급하고 가정에 설치된 기존 가스레인지, 가스보일러에서 이를 그대로 사용할 수 있는지에 대한 실증을 추진하여 수소 혼입 비율 10%에서 기존 배관과 설비를 사용할 수 있다는 결론을 얻었다. 독일에서는 천연가스 배관망에 수소 10%를 혼입하는 기술표준을 수립하였으며 미국에서도 24개 에너지사가 수소 혼입 테스트를 진행 중이다.

한국에서도 한국가스공사와 도시가스사 간 협력을 통해 이와 유사한 실증 테스트가 진행될 예정이다. 한국가스공사의 발표에 따르면 수소 혼입 비율을 20%까지 단계적으로 늘릴 경우 연간 750만 톤 정도의 이산화탄소 감축이 가능하다. 이는 2030년까지 이산화탄소 감축 목표량의 약 2.5%에 해당하는 규모인데, 대규모 인프라 투자 없이 배출량 감소가 가능하다는 점에서 충분히 검토해볼만한 사안이다. 미국 등에서는 혼입 수소 사용을 넘어서 천연가스-수소 혼합 가스로부터 수소만 추출해서 사용하는 분리 기술을 개발 중인데, 이미 대규모 인프라가 구축된 천연가스망을 사용한다는 점에서 지속적인 연구개발과 투자가 있을 것으로 예상된다.

또한, 혼입 시 안전 상의 이슈가 없다고 하더라도 수소 취성에 의한 금속 배관의 수명 이슈는 여전히 존재하기 때문에 금속 소재에 대한 연구 및 상대적으로 수소 취성 이슈가 없는 폴레에틸렌 재질 배관 확대, 복합재료 배관 개발 등 기존 배관망의 교체 주기에 따라 점진적인 배관

재질의 소재 개선이 있을 수 있다고 전망된다.

튜브트레일러는 파이프라인이 연결되어 있지 않은 수요처까지 기체 수소를 압축 저장하여 운송하는 방식이다. 튜브트레일러의 경우 저장 용기 재질과 구조에 따라 유형을 구분하는데, 전체 용기가 금속재질 라이너로 구성된 것을 타입 1Type 1, 금속재질 라이너에 유리섬유 복합재로 몸통 부위를 보강한 것을 타입 2Type 2, 알루미늄 라이너에 탄소섬유 복합재로 전체 용기를 보강한 것을 타입 3Type 3, 비금속 라이너에 탄소섬유 복합재로 전체 용기를 보강한 것을 타입 4Type 4라고 한다.

타입 1에서 타입 4로 갈수록 기체를 압축하는 압력을 높일 수 있어 동일 체적에 많은 양의 기체를 담을 수 있고, 동일한 양을 담을 경우 무게가 가벼워지는 장점이 있다. 수소의 최종 소비자 가격이 수소 생산비용과 운송비용의 합으로 구성되는 만큼 한 번에 많은 수소를 운송할 수 있다는 점은 수소의 가격 경쟁력을 높인다는 점에서 중요한 장점으로 작용하고, 육상 운송의 경우 수소를 담은 차량이 도로망을 주행해야 하는 만큼 무게의 제약이 있을 수밖에 없어 무게의 제약이 적다는 점 또한 장점이 될 수 있다. 이러한 필요성을 고려하여 각국에서는 플라스틱-복합재료 재질의 고압 용기에 대한 규제를 점차 완화하고 있는 추세이다.

문제는 타입 1 대비 약 2.5배 비싼 타입 4 용기의 가격이다. 한 번에 많은 양을 수송할 수 있으므로 높은 가격이 어느 정도 상쇄될 수는 있겠지만 초기 투자비를 높인다는 점에서 타입 4 가격은 전면 적용의 제약 요소로 작용할 수 있다. 따라서 무게 규제가 심한 도심 내 운송, 한

번에 많은 양을 공급받아야 하는 중대형 규모의 수요처에 타입 4가 사용되고, 도심 외곽, 중소형 규모의 수요처에는 타입 1이 사용되는 등 수요처의 상황에 따라 타입별 수요는 달라질 수 있을 전망이다.

수소 튜브트레일러 제작사는 대부분 CNG(압축천연가스) 용기 제조사가 사업을 확대하거나 수소차 연료탱크 제조사가 튜브트레일러용 용기를 제시하는 경우가 있으며, 해외의 경우 헥사곤Hexagon, 플라스틱 옴니엄Plastic Omnium, 포레시아Faurecia 등의 기업이 있고 국내는 일진하이솔루스와 에테르씨티가 대표적인 기업이다. 일진하이솔루스는 수소차 연료탱크를 타깃으로 타입 4 용기를 개발·공급한 후 튜브트레일러로 제품 라인업을 확대했고, 에테르씨티의 경우 타입 1 수소튜브트레일러를 국내에 독점 제작·공급하는 전문 기업으로 최근 타입 4 용기 개발을 완료하여 국내외 시장으로의 확대를 추진하고 있다.

액화수소 운송을 위한 탱크로리는 액화수소 탱크를 제작하는 기술을 적용하여 탱크로리를 제작·운행하고 수요처에 설치된 액화수소탱크에 액화수소를 공급하는 방식이다. 기술적으로는 액화탱크와 동일하게 린데Linde, 에어프러덕츠Air Products, 에어리퀴드Air Liquide 등 글로벌 산업가스 기업이 솔루션을 제공하고 있으며 SK E&S, 효성 등이 국내에서 액화플랜트를 건설하여 액화수소 충전소에 액화수소를 공급한다는 계획을 갖고 있다. 하지만 수요처에 고가의 액화탱크를 설치·운영해야 한다는 점에서 발전소, 대형 충전소 등 많은 양의 수소를 취급해야 하는 일부 수요처로 용도가 국한될 가능성이 크다. 2030년까지 계획된 국내 액화수소플랜트의 총 생산 능력이 연간 6만 5,000톤으로, 국내 수송용 수소 수요의 약 20%에 불과하기 때문에 타입 1, 타입 4 튜브트레일러와 액화 탱크로리가 수요처별 특성에 따른 수요에 맞춰 운행될 것으로 예상된다. 다수의 중형 이하 충전소, 연료전지 사용처는 튜브트레일러를 중심으로 수소를 공급받을 것으로 생각된다. 그린수소로 전환된 이후 해외로부터의 수소 수입이 액화수소 보다는 암모니아 기반으로 진행될 가능성이 크고, 암모니아에서 추출한 수소를 다시 액화시키는 것은 많은 비용과 낮은 효율을 감수해야 하므로 액화수소가 전체 수요처로의 수소 공급을 담당할 가능성은 크지 않을 전망이다.

수소충전소는 향후 수소차 확대 방침에 따라 다수의 대기업이 시장 참여 의사를 밝히고 있고 JV를 통한 사업을 적극적으로 추진 중인 영역이다. 한국가스공사, 현대차, 코오롱인더스트리 등 11개사가 참여한 하이넷, 한국지역난방공사, 현대차, 정유·가스사 등 9개사가 참여한 코하이젠 등이 대표적인 기업이고, SK가스, SK E&S, 효성 등도 충전소 사업을 추진 중이다.

수소충전소는 크게는 수소를 직접 생산하여 공급하는 온사이트On-site 방식과 외부로부터 수소를 공급받아 충전하는 오프사이트Off-site 방식으로 나눌 수 있고, 현재 구축 중인 충전소의 대부분은 오프사이트 방식을 택하고 있다. 온사이트 방식을 천연가스를 개질하거나 바이오가스를 포집·개질하는 방식으로 설치되고 있는데, 국내에는 김해와 상암에 설치되어 운영 중이다. 현재 운행되고 있는 CNG 버스의 경우 도심 외곽에 도시가스와 연결된 CNG 충전소를 통해 연료를 공급받는데, 향후 CNG 버스가 수소버스로 대체될 경우 유사한 방식으로 도시가스 배관으로부터 공급되는 천연가스를 개질하여 수소를 공급할 수 있을 것이다.

향후 친환경차 공급이 승용은 전기차, 상용은 수소차 중심으로 이뤄질 전망이므로 수소 충전소의 주 수요는 트럭, 버스 등 상대적으로 큰 차량이 될 것이고 충전소 규모 또한 중대형을 중심으로 재편될 가능성이 높다고 예상된다. 이러한 충전소의 규모 구성은 튜브트레일러, 액화 탱크로리 등 운송수단의 구성과도 연계되므로 향후 설치되는 충전소 구성에 따라 전체적인 방향성을 가늠해볼 필요가 있다.

수소는 어디에 활용되는가?

수소 활용은 크게 발전용 연료, 수송용 연료, 가전·건물용 연료, 산업용 원료 등으로 구분해 볼 수 있다. 수소 활용은 '생산-운반·저장-공급'에 이르는 인프라 구축을 위한 투자 경제성을 확보하고 이를 가속화하는 수요를 형성한다는 점에서 인프라 구축 속도와 균형 있는 발전을 이뤄야 하는 영역이다. 발전용 연료의 경우 현재의 화력발전을 대체하기 위한 수소터빈과 분산 전원으로서의 발전용 수소연료전지로 구분해 생각해볼 수 있다.

수소터빈은 천연가스나 석탄과 수소를 함께 연소시키는 방식의 혼소 터빈과 수소나 암모니아를 연료로 사용하는 전소 터빈이 있다. 전자의 경우 기존의 화력발전소를 개조하여 탄소 배출량을 줄이면서 발전을 할 수 있다. 하지만 여전히 화석연료를 사용한다는 점에서 완전한 탄소 중립을 이루지는 못한다. GE, 가와사키 중공업, 두산에너빌리티 등 다수의 가스터빈 업체들이 혼소 터빈 개발을 진행하고 있으며 수소 혼소 비율을 높이고 수소 연소 과정에서 발생하는 역화 현상의 해결, 암모니아 혼소의 경우 질소산화물 저감 기술 개발 등이 해결해야 할 과제이다.

국내에서도 노후 석탄화력발전소 등을 중심로 혼소 터빈 도입이 검토되고 있기 때문에 실증 이후 실제 적용 사례를 볼 수 있을 전망이다. 전소 터빈은 수소나 암모니아의 연소 특성을 고려한 연소기술개발이 필요해 아직은 비교적 소용량 중심의 개발에 머물고 있다. 우선은 혼소 터빈 적용 후 기술발전에 따라 전소 터빈으로 전환되는 형태의 적용이 예상된다. 혼소 터빈과 동일하게 GE, 미쯔비시 중공업, 가와사키 중공업, IHI, 두산에너빌리티 등이 개발을 추진 중이다.

수소연료전지는 수요 활용과 관련하여 가장 활발한 움직임이 있는 영역 중 하나일 것이다. 국내 연료전지 발전설비 누적용량은 2018년 333MW에서 2019년 405MW, 2020년 610MW, 2021년 749MW로 가파른 성장을 보이고 있으며, 정부는 2040년까지 발전용 연료전지를 총 8GW(내수용 기준)로 구축한다는 목표를 제시하고 있다. 발전용 연료전지의 대부분은 발전공기업에서 신재생에너지공급의무RPS, Renewable Portfolio Standard 이행을 위한 투자였는데, 지난해에는 태양광 투자 확대의 영향으로 RECRenewable Energy Certificate 가격이 하락하면서 기존 설치 프로젝트의 수익성이 저하되고 투자가 지연되는 모습을 보이기도 했다. 하지만 2022년 5월 개정된 수소법에 따라 연료전지를 RPS에서 청정수소발전제도CHPS, Clean Hydrogen Portfolio Standard 시장으로 분리함에 따라 지속적인 투자 유인을 할 수 있을 것으로 보인다. 하지만 대통령령으로 정한 청정수소의 범주에 저탄소수소인 블루수소를 포함할 것인지에 따라 개질 방식 연료전지가 함께 성장할 것인가의 문제가 변수로 남아 있다. 하지만 연료전지 자체에 대한 수요는 지속 성장할 전망이다.

발전용 연료전지는 고체 세라믹 산화물 전재질과 니켈 촉매를 사용하는 고체산화물 방식SOFC, Solid Oxide Fuel Cell이 주로 사용되는데 800~1,000℃의 고온 환경에서 동작하여 전기와 열을 공급할 수 있다. 국내에서는 두산퓨얼셀과 블룸SK퓨얼셀이 이 방식의 연료전지를 공급하고 있으며, 해외에서는 일본의 아이신세이키Aisin Seiki, 미쯔비시Mitsubishi, 미국의 블룸에너지Bloom Energy 등이 대표적인 기업이다. 고온가동에 따른 재료 열화 및 열파괴 방지 설계 기술이 주요 개선 영역이고 부품 설계, 소재 변경 등을 통해 항고온성을 확보하는 방향으로 기술 개발이 이뤄지고 있다.

고분자전해질 방식PEMFC, Polymer Electrolyte Membrane Fuel Cell은 이온교환막 전해질과 백금 촉매를 사용하며 50~100℃의 저온 환경에서 동작하는 방식이다. 소형화·경량화가 가능하여 수소차, 수소선박 등 수송용 동력과 가정용·건물용 연료전지가 주로 이 방식을 사용한다. 귀금속 촉매 등 고가 소재에 대한 대체재 개발과 100℃ 이상에서 동작하는 시스템 개발로 폐열을 이용하는 방안 등에 대한 연구가 진행되고 있다.

국내에서는 두산퓨얼셀, 에스퓨얼셀 등이 PEMFC를 공급하고 있고, 해외 주요 기업에는 미국의 플러그 파워Plug Power, 영국의 ITM Power, 캐나다의 발라드 파워 시스템Ballard Power Systems 등이 있다. 용융탄산염MCFC, Molten Carbonate Fuel Cell은 650℃의 매우 높은 온도에서 동작하고 폐열 온도가 350℃에 이르기 때문에 이를 이용한 복합발전이 가능한 특징을 보인다. 복합발전, 열병합발전과 대형 건물에서의 분산형 전원 용도로 사용할 수 있으나 고온에서의 내구성 향상을 위한 소재 개발이 극복

과제이다. 포스코에서 분사한 한국퓨얼셀, 미국의 퓨얼셀에너지Fuel Cell Energy 등이 대표기업이다.

한편, 연료전지는 수전해와 마찬가지로 고내구성, 항고온성 등 소재 특징 개선을 통한 성능 확보가 필요하므로 소재 기업에 대한 관심을 가질 필요가 있다. 국내에서는 코오롱인더스트리가 고분자전해질막, 막전극접합체를 생산하고 있고, 상아프론테크, 시노펙스 등이 불소계 재료 개발을 하고 있는 것으로 알려져 있다.

수소모빌리티 분야에서는 수소차 외에도 수소선박, 수소열차 등 운송수단의 동력원을 연료전지로 대체하는 시도가 이뤄지고 있다. 수소차의 경우 현대차에서 상용차 중심의 라인업 전개 계획을 발표한 바 있으며, 2028년 이후 신규 상용차는 수소차로 출시한다는 계획을 밝히기도 했다. 최근 연료전지 성능 이슈 등으로 해당 시기가 늦춰질 수 있다는 소식이 들리기도 하지만 큰 방향에서 대형차량의 수소차로의 전환은 지속할 것으로 보인다. 도요타자동차에서도 승용수소차인 미라이 2세대 출시 계획을 밝혔고 니콜라에서도 수소트럭 프로토타입을 선보이는 등 2030년 전후로는 상당한 라인업의 수소차를 볼 수 있을 전망이다. 수소저장용기 또한 수소차 성장과 함께 성장하는 부품 영역으로 꼽을 수 있는데, 앞서 튜브트레일러에서 언급된 타입 4 탱크 개발사들이 700bar 및 그 이상의 고압 용기를 제시하고 있다.

수소선박은 액체수소 기반의 내륙화물선, LNG를 연료로 하는 개질 방식 SOFC를 적용한 선박 등이 제시되고 있으며 삼성중공업, 현대중공업 등이 수소추진선박에 대한 개발 계획을 제시하고 있다. 수소열차는 프랑스, 스위스 등에서 연료전지 열차에 대한 실증이 진행되었고 국내에서도 한국철도기술연구원, 현대로템 등에서 연료전지 추진기술, 수소트램 실증 등을 추진하거나 예정하고 있다.

항공 분야에서도 액체수소 기반의 드론 및 항공기가 제시되고 있다. 그러나 여객용 항공기의 경우, 국제민간항공기구ICAO에서 CORSIA(코르시아, 국제항공 탄소 상쇄·감축 제도)를 도입함에 따라 온실가스 감축이 필요하다. 하지만 수소추진 항공기를 운항하기 위해서는 전 세계 공항의 인프라 구축이 필요하기 때문에 수소를 활용한 합성연료로 현재의 항공유를 대체하는 방식이 더 유력한 대안으로 꼽히고 있다.

지금까지 재생에너지 확대와 수소경제 간의 관계 및 수소경제 밸류체인 각 요소에 대한 기술 개발, 상용화 현황을 확인해보았다. 수소는 탄소중립과 재생에너지 확대를 위해 반드시 필요한 에너지 캐리어로서의 역할을 하며 수소 밸류체인을 통해 수소경제를 구현하기 위해 '생산-활용'까지 각 단계별로 필요한 기술적, 산업적 구성 요소를 확인할 수 있다. 세계 각국 주요 기업의 경쟁적인 투자에도 불구하고 수소 밸류체인 대부분의 영역은 아직까지는 실증 단계, 프로토타입 개발 단계에 머물고 있는 것이 사실이다. 아마 본격적인 상용화과 산업적 구조가 형성되는 것은 2030년대 중반 이후 시점은 되어야 하지 않을까 하는 전망이 있기도 하다.

그러나 이 시기까지 10여 년의 시간 동안 수소 인프라 확충과 수요

창출을 위한 정책적 지원 및 기업의 투자가 계속될 것이다. 그리고 그 과정에서 새로운 사업적 포텐셜을 발휘하는 기업들이 나올 수 있을 것이라 본다. 특히, 국내 기업들은 이미 이차전지 시스템, 소재 분야에서 지난 10년간 이와 유사한 성과를 이뤄냈으며 이러한 기술적, 사업적 성과를 바탕으로 수소경제 각 분야로의 사업 확대와 미래 가치 실현을 만들어낼 수 있을 것으로 예상된다.

투자자의 입장에서는 그러한 가치를 찾아내고 해당 기업이 지속적 투자를 통해 빠른 사업적 전환을 이뤄낼 수 있도록 지원하는 역할이 필요할 것이다. 이러한 점에서 국내 대표적인 고압가스 운반·저장 용기 제조사인 에테르씨티에 대한 투자는 주목해볼 만하다.

에테르씨티의 전신인 엔케이에테르는 조선기자재 업체인 엔케이의 초대형 고압용기 사업부문이 물적분할돼 신설되었고 지난 2020년 7월 국내 사모펀드에서 약 600억 원에 경영권을 인수하였다. 인수 당시 회사의 주력 사업은 반도체용 특수가스 용기 제작이었으며, 수소 관련 매출은 전체의 20%가 채 되지 못하는 수준이었다. 하지만 사모펀드 인수 후 수소경제의 본격적인 추진과 맞물려 빠르게 수소 중심의 사업 포트폴리오 전환을 이루어냈다. 회사는 국내의 타입 1 튜브트레일러를 독점 공급하고 있으며 수소충전소 확대에 따라 사업 규모가 점차 커지며 수소 유관 매출 비중은 1년 만에 40%로 크게 증가하였다. 또한, 수요처와의 긴밀한 협업하에 현재 주력 제품인 200bar 타입 1 튜브트레일러가 갖는 성능상 한계를 개선하여 450bar 제품 사양을 제시하고 수입에 의존하던 990bar 저장용기를 개발했다. 한편, 타입 4 튜브트레일러 개발에도 나서 국내 대표적인 수소 관련 기업으로 자리매김하였다. 매출

700억 원 규모의 중소기업임을 고려하면, 재무적 투자자의 자본 투입과 과감한 의사결정 없이는 생각하기 어려운 속도의 사업 체제 개편을 이뤄낸 것이다.

현 단계에서 수소 산업은 아직 밸류체인 각 단계의 구성 기업이 뚜렷이 형성되기 전이라 할 수 있다. 하지만 2000년대 초반 막 형성되기 시작한 이차전지 산업이 20년이 채 지나지 않은 현시점에 세계를 선도하는 이차전지 제조사가 3개에 이르고 그 밸류체인을 구성하는 다수의 소재 기업이 높은 시장가치를 인정받으며 포진한 것을 보면 수소 산업에서도 유사한 규모의 기업 성장과 시장 진입이 전개될 것이라 예상된다. 가까이는 수소자동차, 충전소, 연료전지 등 '공급' 및 '사용' 영역의 기업으로부터 수소 운반·저장과 생산 영역까지, 화학·금속·복합재료 등 소재 기업의 사업 확대와 기존 에너지 인프라 기업의 수소 영역 확대 및 수소생산·공급 인프라 프로젝트까지 기술 개발과 인프라 구축을 위한 투자 니즈가 지속적으로 발생하는 만큼 그에 따른 투자 기회 또한 동반될 것이다. 그리고 에테르씨티의 사례처럼 재무적 투자자의 역할 또한 상당 부분 요구될 것으로 전망된다.

무엇보다 세계적인 탄소중립 기조와 기후 대응 필요성, 그리고 그에 따라 대두되는 재생에너지 확대와 수소 중심의 에너지 패러다임 전환에 의한 산업의 구조적 변화가 전개되는 만큼 새로운 기회를 포착하기 위한 관심을 지속해야 할 것이다.

에 필 로 그

영화 〈냉정과 열정 사이〉는 2003년 국내에 개봉했다. 엔딩 촬영지인 이탈리아 피렌체가 대표적인 여행지로 떠오르게 한 작품으로 10년간 연인의 만남과 헤어짐, 재회를 아름답게 연출했다. 널리 알려진 OST와 아름다운 영상미로 지금까지도 많은 사람이 최고의 영화로 꼽는다. 영화에서는 10년의 서사를 극적으로 그렸다면 전 세계 자본시장은 지난 3년간 '냉정과 열정 사이'를 영화보다 더 영화 같은 서사로 써내려갔다. 수많은 전문가가 미래 전망을 했지만, 지금과 같은 상황을 예측한 이는 쉽게 찾아보기 어려울 정도다. 시간의 압축은 엔딩을 더 충격적으로 이끈다. 세계 각국이 겪고 있는 혼란이 결코 엄살이 아니라는 얘기다.

시간을 3년 앞으로 돌려보자. 2020년 코로나19 쇼크로 코스피 시장은 한 달 만에 1400선까지 밀려났다. 1997년 외환위기를 방불케 하는 위기감이 시장에 팽배했다. 그러나 이런 위기가 언제 찾아왔느냐는 듯이 1년 만에 코스피 지수는 3000선을 넘어섰다. 세계가 동시적으로 무제한 양적 완화를 펼치면서 유동성이 어느 때부터 풍부했던 덕분이다. 주식, 부동산, 가상화폐 등 모든 자산시장은 일제히 가치가 급등했다. 사모펀드와 M&A 시장도 그 어느 때보다 팽창기를 보냈다. 막대한 유동성 공급에 힘입어 국내 PEF 시장은 제도 도입 17년 만에 100조 원을 넘어섰고, 상상에서나 등장하는 유니콘을 닮았다는 유니콘 기업(기업 가치 1조 원 이상 비상장기업)은 국내에서만 18개로 늘어났다. 금융정보 제공 업체 레피니티브가 발표한 2021년 전 세계 M&A 거래 규모는 5조 8,000억 달러(약 7,800조 원)로 전년 대비 64% 증가했다. 조사 시작 40년 만에 최대 실적이다. 시장 참여자들은 역대급 실적에 환호했으며 대다수는 부침은 있겠지만 이런 호황이 지속될 것으로 내다봤다.

그러나 낙관적인 예측은 새해를 맞이 한지 채 한 달을 넘기지 못했다. 뜨겁게 달아오른 자본시장은 2022년 1월 단군 이래 최대 공모액을 모집한 LG에너지솔루션의 IPO를 기점으로 찬 바람이 불었다. 전 세계가 합심해 코로나19 피해를 최소화하기 위해 실시한 양적 완화가 사실은 치료제가 아닌 모르핀이었던 셈이다. 통증이 심한 환자에게 모르핀을 투여하면 잠시 고통은 잊을 수 있지만 근본적인 문제는 해결되지 않고 상처는 더욱 곪기 마련이다. 러시아의 우크라이나 침공은 세계 경제가 사실 취약한 상태였다는 것을 만천하에 알리게 됐다. 대표적인 곡창지대이자 원자재 수출국인 양국이 전시 상태에 빠지면서 세계 각국의 물가는 하늘 높은 줄 모르고 치솟았다. 인플레이션을 막기 위한 금리인상은 모든 시장 참여자를 공포로 몰고 가는 데 충분했다. 미국 연방준비제도FED는 올 1월 제로 금리를 4차례 연속 0.75%포인트 금리를 인상하며 금리 상단 4.0%까지 끌어올렸다. 일부에서는 2023년에 금리 상단이 5.0~6.0%까지 높아질 것으로 내다본다.

예측하지 못한 충격은 모든 투자를 멈추게 한다. 공포가 이성을 앞지른다. 많은 기업이 자금난에 시달리고 있으며, 부실기업이 대폭 늘어나고 있다. 기관투자자들은 일단 출자를 중단하고 시장의 변화를 지켜본다. 장밋빛 미래를 그렸던 사모펀드와 M&A 시장 참여자들은 갑작스럽게 다가온 흉년에 당장 '보릿고개'를 걱정하고 있다. 사모펀드의 옥석 가리기가 시작됐다고 하기에는 그 파급력이 실로 무섭다. 중소형 PEF는 신규 출자를 사실상 단념했다. 올해 국내 빅딜로 평가된 버거킹, 메디트, 카카오모빌리티, 메가스터디교육 등이 연달아 무산됐으며 4조 원 규모의 초대형 오피스인 IFC 딜도 거래 중단이 됐다. 자본시장 전문매체 마켓인사이트에 따르면 국내 경영권 이전(바이아웃) 거래는 총 28조 5,889억 원으로 지난해 같은 기간보다 약 44% 감소했다.

바둑의 고수들은 한 판을 지게 되면 돌을 처음부터 다시 놓아보는 복기를 반복한다. 고통스럽지만 각 수의 잘잘못을 검토해 실패의 원인을 정확히 규명한다. 같은 실수를 반복하지 않기 위해서다. 바둑 황제 조훈현 9단은 "승리한 대국의 복기는 이기는 습관을 만들어주고, 패배한 대국의 복기는 이기는 준비를 만들어준다"고 했다. 2022년 사모펀드와 M&A 시장을 기관투자자의 입장에서 되돌아본 것은 복기를 통해 국내 PEF 시장을 한 단계 나아가게 하기 위한 작업이다. 모든 투자는 성공을 예단하고 진행하지만 결과를 100% 장담할 수는 없다. 투자의 기준을 정리한 작업은 향후 MG새마을금고뿐 아니라 기관투자자들이 성공하는 투자에 한발 다가가게 하는 발판이 될 것이라고 기대한다. 또한, 국내 사모펀드 운영사에게는 어떤 관점으로 딜에 접근하고 투자를 제안해야 하는지 방향을 알려주는 지표 역할을 할 것이다.

예측이 어렵다고 마냥 손 놓고 있을 수는 없다. 경제의 부침은 예고 없이 다가오지만 산업의 메가 트렌드는 피할 수 없는 숙명처럼 우리 앞에 놓인다. 트렌드를 읽고 한 발 앞서나가는 것은 정보의 경쟁에서 앞서는 결과를 가져온다. 국내 컨설팅 기업 룩센트는 반도체, 디지털 전환, 플랫폼, 수소, MZ세대라는 다섯 가지 키워드를 제시했다. 산업을 자세히 알아야 대항해시대에 난파하지 않고 목적지에 도달할 수 있다. 콜럼버스가 최초로 신대륙을 발견한 것은 우연이나 운이 아닌 새로운 발명품을 활용한 과학적 항해 덕분이었다. 이들의 지혜가 시장 참여자에게 나침판과 지도의 역할을 제공할 것으로 고대한다.

열정과 냉정 사이를 오간 롤러코스트 시장은 내년에도 지속할 것으로 보인다. 우리는 또 어떤 환경에 놓이게 될지 쉽사리 예측하기 어렵지만 적어도 나아갈 방향은 알고 있다. 성장하는 사모펀드 시장과 기업 생존의 숙명인 M&A는 어떤 상황에서도 항해를 멈추지 않기 때문이다. 이 책이 모두의 항해에 도움이 되어 한국 경제와 자본시장의 발전에 기여할 수 있기를 바란다.

사모펀드와 M&A 트렌드 2023

초판 1쇄 발행 2022년 12월 20일
초판 2쇄 발행 2023년 1월 10일

지은이 최우석, 조세훈 외 11인
펴낸이 임충진

펴낸곳 지음미디어
출판등록 제2017-000196호
전화 070-8098-6197
팩스 0504-070-6845
이메일 ziummedia7@naver.com
ISBN 979-11-980673-2-6 03320

값 22,000원

ⓒ 최우석, 조세훈 외 11인, 2022

• 잘못된 책은 바꿔드립니다.
• 이 책의 전부 또는 일부 내용을 재사용하려면 사전에 저작권자와 지음미디어의 동의를 받아야 합니다.